公路交通安全设施

主　编　安丰利
副主编　张永丹
参　编　刘　洋　高雪飞　孙慧敏
主　审　于国锋

北京理工大学出版社
BEIJING INSTITUTE OF TECHNOLOGY PRESS

内 容 提 要

全书根据现行的国家规范、行业标准及相关专业资料，从交通高等职业技术教育实际需要出发，系统介绍了公路交通安全设施基础知识和质量检测的内容。全书主要包括公路交通安全设施概论、公路护栏质量检测、交通标志质量检测、交通标线质量检测、隔离设施质量检测、防眩设施质量检测、视线诱导设施质量检测、其他交通安全设施。

本书可作为道路检测专业的教材，也可作为从事道路桥梁工程技术、公路监理或道路交通安全设施施工与检测方面的专业技术人员的参考书。

版权专有　侵权必究

图书在版编目（CIP）数据

公路交通安全设施 / 安丰利主编 . -- 北京：北京理工大学出版社，2023.8
　　ISBN 978-7-5763-2759-5

　　Ⅰ.①公… Ⅱ.①安… Ⅲ.①公路运输－交通运输安全－安全设备－高等学校－教材　Ⅳ.① U491.5

中国国家版本馆 CIP 数据核字（2023）第 155329 号

责任编辑：阎少华	文案编辑：阎少华
责任校对：刘亚男	责任印制：王美丽

出版发行 /	北京理工大学出版社有限责任公司
社　　址 /	北京市丰台区四合庄路 6 号
邮　　编 /	100070
电　　话 /	（010）68914026（教材售后服务热线）
	（010）63726648（课件资源服务热线）
网　　址 /	http：//www.bitpress.com.cn
版 印 次 /	2023 年 8 月第 1 版第 1 次印刷
印　　刷 /	河北鑫彩博图印刷有限公司
开　　本 /	787 mm × 1092 mm　1/16
印　　张 /	16
字　　数 /	365 千字
定　　价 /	76.00 元

图书出现印装质量问题，请拨打售后服务热线，负责调换

前言

党的二十大报告中指出"坚持把发展经济的着力点放在实体经济上，推进新型工业化，加快建设制造强国、质量强国、航天强国、交通强国、网络强国、数字中国。"公路交通安全设施作为公路工程的组成部分，对公路全天候正常运营，确保公路"高速、高效、安全、经济、舒适、环保"运行发挥着重要作用。随着我国公路建设技术的不断发展，公路交通安全设施及相关材料、工艺、试验检测技术、标准、规范等也不断发展和完善，这对公路交通安全设施的从业人员的业务素质和技术水平提出了更高的要求。

由于公路交通安全设施方面的教材较少，且内容陈旧，不能满足高等职业教育的要求，更不能满足交通安全设施施工与检测课程需要。交通安全设施是新开课程，目前这门课程共安排30个学时。

本书系统介绍了公路交通安全设施的相关知识，能使学生系统地了解公路交通安全设施基础知识，掌握各种公路交通安全设施检测、施工方面的内容，培养学生在公路交通安全设施施工过程中的检测和施工方面的动手能力。

本书从基础知识、设计、施工、试验检测等方面较系统地介绍了公路交通安全设施的相关知识，及时把最新制定和颁布的相关国家规范、行业标准的内容补充到教材当中，保证内容的准确性，与时俱进。

本书共有八个项目。首先对公路交通设施进行总体概述，然后对公路交通安全设施的护栏、交通标志、交通标线、隔离设施、防眩设施、视线诱导设施及其他交通安全设施分别进行介绍，从设计、施工、试验检测及学生试验环节等方面较系统讲述了每种道路交通安全设施的相关知识。

本书由安丰利担任主编，由张永丹担任副主编，刘洋、高雪飞、孙慧敏参与编写。具体编写分工为：项目一至项目五由安丰利编写，项目六、项目八由张永丹编写，项目七由刘洋编写，高雪飞、孙慧敏参与编写了本书各项目试验部分。全书由于国锋主审，对本书作了仔细审阅，并提出了许多宝贵修改意见。在此，向他表示衷心的感谢。

本书在编写过程中，得到了出版社和编者所在单位领导及同事的指导与大力支持，在此一并致谢。由于编者水平有限，疏漏之处在所难免，敬请读者批评指正。

编 者

目 录

项目一　公路交通安全设施概论 ················ 1
　　任务一　交通工程学概述 ···················· 1
　　任务二　公路交通安全设施 ················ 7

项目二　公路护栏质量检测 ···················· 17
　　任务一　公路护栏基础知识 ·············· 17
　　任务二　波形梁钢护栏 ······················ 35
　　任务三　混凝土护栏、缆索护栏 ········ 62

项目三　交通标志质量检测 ···················· 69
　　任务一　交通标志基础知识 ·············· 69
　　任务二　交通标志的支撑方式、布设、
　　　　　　结构及材料 ·························· 86
　　任务三　交通标志的质量检测 ············ 96

项目四　交通标线质量检测 ·················· 118
　　任务一　交通标线基础知识 ············ 118
　　任务二　交通标线材料质量检测 ······ 132

　　任务三　交通标线质量要求和检测
　　　　　　方法 ·································· 168

项目五　隔离设施质量检测 ·················· 183
　　任务一　隔离设施基础知识 ············ 183
　　任务二　隔离设施的构造、材料、质量
　　　　　　检测 ·································· 191

项目六　防眩设施质量检测 ·················· 201
　　任务一　防眩设施基础知识 ············ 201
　　任务二　防眩设施的质量检测 ·········· 215

项目七　视线诱导设施质量检测 ············ 220
　　任务一　视线诱导设施基础知识 ······ 220
　　任务二　轮廓标的质量检测 ············ 229

项目八　其他交通安全设施 ·················· 239

参考文献 ·· 249

项目一 公路交通安全设施概论

学习内容

公路交通安全是交通工程学不可分割的内容，相应地，公路交通安全设施随着交通工程学的发展而不断完善，因此有必要了解交通工程学的发展过程。

首先简要介绍了国外交通工程学的发展、我国交通工程学的发展及交通工程学研究的主要内容；其次介绍了交通工程设施的内容、分类；重点介绍了交通安全设施的种类、质量要求、质量检验程序、工程质量评定。

学习目标

专业知识目标
(1) 了解公路交通安全设施的发展。
(2) 熟悉公路交通安全设施的组成、质量检测程序。
(3) 掌握交通安全设施的质量检测评定。

专业能力目标
(1) 具有探究学习、终身学习、分析问题和解决问题的能力。
(2) 具有基本的材料试验与检测能力，能够独立完成交通安全设施原材料质量检测工作。
(3) 具有基本的工程质量验收与评定能力，能够完成现场质量检测、参与竣工验收等工作。
(4) 具有试验数据分析、处理的能力，能够编制相关试验报告及结论评定。

职业素养目标
具有良好的职业道德和职业素养；具有质量意识、环保意识、安全意识、信息素养、工匠精神、创新思维。

任务一 交通工程学概述

一、国外交通工程学的发展

交通是人类生存和社会发展必须进行的活动。早在古罗马时期就出现了世界上最早的单向通行方式。

1886年,哥德利普·戴姆勒制造了一辆实验性的燃汽油的四轮汽车。同年,德国卡尔·本茨也制造了一辆燃汽油的三轮汽车。1888年,奔驰生产出世界上第一辆供销售的汽车,从此,世界上出现了近代汽车。

美国人亨利·福特于1910年进行汽车的开发,揭开美国社会汽车化的序幕。至1920年,美国已有800多万辆汽车。

随着汽车运输的发展、车辆行驶速度的提高、车流量的增大,产生了一些复杂的问题,诸如交通秩序混乱、交通阻塞、交通事故频繁等。这些问题迫使从事道路交通工程方面的技术人员开展交通工程的专门研究,于是人们开展了交通调查及交通管理工作。

美国1921年出现了专管交通工程的工程师,以此为背景的交通工程学诞生。1926年,美国哈佛大学率先创立了道路交通专业。至1930年,美国平均每1 000个居民拥有180辆汽车,汽车已成为美国人生活中不可缺少的交通工具;此时,美国已有400万km公路,大城市内和大城市间的汽车交通相当繁忙。为了便于技术交流,讨论共同关心的交通问题,1930年,一些专门从事交通工程工作的技术人员聚集在一起,成立了世界上第一个交通工程师协会,这标志着交通工程学的诞生。

1933年,德国开始修建世界上第一条高速公路,出现了立体交叉结构。接着意大利、英国、法国和美国等国家相继修建了许多高速公路,加速了交通工程学的发展。到20世纪80年代,新交通体系初见端倪,逐步实现了交通体系与交通管理自动化,为交通工程的现代化开辟了广阔的前景。

起初,交通工程学只研究汽车和道路之间的关系。20世纪50年代后,交通工程学进入了人、车、路三者关系的研究阶段,并将人、车、路有机地联系在一起,作为一个整体综合研究,汽车化道路交通系统已发展到一定规模。20世纪80年代以来,许多发达国家相继进行了智能运输系统(Intelligent Transportation System,ITS)的研究,将先进的检测、通信和计算机技术综合应用于汽车和公路,形成新的道路交通运输系统,交通工程学及其应用取得了较大的发展。

可以说,交通工程学与其他工程类学科一样,也是随着世界经济和科学技术的发展而产生并发展起来的。道路的建设、汽车工业的发展、道路交通量的增长等都为交通工程学的产生和发展提供了物质基础。从历史角度分析,交通工程学是汽车工业和道路工程兴起与发展的产物。

交通工程学是一门发展中的交叉学科,与运输工程、道路工程、汽车工程、电子工程、信息工程、系统工程、心理学和经济学密切相关,它的内容涉及了自然科学和社会科学,而且仍在不断地丰富。

二、我国交通工程学的发展

我国在20世纪初期(1901年)从国外进口了第一辆汽车,1913年修建了中国第一条标准的汽车公路——长潭公路。至1933年,汽车数量的增加使道路运输呈现出了一定的汽车化程度。为了管理新兴的汽车化道路交通体系,成立了公路交通安全委员会,开始对公路交通安全进行管理,接着,部分省份制定了《公路交通标志、号志设置保护规则》及事故处理办法等。

中华人民共和国成立后，由于20世纪70年代汽车数量的增加大于道路和城市道路的增长，出现了交通公害问题，促使人们开始重视交通科学管理。到20世纪70年代末，由道路工程专家张佐周先生建议，我国开始全面兴起当时在发达国家已经成体系的交通工程学。

美籍华人张秋先生多次专程回国讲学，对我国交通工程学科的发展起了很大的推动作用。1981年12月20日，中国公路学会交通工程学会在广东佛山成立。交通部和公安部在有关部门配合下，运用交通工程学原理，制定了一些交通工程法规，颁布了《公路交通标志和标线》等国家标准，同时，在交通管理和交通工程理论方面也进行了深入研究。交通工程学的逐步推广应用，使我国现代化的交通控制和交通管理系统逐步得以实施。特别是高速公路的建设，使现代化的交通管理设施得到了广泛应用，已经成为公路的一个重要组成部分，同时，也对交通工程管理方式提出了更高的要求。

纵观交通工程学在我国研究、发展与应用40多年的历史，可以给交通工程学一个较全面的定义：交通工程学是研究人、车、路与交通环境之间关系规律及其应用的一门工程技术科学。它的目的是应用科学原理最大限度地发挥路网的通行能力，安全、快速、舒适、经济地运送客货，它研究的内容主要是交通规划、道路线形设计、交通设施及交通运营管理。这个定义包含了交通工程学的研究对象（人、车、路、交通管理与环境）、研究内涵（揭示研究对象之间的关系、规律）和所属学科类别（工程技术科学）。

简而言之，交通工程学将人、车、路、环境及能源等与交通有关的几个方面综合在道路交通这一统一体中进行研究，以寻求道路通行能力最大、交通事故最小、运行速度最快的科学措施，从而达到安全、快速、经济的目的。它能综合应用自然科学和社会科学的理论和方法，协调道路设施、车辆和驾乘人员的关系，使道路设施得到最合理、最有效的利用。

随着科学技术和计算机技术的广泛应用，公路网将成为信息系统中的一个重要组成部分。道路交通的发展使得交通工程的地位日趋上升，交通工程设施是保证公路交通运输正常运行和公路交通能力充分发挥的必要管理工具。为充分发挥交通工程设施对现代化公路交通的服务保障功能，需建立一套完善的交通工程设施管理体系及测试方法，以确保公路交通设施达到最佳的利用效果。

三、交通工程学研究的主要内容

交通工程学研究的内容主要是交通特性、交通调查、交通流理论及交通管理四个方面。

(一)交通特性

任何一门应用学科都是伴随着社会实践而发展起来的，交通工程学是为了解决道路交通问题而产生的。要解决某一地区的交通问题，首先应掌握构成该地区交通要素的人（驾驶员和行人）、车、路及其交通流的特性，即交通特性。

1. 驾驶员和行人的交通特性

驾驶员和行人是构成交通的主体，是道路、车辆的使用者，其行为直接受生理、心理影响，应当从交通心理学的角度研究驾驶员的视觉特性、反应特性、酒精对驾驶的危害性、驾驶员的驾驶适应性,以及疲劳、情绪、意志、注意力等对行车的影响。

2. 车辆的交通特性

车辆拥有量和车辆运行特性是与交通工程学密切相关的两个参数。

3. 道路的交通特性

道路是交通的载体,是道路交通的重要组成部分,主要由路基、路面、桥梁和隧道组成。道路交通特性主要研究道路规划指标如何适应交通的发展、道路线形标准如何满足行车要求、线形设计如何保证交通安全及道路与环境如何协调等。

(二)交通调查

交通调查包括交通量调查、车速调查、车流密度调查、延误调查、交通起讫点调查等内容,这些是交通工程学的基本调查项目,是开展交通分析的基础。

(三)交通流理论

交通流理论研究各种不同状态的交通流特性,研究如何利用各种交通流特征参数来表征其相互关系,为制订交通治理方案、增加交通设施、评定交通事故等级提供依据。到目前为止,人们已用概率论、流体力学理论、跟驰理论、排队论等对交通流进行了研究。

(四)交通管理

交通管理包括的内容比较多,例如,交通管理的原则、措施、设施、法规等;又如,根据交通条件和道路情况,如何进行交通组织优化,使交通流迅速通过,减少交通延误;再如,根据车流特性,如何采取交通管理措施保证交通安全等。

1. 城市道路

利用交通信号进行控制是目前最常见的一种交通控制方式,它可以从时间上将不同流向的车流进行分离。如何高效地利用道路的时空资源,如信号配时优化、交通渠化、车道功能划分、绿波控制等都是交通管理研究的内容。值得强调的是,我国大多数城市中,机动车与非机动车混行的现象相当普遍,这与国外的交通状况存在显著差别。从我国经济发展的状况看,这种现象还将存在相当长的一段时间,因此必须从我国的实际情况出发,研究适合我国交通特点的交通管理方法。

2. 公路

公路不能利用交通信号进行控制,只能通过设置必要的设施对交通进行管理,如交通安全设施、通信系统(紧急电话)、监控系统等。

四、交通工程设施

从交通工程学的定义来看,交通工程设施是交通工程学的一部分,是实现交通管理最终目标的物质体现。广义上,为交通服务的设施都是交通工程设施。交通工程及沿线设施包括交通安全设施、服务设施和管理设施三种。各项设施应按统筹规划、总体设计、分期实施原则配置,并随交通量的增长与技术发展状况等逐步补充完善。

根据我国道路交通的发展和管理应用状况,将交通工程设施限定为满足道路交通管理和运营而建造、设置的构造物与装置,不含服务区、停车场、收费站等基础设施。

经过 40 多年的努力，我国对公路交通工程设施的研究已经取得了很大的成绩，在规划、设计、工程、制造、管理、科研等方面取得了很大的进步，具备了一定的实力。

(一)交通工程设施的定义

交通工程设施是指与道路基础设施相配合，为提高道路通行能力、减少交通事故、降低交通公害程度、增加经济效益，使道路出行者快速、安全、舒适地到达目的地，而沿道路或管理场所设置的构件、装置、设备或系统的总称。

(二)交通工程设施的功能与作用

从上述定义可以看出，交通工程设施的功能体现在以下两个方面。

1. 安全防护功能

安全是人类的基本需求之一，道路不仅是将始发地和目的地连接在一起的媒介，在满足交通出行条件的同时，更重要的是还应有效地解决交通出行者的安全性问题。

2. 管理服务功能

在安全得到保障后再解决人类的更高一级的需求，即舒适性、便利性、信息通达性及环保性等。因此，在道路及其沿线设置的交通工程设施对提高行车安全性、道路通行能力和运行效率，保证车辆连续运行、降低能耗、保护交通环境、提高出行者的舒适程度和方便程度具有重要的意义。可以说，道路基础设施建成以后，其能力的发挥取决于交通工程设施。

(三)公路交通工程设施的分类

从目前实际应用状况分析，交通工程设施可分为交通安全设施和交通机电设施。

1. 交通安全设施

公路交通安全设施是最基本的安全保障系统。公路交通安全设施主要包括道路交通标志、道路交通标线、安全护栏、视线诱导设施、隔离设施、防落网、防眩设施、避险车道、其他交通安全设施(限高架、减速丘、防风栅、防雪栅等)可参阅 2017 版《公路交通安全设施设计规范》和 2021 年版《公路交通安全设施施工技术规范》。

2. 交通机电设施

交通机电设施包括通信设施、监控设施、收费设施、低压配电设施、照明设施等。

(1)通信系统。通信系统设置主要是为了确保高速公路系统内部语音、数据、图像信息准确、及时地传输，以满足运营管理对通信的需求，高速公路通信系统由综合业务交换、通信传输、移动通信、紧急电话四部分组成。

①综合业务交换：主要用于支持调度电话、业务电话和其他非电话业务。如调度电话主要作用是迅速传达或发布重要指令、信息，及时反馈重大事件或信息。

②通信传输：为保证"信息流"在特定的传媒中准确畅通而设置的。

③移动通信：移动通信设施。

④紧急电话：为行驶在高速公路上的驾驶员提供紧急呼救的公路专用呼叫系统，当发生交通事故或车辆出现故障时，使用者通过应急电话即可向道路主管部门通报事故，从而获得援助。

(2)监控系统。监控系统利用电子技术和计算机及其网络系统,从事高速公路管理,对道路安全、交通状况等进行实时的监视和控制,从而达到"安全、高速、舒畅、方便、环保"的目的。

监控系统一般由信息采集子系统、信息处理子系统和信息提供子系统组成。

(3)收费系统。收费系统按人工参与程度可分为人工式收费系统、半自动式收费系统、全自动式收费系统。目前,普遍采用不停车电子收费(Electronic Toll Collection,ETC)系统。

(4)配电照明系统。配电照明系统应能够确保高速公路机电设备用电的安全性、合理性和可靠性,满足高速公路管理部门生产、生活的需要,确保高速公路安全、畅通、经济、快速和舒适等综合效益最大限度地发挥,实现高速公路运营管理过程的现代化。

配电照明系统主要包括高低压供配电系统、线路敷设系统、备用电源系统、道路照明系统、隧道配电照明系统、防雷系统、接地系统。

(四)交通工程及沿线设施的等级

从"安全第一、以人为本、提高服务质量、环保、经济和便于运营"的目的出发,交通工程及沿线设施等级被划分为A、B、C、D四级。其中,A级适用于高速公路;B级适用于作为干线公路的一级公路和二级公路;C级适用于作为集散公路的一级公路和二级公路;D级适用于三级公路和四级公路。

交通工程及沿线设施等级分类与配置适应了我国交通工程及沿线设施总体技术逐步趋向成熟的发展需求,表明为保证公路交通安全,方便正常服务水平,提高通行能力,与各级公路的功能与等级划分相匹配所必须配置的最基本的交通工程与沿线设施水平。

(五)交通工程标准体系

到目前为止,已经建立起结构体系较为完整、门类齐全、基本能够适应交通建设和管理需要的交通工程设施(公路)标准体系,颁布实施的标准有460余项。交通工程试验检测工程师考试要求掌握的只是其中的一部分常用标准。

在这些标准中,大部分机电标准直接采用了通信、电子、信息、计算机等行业标准而未直接列出。交通工程专用标准引用了大量的国家标准。例如,仅机电产品环境例行试验方法的标准GB/T 2423系列就有50多项。据统计,交通工程专业所有检测任务的直接相关标准达600多项。

1. 交通安全设施标准

交通安全设施标准可分为防护类产品和逆反射类警示产品两大类。

(1)防护类产品。对于防护类产品,如波形梁钢护栏这样的防护类产品,其技术要素一般围绕外观质量、结构尺寸、材料力学性能、耐久性能结或防腐性能四部分制订。

(2)逆反射类警示产品。对于警示类产品,如交通标志一类的逆反射类警示产品,其技术要素除包括外观质量、结构尺寸、材料力学性能、耐久性能或防腐性能外,还包括逆反射系数、色品坐标等光度性能和色度性能要求。

2. 交通机电设施标准

现代机电设施大多是光机电一体化设备,其组成比交通安全设施复杂。对于室外设备,除包含一般交通安全设施的内容外,还有电气安全、环境例行试验、特殊功能、通信接口等内容。交通机电产品的技术要素一般有外观质量、结构尺寸、元器件及材料要求、外壳防腐性能、电气安全、环境适应性、通信接口及功能要求等方面,警示设备,还有光度和色度性能要求。其中的外壳防腐性能、电气安全、环境适应性、通信接口等要求及试验方法都是通用的,只要掌握了一个产品标准,其他的就基本掌握了。只是要注意,使用的环境不同,选用的温度等级也不同。

知识拓展

按执行的严格程度,对各项技术指标的规定,在条文用词上采用如下写法:
(1)表示很严格,非这样做不可的用词:正面词采用"必须";反面词采用"严禁"。
(2)表示严格,在正常情况下应这样做的用词:正面词采用"应";反面词采用"不应"或"不得"。
(3)表示允许有选择,有条件时首先应这样做的用词:正面词采用"宜";反面词采用"不宜"。
(4)表示有选择,在一定条件下可以这样做的用词,采用"可"。

任务二　公路交通安全设施

交通安全设施是指为维护交通秩序,确保交通安全,充分发挥道路交通功能,依照规定在道路沿线设置交通信号灯、交通标志和标线、防撞护栏和隔离栅等交通硬件设施的总称。

行业标准《高速公路交通安全设施设计及施工技术规范》(JTJ 074—1994)的出台,标志着我国公路交通安全设施的设计、施工已纳入标准化轨道。截至目前,《公路交通安全设施设计规范》(JTG D81—2006)和《公路交通安全设施设计规范》(JTG D81—2017)已先后经过两次修订。

一、交通安全设施功能和分级

研究表明:在道路交通事故中,约95%的交通事故与人的因素有关;约28%的交通事故与道路环境因素有关;约8%的交通事故与车辆因素有关。三个因素中的不利条件组合起来,就容易导致交通事故的发生,如图1-1所示。

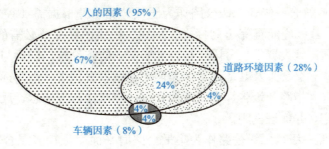

图1-1　导致交通事故的因素

从预防交通事故发生的角度考虑，要积极消除三个因素中的不利条件，其中，人是最主要因素，应以"人"为参考标准：

(1)通过良好的道路设计使其能适应于人的能力极限；

(2)通过先进的技术使车辆能简化驾驶人员的工作任务，并尽可能高效地保护弱势人员；

(3)道路使用者要接受适当的教育，能获取必要的信息，能有效地控制自己的行为。

公路交通安全设施作为公路交通环境的一部分，可以通过加强主动引导、完善路侧宽容设计、适度设置防护设施等措施消除公路交通环境中的部分不利因素，提高公路交通安全水平。

(一)公路交通安全设施的功能

为满足公路使用者安全行车的需要，公路交通安全设施要具有主动引导、全时保障、隔离封闭、被动防护四类使用功能。

主动引导、全时保障、隔离封闭设施可以起到事故预防的作用，有效避免交通事故的发生，而被动防护设施的合理设置可有效降低事故的严重程度。

公路交通安全设施在设计时，对于已开展公路交通安全评价的项目，建议以评价结论为基础，未开展公路交通安全评价的项目，需要进行交通安全分析。

从公路使用者的角度出发，要优先设置主动引导设施，根据实际需要，合理设置被动防护设施，以充分体现驾驶员及其他公路使用者的需求，为其安全、便捷、舒适的出行提供多方面的支持和保障。

公路交通安全设施主要起安全防护和服务诱导作用，通过科学、合理地设置交通安全设施，最大限度地保障公路使用者人身和财产安全，为公路使用者提供诱导服务，使其安全、快速、舒适地到达目的地。

(二)交通安全设施的分级

《交通工程及沿线设施技术标准和规模》专题项目研究中对不同功能和等级公路的交通安全设施作了不同程度的规定。既要保证高速公路、一级公路，也应加强二级、三级公路和结构物的防护。交通安全设施可分为A、B、C、D四级。

(1)A级主要针对高速公路控制出入和专供汽车高速行驶的特征进行了规定。A级应配置系统完善的标志、标线、视线诱导标、隔离栅、防护网；中间带必须连续设置中央分隔带护栏和必需的防眩设施；桥梁与高路堤路段必须设置路侧护栏；互通式立体交叉及其周边地区路网应连续设置预告、指路标志；车道边缘线、分合流路段宜连续设置反光突起路标；出口分流三角端应设置防撞设施。

(2)B级配置则应符合一级、二级公路作为干线公路，并根据需要控制出入和主要供汽车快速行驶的特征。B级应配置完善的标志、标线、视线诱导标及必需的隔离栅、防护网；一级公路中间带必须连续设置中央分隔带护栏和必需的防眩设施；桥梁与高路堤路段必须设置路侧护栏；互通式立交交叉及其周围地区路网应连续设置预告、指路标志；平面交叉必须设置夜间可见的预告、指路、警告、支线减速让行、停车让行等标志、反光突起路标等配套完善的交通安全设施，并保证视距。

(3)C级则应按照一级、二级公路作为集散公路时平面交叉较多混合交通的复杂特点进行配置。其中，一级公路必须设置中央分隔带，条件受限制时也须设置水泥混凝土隔离墩或护栏硬分隔，而不得采取施划标线分隔对向交通，以防止因车辆违章随意掉头甚至占用对向车道导致的恶性事故发生。C级应配置较完善的标志、标线、必需的视线诱导标、隔离设施；一级公路中间带必须设置隔离设施；桥梁与高路堤路段应设置路侧护栏；平面交叉应设置预告、指路、警告、支线减速让行、停车让行标志等配套完善的交通安全设施，并保证视距。

(4)D级针对三级、四级公路，应重点加强在桥头引道、高路堤、陡坡、路侧有障碍物或深沟等危险段设置护栏、警告标志、线形诱导标等交通安全设施的设置。D级应设置标志；视距不良、急弯、陡坡等路段应设置路面标线及必需的视线诱导标；路侧有悬崖、深谷、深沟、江河湖泊等路段应设置路侧护栏；平面交叉应设置标志和必需的交通安全设施。

A、B、C、D四级交通安全设施的安全服务水平不同，D级只对特殊位置设置了必要的交通安全设施，服务水平较低。

二、公路交通安全设施的种类、形式选择、材料要求及质量要求

(一)公路交通安全设施的种类

按照《公路交通安全设施设计规范》(JTG D81—2017)规定，公路交通安全设施包括交通标志、交通标线(含突起路标、立面标记等)、护栏和栏杆、视线诱导设施(含轮廓标、合流诱导标、线形诱导标、隧道轮廓带、示警桩、示警墩、道口标柱等)、隔离栅、防落网、防眩设施、避险车道和其他交通安全设施(含防风栅、防雪栅、积雪标杆、限高架、减速丘和凸面镜等)(常见的反光膜、路面标线涂料、防腐涂料这三种产品是制造交通安全设施的原材料，不是交通安全设施)。

另外，交通信号灯主要用于城市道路交通管理，既是安全设施也是管理设施，在公路工程中通常划归为机电工程。

(二)公路交通安全设施形式选择

公路交通安全设施形式选择应根据各种公路交通安全设施的功能要求，本着安全合理、经济实用、技术先进、因地制宜、确保质量的原则选择公路交通安全设施的形式。

(三)公路交通安全设施材料要求

在满足安全和正常使用的条件下，应积极推广使用可靠的新技术、新材料、新工艺、新产品。

任何新技术、新材料、新工艺、新产品首先应满足安全和使用功能方面的要求，通过有关权威机构的试验验证，符合相关标准、规范的要求；其次要考虑耐久性、建设成本、养护成本、美观、防盗等因素。对于经实践验证为可靠的新技术、新材料、新工艺、新产品，要求积极推广应用。

(四)公路交通安全设施质量要求

大多数公路交通安全设施及相关原材料都有相应的国家标准或行业标准，其质量应首先满足标准的要求。

交通安全设施应用了大量的钢铁材料，为了保证钢材不受环境腐蚀，需要进行防腐处

理。交通安全设施常用的防腐处理工艺有热浸镀锌、热浸镀铝、全聚酯静电喷涂、硫化床浸塑等。双涂层工艺也日臻成熟，逐步得到应用，改善了公路沿线设施的景观。防腐层的质量应满足《公路交通工程钢构件防腐技术条件》(GB/T 18226—2015)的要求。

三、公路交通安全设施设计原则

公路交通安全设施设计应坚持以人为本、预防为主、系统设计、重点突出的原则，应在交通安全综合分析的基础上，优先设置主动引导设施，根据需要设置被动防护设施，并应考虑公路运营养护因素。

公路交通安全设施应结合路网与公路技术条件、地形条件、交通条件、环境条件进行总体设计，交通安全设施之间、交通安全设施与公路主体工程和其他设施之间应互相协调、配合使用。一条公路采用的交通安全设施设置原则和设计方案宜保持一致。

公路交通安全设施设计考虑的因素如下：

(1)公路技术条件(决定了公路的线形指标和车辆的运行速度)。

(2)地形条件(不同的地形条件对安全设施的要求不同，如山区公路长大陡坡、小半径曲线外侧等事故易发路段，要求的安全设施设置标准更高)。

①支线公路应根据规定设置交通标志，在视距不良、急弯、陡坡等路段设置交通标线及必需的视线诱导设施；若路侧有不满足计算净区宽度要求的悬崖、深谷、深沟、江河湖海等路段，应设置路侧护栏。

②公路连续长、陡下坡路段，应根据规定并结合交通安全综合分析结果论证是否设置避险车道。设置避险车道时，应设置配套的交通标志、标线及隔离、防护缓冲等设施。

③风、雪等危及公路行车安全的路段，应根据规定设置防风栅、防雪栅、积雪标杆等交通安全设施；根据运营管理和交通管理需求及规定设置限高架、减速丘、凸面镜等交通安全设施。

(3)交通条件。车型不同，车辆的制动距离、运行速度、灵活度不同，防护要求不同。大型车辆较多时，对护栏设施的防护要求更高，同时，还要考虑小型车辆驾驶员能否及时发现并认读交通标志。

(4)考虑周边路网条件和环境条件，进行总体设计，这样才能从公路使用者的角度出发，更好地为其提供优质服务。

四、公路交通安全设施质量检验抽样方法

根据《公路交通安全设施质量检验抽样方法》(JT/T 495—2014)的规定进行质量检验。

(一)抽样原则

抽样时应遵循科学、经济的原则。抽出的样本质量特性应能代表检验批的质量。通过对样本检验做出检验批是否可以被接收的结论，使错判和漏判的概率最小。用较少的费用、时间和人力做出科学的判定，具有可操作性。

(二)抽样检验的分类

按照检验目的和检验实施主体可将公路交通安全设施抽样检验分为工厂验收检验(简称

工厂验收)、工地抽查验收检验(简称工地抽验)、国家或行业组织的监督抽查检验(简称监督抽查)三种。

工厂验收一般由订货方在产品生产地组织实施；工地抽验一般由监理方在产品到达工地后、安装前组织实施；监督抽查由国家或交通建设主管部门组织有资质的质量监督检测机构在产品生产工厂、流通领域、工地安装现场及安装后的工程上进行。

(三)三种检验的相互关系

工厂验收在供货方检验合格的批中抽样，工地抽验在工厂验收合格的批中抽样，监督抽查可在任何时间、地点对产品进行抽样。

(四)检验中缺陷(不合格)的分类与处置

1. 分类

公路交通安全设施有缺陷的产品可分为 A、B、C 三类。

A 类：主要质量特性不符合产品技术标准要求。

B 类：外观有较明显缺陷，其他质量特性符合产品技术标准的要求。

C 类：外观有轻微缺陷，其他质量特性符合产品技术标准的要求。

2. 对于从不合格批中剔出来的有缺陷的产品的处置

对于 A 类缺陷品，应无条件拒收。

对于 B 类缺陷品，经订货方同意后，对于可以修复的应予以降价、降级使用。

对于 C 类缺陷品，经订货方同意后，对于可以修复的一般予以接收。

注：产品标准或合同中允许的缺陷不在上述三类缺陷之内。

3. 不合格批的处置

在工厂验收时出现不合格批，应予拒收。经订货方同意，供货方可以对该不合格批进行 100% 的检验，剔除所有缺陷品后重新组批提交检验。

在工地抽验时出现不合格批，供货方需对不合格批进行 100% 检验，剔除所有缺陷品后方可使用。考虑经济和工期等因素，经业主和监理工程师同意，对剔除的 B 类和 C 类缺陷品应修复后降级使用，对 A 类缺陷品不得再使用，并应当场销毁或在做永久性标识后清理出现场。

在监督抽查中没有通过的不合格批，由监督部门按照国家监督抽查有关规定处置。

(五)抽样标准的选用

(1)在工厂验收时，采用《计数抽样检验程序 第 1 部分：按接收质量限(AQL)检索的逐批检验抽样计划》(GB/T 2828.1—2012)，并规定采用检验水平Ⅱ。

(2)在工地抽验时，采用《计数抽样检验程序 第 1 部分：按接收质量限(AQL)检索的逐批检验抽样计划》(GB/T 2828.1—2012)，并规定采用检验水平Ⅰ。

(3)在验收检验中，当供货方不能提供批的质量信息时，应作孤立批处理，按《计数抽样检验程序 第 2 部分：按极限质量 LQ 检索的孤立批检验抽样方案》(GB/T 2828.2—2008)的规定执行。

五、交通安全设施检验程序与工程评定标准概述

作为交通工程检测技术人员，除掌握试验室内产品检测技术外，还应对安装施工的工程质量做出准确的判定，依据交通行业标准《公路工程质量检验评定标准 第一册 土建工程》(JTG F80/1—2017)中的评定方法进行。

(一)交通安全设施质量检验程序

1. 公路交通安全设施质量检测一般流程

公路交通安全设施质量检测可分为试验室检测和工程现场检测。

(1)试验室检测：一般为送样检测。

(2)工程现场检测：一般为抽样检测。

抽样是检测的第一步，抽样应依据《公路交通安全设施质量检验抽样方法》(JT/T 495—2014)进行。接下来，依次为样品试验状态调节、制样、试样状态调节(视标准要求可删减)、检测仪器设备准备、检测、原始数据记录、数据处理、恢复仪器设备安全状态、编制检测报告。

2. 工程实例

下面以工程现场对DB2类热浸镀锌波形梁钢护栏板镀锌层厚度的检测步骤为例进行说明。

(1)抽样：依据《公路交通安全设施质量检验抽样方法》(JT/T 495—2014)对波形梁钢护栏板产品批次进行抽样，并为样品编号。

(2)准备好测量原始记录表：记录样品编号、生产施工单位、必要的天气状况、检测位置及桩号等信息。

(3)打开检测仪器并预热：打开磁性测厚仪开关，至显示稳定。

(4)检测仪器调零及自校准：用给定的校准片，按规定程序对测厚仪调零、校准。

(5)在原始记录表上记录测量前仪器状态：测厚仪状态。

(6)选择测量点1：在被测护栏板样品两端和中间选定3个截面，在截面的波峰、波谷及板侧平面部位各测3个数据，共9个数据，记录在原始记录表中。测量时，应避开镀层表面的滴溜、锌渣等突起缺陷处。

(7)选择测量点2：在同一样品的另一面，重复步骤(6)，获得另外9个数据。

(8)数据处理结果：取以上两处测量点的18个数据的算术平均值作为测量结果。

(9)在原始记录表上签字和填写必要的时间等信息。

(10)测量的仪器再校核：选定一个与被测镀锌层厚度接近的校准片校验磁性测厚仪，校验结果应在仪器的重复性误差之内。

(11)关闭测量仪器(收起测厚仪)，整理数据，编制检测报告。

(二)工程质量评定

1. 一般规定

公路工程质量检验评定应按分项工程、分部工程、单位工程逐级进行，按《公路工程质量检验评定标准 第一册 土建工程》(JTG F80/1—2017)进行划分。单位工程、分部工程和分

项工程应在施工准备阶段划分,具体工程划分符合下列规定:
(1)在合同段中,具有独立施工条件和结构功能的工程为单位工程。
(2)在单位工程中,按路段长度、结构部位及施工特点等划分的工程为分部工程。
(3)在分部工程中,根据施工工序、工艺或材料等划分的工程为分项工程。
公路交通安全设施工程划分见表1-1。

表1-1 公路交通安全设施的工程划分

单位工程	分部工程	分项工程
交通安全设施(每20 km或每标段)	标志、标线、突起路标、轮廓标(5～10 km路段)	标志、标线、突起路标、轮廓标
	护栏(5～10 km路段)	波形梁钢护栏、缆索护栏、混凝土护栏、中央分隔带开口护栏
	防眩设施、隔离栅、防落物网(5～10 km路段)	防眩板、防眩网、隔离栅、防落物网等
	里程碑和百米桩(5 km路段)	里程碑、百米桩
	避险车道(每处)	避险车道

工程质量检验评定应符合下列规定:
(1)分项工程完工后,应根据《公路工程质量检验评定标准 第一册 土建工程》(JTG F80/1—2017)标准进行检验,对工程质量进行评定。隐蔽工程在隐蔽前应检查合格。
(2)分部工程、单位工程完工后,应汇总评定所属分项工程、分部工程质量资料,检查外观质量,对工程质量进行评定。

2. 工程质量检验

根据《公路工程质量检验评定标准 第一册 土建工程》(JTG F80/1—2017)的规定进行工程质量检验。
分项工程应按基本要求、实测项目、外观质量和质量保证资料等检验项目分别检查。
分项工程质量应在所使用的原材料、半成品、成品及施工控制要点等符合基本要求的规定、无外观质量限制缺陷且质量保证资料真实齐全时,方可进行检验评定。
(1)基本要求检查应符合下列规定:
①分项工程应对所列基本要求逐项检查,经检查不符合规定时,不得进行工程质量的检验评定。
②分项工程所用的各种原材料的品种、规格、质量及混合料配合比和半成品、成品应符合有关技术标准规定并满足设计要求。
(2)实测项目检验应符合下列规定:
①对检查项目按规定的检查方法和频率进行随机抽样检验并计算合格率。
②以标准规定的检查方法为标准方法,采用其他高效检测方法应做比对确认。
③对标准中以路段长度规定的检查频率为双车道路段的最低检查频率,对多车道应按车道数与双车道之比相应增加检查次数。

④应按下式计算检查项目合格率：

$$检查项目合格率(\%) = \frac{合格的点(组)数}{该检查项目的全部检查点(组)数} \times 100$$

以波形梁钢护栏实测项目(表1-2)为例。

表1-2 波形梁钢护栏实测项目

项次	检查项目	规定值或允许偏差	检查方法和频率
1	波形梁板基底金属厚度/mm	符合现行 GB/T 31439—2015 标准规定	板厚千分尺、涂层测厚仪；抽查板块数5%，且不少于10块
2	立柱基底金属壁厚/mm	符合现行 GB/T 31439—2015 标准规定	千分尺或超声波测厚仪、涂层测厚仪；抽查2%，且不少于10根
3	横梁中心高度/mm	±20	尺量；每1 km每侧测5处
4	立柱中距/mm	±20	尺量；每1 km每侧测5处
5	立柱竖直度/(mm·m^{-1})	±10	垂线法；每1 km每侧测5处
6	立柱外边缘距土路肩边线距离/mm	≥250 或不小于设计要求	尺量；每1 km每侧测5处
7	立柱埋置深度/mm	不小于设计要求	尺量或埋深测量仅测立柱打入后定尺长度；每1 km每侧测5处
8	螺栓终拧扭矩	±10%	扭力扳手；每1 km每侧测5处

(3)检查项目合格判定应符合下列规定：

①关键项目的合格率应不低于95%，否则该检查项目为不合格。

②一般项目的合格率应不低于80%，否则该检查项目为不合格。

③有规定极值的检查项目，任一单个检测值不应突破规定极值，否则该检查项目为不合格。

④采用《公路工程质量检验评定标准 第一册 土建工程》(JTG F80/1—2017)标准附录 B 至附录 S 所列方法进行检验评定的检查项目，不满足要求时，该检查项目为不合格。

(4)应对外观质量进行全面检查，并应满足规定要求，否则该检验项目为不合格。

(5)工程应有真实、准确、齐全、完整的施工原始记录、试验检测数据、质量检验结果等质量保证资料。质量保证资料应包括下列内容：

①所用原材料、半成品和成品质量检验结果。

②材料配合比、拌和加工控制检验和试验数据。

③地基处理、隐蔽工程施工记录和桥梁、隧道施工监控资料。

④质量控制指标的试验记录和质量检验汇总图表。

⑤施工过程中遇到的非正常情况记录及其对工程质量影响分析评价资料。

⑥施工过程中如发生质量事故，经处理补救后达到设计要求的认可证明文件等。

(6)对检验项目评为不合格的,应进行整修或返工处理,直至合格。

3. 工程质量评定

工程质量等级分为合格与不合格。分项工程、分部工程、单位工程质量评定应符合《公路工程质量检验评定标准 第一册 土建工程》(JTG F80/1—2017)标准附录 K 规定的质量检验评定表。

(1)分项工程质量评定合格应符合下列规定:
①检验记录完整;
②实测项目合格;
③外观质量满足要求。

(2)分部工程质量评定合格应符合下列规定:
①评定资料完整;
②所含分项工程及实测项目合格;
③外观质量满足要求。

(3)单位工程质量评定合格应符合下列规定:
①评定资料完整;
②所含分部工程合格;
③外观质量满足要求。

评定为不合格的分项工程、分部工程,经返工、加固、补强或调测,满足设计要求后,可重新进行检验评定。所含单位工程合格,该合同段评定为合格;所含合同段合格,该建设项目评定为合格。

六、现阶段交通安全设施设置的突出问题及改进措施

(一)交通安全设施设置存在的问题

(1)只注重高速公路,忽视二级、三级公路。尤其是县乡二级、三级公路上的交通安全设施设置不完善、不配套,设施陈旧粗糙,许多危险路段缺少最基本的警告标志和防护设施,因而营运车辆和货车冲出路基跌落深谷的重大事故屡屡发生。

(2)标志、标线设置不完善、不连续、不清晰,从而导致行路难、误驶和交通延误等。

(3)各级公路采用较低技术指标或指标配置不理想,如长大直线、长大纵坡、连续弯路、结构物众多(桥隧相连、隧隧相连)等。

(4)施工时偷工减料。

(二)改进措施

(1)高路堤、陡坡和公路运行条件发生变化等路段上,应加强交通工程及沿线设施的配套设置,保障标志设置的清晰连续,应从标志设置的目的性及整个路网的角度考虑标志的设置。

(2)加强互通式立体交叉、平面交叉路口预告、设置指路标志;在车道边缘线、分合流路段、平面交叉路口等处连续设置突起路标及其他类似的反光设施。

(3)山岭区连续长、陡下坡路段失控车辆尤其是大型车辆冲出路基造成重大事故的案例

经常发生。国内外解决这一问题的较好工程措施就是设置避险车道,并配套设置动态和静态引导标志、警告标志、护栏及其他防护设施。

例如,北京八达岭高速公路、福建漳龙高速公路和溪段等,通过设置避险车道有效预防事故发生,从而降低了重大事故的发生概率。

能力测试题

1. 公路交通工程设施有哪些?
2. 简述交通安全设施的功能。
3. 公路交通安全设施抽样分哪几类?其相互关系是什么?
4. 简述交通安全设施检验中缺陷(不合格)的分类与处置。
5. 公路交通安全设施检验中出现的不合格批该如何处置?

项目二

公路护栏质量检测

学习内容

介绍了公路护栏基础知识，如护栏发展过程、分类、设置要求等；对混凝土护栏、波形梁钢护栏的构造、技术要求、检测方法进行了重点介绍；简要介绍了不常用的缆索护栏。

学习目标

专业知识目标

(1) 了解公路护栏的发展概况、作用、分类、设置原则。
(2) 熟悉常用的波形梁钢护栏及混凝土护栏的分级、构造。
(3) 掌握波形梁钢护栏及混凝土护栏的材料要求、技术要求、产品质量的施工质量检测内容和方法。
(4) 掌握波形梁钢护栏及混凝土护栏的施工要求。

专业能力目标

(1) 具有探究学习、终身学习、分析问题和解决问题的能力。
(2) 具有基本的护栏材料试验与检测能力，能够独立完成护栏原材料和施工质量检测工作。
(3) 具有基本的护栏质量验收与评定能力，能够完成现场质量检测、参与竣工验收等工作。
(4) 具有试验数据分析、处理的能力；能够编制相关试验报告及结论评定。

职业素养目标

具有良好的职业道德和职业素养；具有质量意识、安全意识、工匠精神、创新思维。

任务一 公路护栏基础知识

公路护栏，以下简称"护栏"是公路交通安全设施的重要组成部分，其对行车安全起到重要的作用，一般设置于道路中央分隔带及道路两侧，用以降低交通事故的严重程度，保护人车安全。

护栏既要有相当高的力学强度和刚度来抵挡车辆的冲撞力，又不能使其刚度太大，以免乘客受到严重的伤害，护栏设计的要旨就是解决这一矛盾。

车辆碰撞护栏是十分复杂的过程，到目前为止尚未发现一种精确计算方法可用于护栏设计。经过长期的研究和实践，在护栏的结构碰撞理论设置原则、制造、安装等方面积累了丰富的经验。

一、国内外公路护栏发展过程

美国于 1920 年开始研究护栏，通过大量的试验研究，特别是通过大量的实车足尺碰撞和在公路上大量应用，积累了丰富的经验和碰撞理论知识。据此，美国制定了有关护栏形式选择、设置原则、结构设计及护栏的生产、制造、运输安装、维护保养等一系列的标准规范，为护栏的系列化、标准化奠定了基础。

日本于 20 世纪 50 年代开始研究护栏，1965 年在名神高速公路开始正式使用。日本对各种护栏结构进行了广泛地开发研究。

我国的护栏研究工作始于 1984 年京津塘高速公路交通工程初步设计阶段。随着国家重点科技攻关项目的确定，护栏的研究工作正式纳入轨道。行业标准《高速公路交通安全设施设计及施工技术规范》(JTJ 074—1994)的出台，标志着我国护栏设计施工已纳入标准化轨道。先后制定了《公路交通安全设施设计规范》(JTG D81—2006)和《公路交通安全设施设计规范》(JTG D81—2017)。

考虑到我国目前公路状况、车辆行驶状况及发展趋势，并与国际接轨，以实车碰撞试验数据为依据，既能保证大部分车辆的行车安全，又考虑我国的技术经济实力，交通运输部设立专题对国内交通事故、国省道干线公路上的车辆运行速度和我国现阶段主流车型等进行调研分析，制定了我国护栏的防撞等级，分为八级，见表 2-1。

表 2-1　护栏的防撞等级

防护等级	一	二	三	四	五	六	七	八
代码	C	B	A	SB	SA	SS	HB	HA
设计防护能量/kJ	40	70	160	280	400	520	640	760

二、公路护栏的作用和性能

(一)护栏的作用

护栏是一种纵向吸能结构，通过自身变形或车辆爬高来吸收碰撞能量，从而改变车辆行驶方向，阻止车辆越出路外或进入对向车道，最大限度地减少对乘员的伤害，从而能够降低交通事故严重程度。

(二)护栏的性能

无论何种形式的护栏，其最重要的性能是安全性；其次要考虑护栏的美学及其对驾驶员的心理影响，护栏的设置能给道路使用者增加舒适感和安全感，能在视觉上自然地诱导驾驶员的视线，保持公路线形的连续性，并减少对危险路段产生的恐惧心理。

护栏的性能具体要求如下。

1. 结构适应性要求

车辆不能撞断、下穿或越过护栏，以防止车辆驶出路外或闯入对向车道，护栏能使碰撞车辆平顺地改变方向，防止护栏的部件在碰撞后穿入车内客舱或对其他交通构成危险，这就是护栏的强度要求。

2. 车内乘员的安全性要求

在碰撞期间和碰撞之后，车辆应保持原有姿态，碰撞时产生的加速度不应使乘员受到伤害，当车辆碰撞护栏时，护栏应产生一定的弹塑性变形来吸收碰撞能量，减少车辆损坏，以减小对车辆内乘员的损伤程度。

3. 车辆的轨迹要求

车辆碰撞护栏后，车辆以较小的驶离角回到原来的行驶方向，车辆的轨迹和最终停止位置不影响其他车道行驶的车辆。

4. 对行驶车辆具有视线诱导效果

要求护栏在车辆行驶过程中能够对司乘人员起到视线诱导作用。

三、公路护栏的分类

设置护栏的最终目标是通过护栏的保护作用，防止事故造成严重后果。不同类型结构的护栏其防撞性能不同。公路上使用的护栏一般有以下三种分类方法。

(一)按护栏在公路中的纵向位置设置分类

按护栏在公路中的纵向位置不同，可分为设置于路基上的路基护栏和设置于桥梁上的桥梁护栏。

1. 路基护栏采用的形式

常用的路基护栏有波形梁钢护栏、混凝土（简称为"砼"）护栏、缆索护栏。其中，波形梁钢护栏用得最多。

2. 桥梁护栏采用的形式

常用的桥梁护栏（图2-1）有混凝土护栏、钢护栏。其中，混凝土护栏用得最多，钢护栏在城市桥梁、单独的有代表性的桥梁用得较多。

图2-1 桥梁护栏

(二)按护栏在公路中的横向位置分类

按护栏在公路中的横向位置不同，可分为路侧护栏和中央分隔带护栏。

1. 路侧护栏

路侧护栏设置在公路路肩上，目的是防止失控车辆越出路外，避免碰撞路侧构造物或其他设施。

2. 中央分隔带护栏

中央分隔带护栏设置于公路中央分隔带内,目的是防止车辆穿越中央分隔带闯入对向车道,并保护分隔带内的构造物。

(三)按护栏碰撞后的变形程度(刚度)分类

按护栏碰撞后的变形程度不同,可分为柔性护栏(缆索护栏)、半刚性护栏(波形梁钢护栏)和刚性护栏(混凝土护栏)三类。

1. 柔性护栏

柔性护栏是一种具有较大缓冲能力的韧性护栏结构。缆索护栏(图2-2)是柔性护栏的主要代表形式,完全依靠缆索的拉应力抵抗来自车辆的碰撞,吸收碰撞能量。缆索在弹性范围内工作,几乎不需要更换,外形比较美观,车辆行驶时没有压迫感,但视线诱导效果差。

缆索护栏由数根施加初拉力的缆索固定于端柱上而组成钢缆结构。缆索护栏主要包括端部结构、中间端部结构、中间立柱、托架、索端锚具等构件。

端部结构是缆索护栏的起终点锚固装置,由三角形支架、底板和混凝土基础组成。中间端部结构是连续设置缆索护栏超过一定长度时所设置的中间延长锚固装置。中间立柱是设置于端部或中间端部之间用于固定缆索的立柱。托架是安装于立柱上支撑并固定缆索的装置。索端锚具是固定于端部或中间端部用来锚碇缆索的装置。

2. 半刚性护栏

半刚性护栏是一种连续的梁柱式护栏结构,具有一定的强度和刚度,依靠护栏的弯曲变形和张拉力来抵抗车辆的碰撞。梁式护栏按不同的结构可分为波形梁钢护栏、管梁护栏、箱梁护栏等。其中,波形梁钢护栏是半刚性护栏的主要代表形式(图2-3)。

图2-2 缆索护栏　　　　　　　　图2-3 波形梁钢护栏

【防撞原理】

波形梁钢护栏利用土基、立柱、横梁的变形吸收碰撞能量。

通过车辆与护栏的摩擦、车辆与地面的摩擦,以及车辆和护栏本身产生一定量弹、塑性变形来吸收碰撞能量,延长碰撞过程的作用时间以降低加速度,并迫使失控车辆改变方向,确保人员安全和减少车辆损坏等。

波形梁钢护栏具有一定的视线诱导作用,外形美观。

从国内外实际应用情况来看,波形梁钢护栏的应用最为广泛。通常,波形梁钢护栏又可以根据波形梁数量的不同,分为双波形梁钢护栏和三波形梁钢护栏。目前,我国公路上设置的大部分护栏为双波形梁钢护栏,只有在少数特别危险路段设置三波形梁钢护栏。

3. 刚性护栏

刚性护栏是一种基本不变形的护栏结构,水泥混凝土护栏(图 2-4)是其主要代表形式。它是一种具有一定断面形状的水泥混凝土墙式结构,在瞬间移动荷载作用下,护栏不发生明显变形,碰撞过程中的能量主要依靠汽车与护栏接触并沿护栏面爬高或转向来吸收,同时使汽车碰撞后恢复到正常的行驶方向,因此,混凝土护栏的截面形状和尺寸直接影响碰撞效果。

图 2-4 水泥混凝土护栏

每种形式的护栏都具有其本身的特点、使用条件和适用的地点,具体见表 2-2。

表 2-2 各种护栏的使用条件和适用地点

护栏形式	设置地点				
	小半径弯道	需要视线诱导的地方	需要美观的地方	冬天积雪处	长直线路段
波形梁护栏	★	★	●	●	●
管形护栏	●		●	●	●
缆索护栏			★	★	★
混凝土护栏		●			●
注:★为最好的护栏形式;●为一般适用的护栏形式					

四、公路护栏的设置

(一)一般规定

公路路侧或中央分隔带应通过保障合理的净区宽度来降低车辆驶出路外或驶入对向车行道事故的严重程度。计算净区宽度得不到满足时,应按护栏设置原则进行安全处理。

1. 路侧净区宽度

国内外研究成果表明,路侧净区宽度与交通量、速度、平曲线半径和路侧坡度等因素有关。交通量越大,车辆速度越高,需要的路侧净区宽度越大。路堤边坡坡度缓于 1∶4 时,驶出车辆可以驶回,坡度越陡,驶回需要的宽度越大;路堤边坡坡度陡于 1∶4 时,驶出路外的车辆驶回的可能性大大降低。如果在公路用地范围内边坡的坡脚处有足够的宽度,并且驶过的区域无障碍物,可以使绝大多数失控车辆恢复正常行驶;驶出车辆即使不能驶回,也不会出现严重的伤害事故。国内外研究成果表明,约 30% 造成人员伤亡的交通事故是车辆驶出路外造成的。

路侧净区宽度可分为计算净区宽度和实际净区宽度。

21

(1)计算净区宽度:理想值。可根据路基的填方、挖方、交通量、设计速度、曲线半径进行查图确定净区宽度[见《公路交通安全设施设计规范》(JTG D81—2017)附录 A]。其为驶出车行道的车辆重返公路提供了容错空间。

对位于计算净区宽度范围内的各类行车障碍物,首先要通过路侧处理来尽量满足路侧净区宽度的要求,具体如下:

①去除计算净区宽度范围内的障碍物。
②重新设计障碍物,使障碍物不构成危害。
③将障碍物移至不易被驶出路外的车辆碰撞的位置。
④采取措施减少事故伤害,如采用解体消能结构等。

(2)实际净区宽度:实际路况可达到的宽度值。从外侧车行道边缘线开始,向公路外侧延伸的平缓、无障碍物区域的有效宽度,包括硬路肩、土路肩及可利用的路侧边坡。

因此,当计算净区宽度内的各类行车障碍物不能采取措施处理时,需要设置护栏。

需要说明的是,在我国,由于占地等原因,计算净区宽度一般都不满足要求,需要设置护栏。

一些国家对路侧安全净区宽度的规定见表 2-3。

表 2-3 一些国家对路侧安全净区宽度的规定

国别	路侧安全区宽度/m	国别	路侧安全区宽度/m
比利时	3.5	波兰	3.5
捷克	4.5	葡萄牙	2.0
丹麦	3.0~9.0	英国	4.5
法国	10	瑞士	10

2. 护栏设计

护栏设计应体现宽容设计、适度防护的理念。

公路上产生交通事故的原因很多,如驾驶员疲劳、超速、酒后驾车、躲避事故车辆失控或器件失效;路面结冰、积雪;雨、雾天气或驾驶员视线受限等。

所谓宽容设计理念,就是强调驾驶员的过错不应该以生命为代价,而应通过合理的设计,将上述原因造成的事故影响降至最低,消除那些可能产生致命后果的因素,但这并不是说护栏设置得越多越好,强度越高越好,因为护栏本身也是一种障碍物,因此还需要提倡适度防护的理念,以达到防护效果与工程投资的最佳组合。

护栏标准段、护栏过渡段、中央分隔带开口护栏、防撞端头及防撞垫的防护等级及性能应满足现行《公路护栏安全性能评价标准》(JTG B05-01—2013)的规定,当需要采用其他防护等级或碰撞条件时,应进行特殊设计,进行实车碰撞试验。

(1)护栏标准段、护栏过渡段和中央分隔带开口护栏的安全性能评价指标。

①阻挡功能应符合下列要求:

a. 应能够阻挡车辆穿越、翻越和骑跨。
b. 试验护栏构件及其脱离件不得侵入车辆乘员舱。

②缓冲功能应符合下列要求：

a. 乘员碰撞速度的纵向与横向分量均不得大于 12 m/s。

b. 乘员碰撞后加速度的纵向与横向分量均不得大于 200 m/s²。

③导向功能应符合下列要求：车辆碰撞后不得翻车。

（2）特殊设计包括下列一些可能情况：

①需要采用的护栏碰撞能量高于八（HA）级的 760 kJ 时，如大型车辆所占比例大的货运专用公路、邻近饮用水源的公路，需进行特殊设计。

②需要采用的护栏、防撞端头和防撞垫等碰撞条件不同于《公路护栏安全性能评价标准》（JTG B05-01—2013）规定时，如一些具有特殊功能的专用公路，车型、碰撞角度速度等，需进行特殊设计。

（3）护栏的任何部分不得侵入公路建筑限界。我国各级公路的建筑界限应符合《公路工程技术标准》（JTG B01—2014）的规定，如图 2-5 所示。

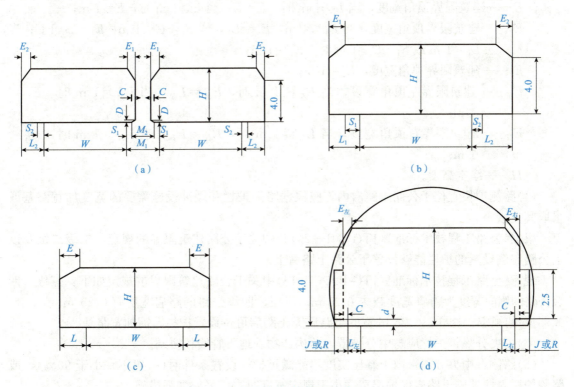

图 2-5 各级公路的建筑界限（单位：m）

(a)高速公路、一级公路（整体式）；(b)高速公路、一级公路；(c)二级、三级、四级公路；(d)公路隧道

图中：W——行车道宽度；

L_1——左侧硬路肩宽度；

L_2——右侧硬路肩宽度；

S_1——左侧路缘带宽度；

S_2——右侧路缘带宽度；

L——侧向宽度。二级公路的侧向宽度为硬路肩宽度；三级、四级公路的侧向宽度为路肩宽度减去 0.25 m，设置护栏时，应根据护栏需要的宽度加宽路基；

$L_左$——隧道内左侧侧向宽度；

$L_右$——隧道内右侧侧向宽度；

C——当设计速度大于 100 km/h 时，C 为 0.5 m；速度小于或等于 100 km/h 时，C 为 0.25 m；

D——路缘石高度，小于或等于 0.25 m，一般情况下，高速公路可不设路缘石；

M_1——中间带宽度；

M_2——中央分隔带宽度；

J——检修道宽度；

R——人行道宽度；

d——检修道或人行道高度；

E——建筑限界顶角宽度，当 $L \leqslant 1$ m 时，$E=L$；当 $L>1$ m 时，$E=1$ m；

E_1——建筑限界顶角宽度，当 $L_1<1$ m，$E_1=L_1$，或 $S_1+C<1$ m，$E_1=S_1+C$；当 $L_1 \geqslant 1$ m 或 $S_1+C \geqslant 1$ m 时，$E_1=1$ m；

E_2——建筑限界顶角宽度，$E_2=1$ m；

$E_左$——建筑限界左顶角宽度，当 $L_左 \leqslant 1$ m 时，$E_左=L_左$；当 $L_左>1$ m 时，$E_左=1$ m；

$E_右$——建筑限界右顶角宽度，当 $L_右 \leqslant 1$ m 时，$E_右=L_右$；当 $L_右>1$ m 时，$E_右=1$ m；

H——净空高度。

(4)路侧护栏宜位于公路土路肩内，应根据路侧护栏和缓冲设施需要的宽度加宽路基或采取其他措施。

根据《公路工程技术标准》(JTG B01—2014)中关于公路建筑限界的规定，二级二级及以上公路路侧设置的护栏能够设置于公路土路肩上。

现行《公路工程技术标准》(JTG B01—2014)中关于公路建筑限界的规定如下：三级、四级公路的侧向宽度为路肩宽度减去 0.25 m；三级、四级公路的路肩宽度有 0.25 m、0.5 m、0.75 m 的规定。这样，0.25 m 宽的土路肩无土路肩可供设置护栏，需加宽路基。

(5)中央分隔带护栏应与中分隔带内的构造物、地下管线相协调。

(6)路侧、中央分隔带内土基压实度不能满足护栏设置条件时(一般不宜小于 90%)，或路侧护栏立柱外侧土路肩保护层宽度小于规定宽度时，应采取加强措施。

(二)路基护栏设置

一般情况下，是否设置路基护栏应根据路堤高度、边坡坡度和路侧情况的复杂程度而定，如图 2-6 所示。

1. 路基护栏设置要求

(1)公路实际净区宽度与计算净区宽度不同时，应在交通安全综合分析的基础上，根据驶出路外或驶入对向车行道事故的风险确定是否设置护栏，如图 2-7 所示。

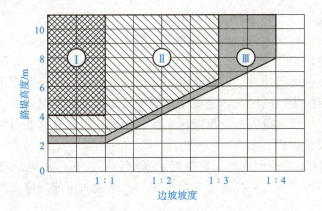

图 2-6 边坡坡度、路堤高度与设置护栏的关系

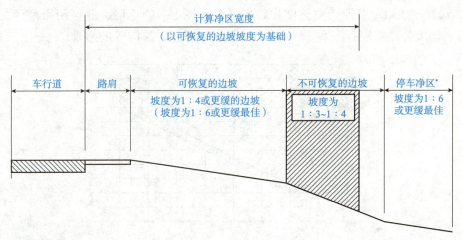

*由于推荐的净区宽度中有一部分为不可恢复的边坡（图中阴影部分），因此需要附加的停车净区，其宽度等于阴影部分的宽度

图 2-7 计算净区宽度示意

①并不是要求新建或改、扩建公路的实际净区宽度一定要达到或满足计算净区宽度。没有条件达到的情况是非常多的，这种情况下要根据驶出路外的事故概率及可能的后果确定相应的对策，以减少驶出路外或驶入对向车行道的事故伤害。

②计算净区的宽度得不到满足时，如计算净区宽度范围内有无法移除的障碍物，车辆驶出路外，有可能撞击路外无法移除的障碍物，造成伤亡后果。需要说明的是，对于驶出路外的车辆，护栏也是障碍物。要参考交通安全综合分析结果，即评估车辆驶出路外撞击障碍物或护栏，哪种后果更轻，哪种更经济。如果设置护栏后伤害降低了，是可以设置护栏的。

③是否设置护栏、设置什么样的护栏要考虑工程经济性。人的生命价值是很难用金钱来衡量的，即使美国、澳大利亚等发达国家，护栏设置也是考虑工程经济性的。设置护栏投入工程经费，从工程经济上讲是成本，设置护栏而降低的伤害，从工程经济上讲是经济效益，从工程经济角度评估设置护栏投入的成本是否值得。

（2）驶出路外或驶入对向车行道事故的风险应综合考虑驶出路外或驶入对向车行道的可

能性及事故的严重程度等,并应符合下列规定:

①驶出路外或驶入对向车行道的可能性应根据所在路段的路线线形、交通量、交通组成及环境条件等因素确定。

②事故严重程度和运行速度、路侧条件有关,可分成低、中、高三个等级。

事故严重程度等级为高的情况,主要是车辆驶出路外,除车辆自身、人员伤亡外,还对其他交通、生产等产生严重危害。计算净区宽度范围外,也存在这些可能的后果,视情况具体分析,确定是否设置护栏。

(3)路侧计算净区宽度范围内有高速铁路、高速公路、高压输电线塔、危险品储藏仓库等设施时,事故严重程度等级为高,必须设置护栏。这说明可能造成二次特大事故的路段必须设置护栏。

(4)路侧计算净区宽度范围内有下列情况时,事故严重程度等级为中,应设置护栏:

① 二级及二级以上公路边坡坡度和路堤高度在图2-8的Ⅰ区、Ⅱ区阴影范围之内的路段,三级、四级公路路侧有深度30 m以上的悬崖、深谷、深沟等的路段。

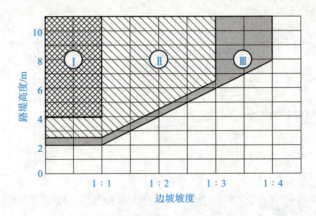

图2-8 边坡坡度、路堤高度与设置护栏的关系

②路侧有江、河、湖、海、沼泽等水深1.5 m以上水域的路段。

③路侧有Ⅰ级铁路、一级公路等;有可能造成二次特大事故的路段。

④高速公路、一级公路路外设有车辆不能安全越过的照明灯、摄像机、交通标志、声屏障、上跨桥梁的桥墩或桥台、隧道入口处的检修道或洞门等设施的路段。

(5)路侧计算净区宽度范围内有下列情况时,事故严重程度等级为低,宜设置护栏:

①二级及二级以上公路边坡坡度和路堤高度在图2-6的Ⅲ区阴影范围之内的路段,三级、四级公路边坡坡度和路堤高度在图2-6的Ⅰ区阴影范围之内的路段。

②二级及二级以上公路路侧边沟无盖板、车辆无法安全越过的挖方路段。

③高出路面或开挖的边坡坡面有30 cm以上的混凝土砌体或大孤石等障碍物。

④出口匝道的三角地带有障碍物。

(6)高速公路和作为干线的一级公路,整体式断面中间带宽度小于或等于12 m,或者12 m宽度范围内有障碍物时,必须设置中央分隔带护栏。中央分隔带事故严重程度可根据下列条件确定:

①中央分隔带宽度小于2.5 m且采用整体式护栏形式时,事故严重程度等级为高。

②符合下列条件时,事故严重程度等级为中:

对双向6车道高速公路,或未设置左侧硬路肩的双向8车道及8车道以上的高速公路,中央分隔带宽度小于2.5 m并采用分设式护栏形式,同时,中央分隔带内设有车辆不能安全穿越的障碍物的路段。

对双向6车道及6车道以上的一级公路,中央分隔带宽度小于2.5 m并采用分设式护栏形式,同时,中央分隔带内设有车辆不能安全穿越的障碍物的路段。

(7)作为集散的一级公路,整体式断面中间带应设置保障行车安全的隔离设施。根据交通安全综合分析结果,可考虑是否设置中央分隔带护栏,事故严重程度等级可参考《公路交通安全设计规范》(JTG D81—2017)的规定选取。

(8)高速公路和一级公路采用分离式断面时,行车方向左侧应按路侧护栏设置。

(9)一级公路平面交叉两端设置中央分隔带护栏和绿化设施时,不得影响通视三角区停车视距。

(10)设置路基护栏的防护等级应符合表2-4的规定。

表2-4 路基护栏防护等级的选用

公路等级	设计速度/(km·h⁻¹)	事故严重程度等级		
		低	中	高
高速公路	120	三(A、Am)级	四(SB、SBm)级	六(SS、SSm)级
	100、80			五(SA、SAm)级
一级公路	60	二(B、Bm)级	三(A、Am)级	四(SB、SBm)级
二级公路	80、60		三(A)级	
三级公路、四级公路	40	一(C)级	二(B)级	三(A)级
	30、20		一(C)级	二(B)级

注:括号内为护栏防护等级的代码

(11)存在下列情况时,会导致事故发生可能性增加或后果更严重,宜在表2-4的防护等级上提高1个等级:

①二级及二级以上公路纵坡等于或接近于现行《公路工程技术标准》(JTG B01—2014)规定的最大纵坡值的下坡路段;二级及二级以上公路圆曲线半径等于或接近于现行《公路工程技术标准》(JTG B01—2014)规定的最小半径的路段外侧。

②设计交通量中,总质量大于或等于25 t的车辆自然数所占比例大于20%。

(12)年平均日设计交通量(Annual Average Daily Traffic,AADT)小于2 000辆小客车且设计速度小于或等于60 km/h的公路,宜进行交通安全及经济综合分析,确定是否设置护栏及护栏的防护等级。需要设置护栏时,其防护等级可在表2-4的基础上降低1个等级,但最小不得低于一(C)级。

(13)迎交通流的护栏端头应按下列方法进行外展或设置缓冲设施。

①外展至土路肩宽度范围外;具备条件时,宜外展至计算净区宽度外。

②位于填挖交界时，应外展并埋入挖方路段不构成障碍物的土体内。

③无法外展时，高速公路、一级公路及作为干线的二级公路应按《公路交通安全设施设计规范》(JTG D81—2017)第6.5.1条和第6.5.2条的规定设置防撞端头，或在护栏端头前设置防撞垫；作为集散的二级及三级、四级公路宜采用地锚式端头，并进行警示提醒或设置立面标记。

④作为干线的二级公路，宜考虑车辆碰撞对向车行道护栏下游端头的可能性。

(14)不同防护等级或不同结构形式的护栏之间连接时，应进行过渡段设计。护栏过渡段的防护等级应不低于所连接护栏中较低的防护等级。

(15)高速公路、一级公路及作为干线的二级公路的隧道出入口等位置，护栏应进行过渡段设计；作为集散的二级及三级、四级公路的隧道出入口等位置，护栏宜进行过渡段设计。

(16)选择护栏形式时，首先考虑护栏受碰撞后的变形量。路侧或中央分隔带护栏面距其防护障碍物的距离，应大于护栏最大横向动态位移外延值(W)或车辆最大动态外倾当量值(VI_n)。

(17)护栏最大横向动态位移外延值(W)或车辆最大动态外倾当量值(VI_n)的选择应根据防护车型和障碍物来确定。当防护的障碍物低于护栏高度时，宜选择护栏最大横向动态位移外延值(W)；当防护的障碍物高于护栏高度、公路主要行驶车型为大型车辆时，应选择车辆最大动态外倾当量值(VI_n)。

(18)大型车辆所占比例较大的路段，除位于冬季风雪段大的地区外，中央分隔带护栏宜使用混凝土护栏。

(19)冬季风雪较大的地区，宜选择少阻雪的护栏形式。

(20)护栏形式选择还应考虑护栏材料通用性、护栏成本和养护方便性、沿线的环境等因素。

2. 护栏最小结构长度设置

路基护栏最小结构长度应根据下列因素确定：

(1)发挥护栏整体作用的最小结构长度应符合表2-5的规定，或根据护栏产品说明书确定。

表2-5　护栏最小结构长度

公路等级	护栏类型	最小长度/m
高速公路、一级公路	波形梁钢护栏	70
	混凝土护栏	36
	缆索护栏	300
二级公路	波形梁钢护栏	48
	混凝土护栏	24
	缆索护栏	120
三级公路、四级公路	波形梁钢护栏	28
	混凝土护栏	12
	缆索护栏	120

(2)护栏最小防护长度应根据车辆驶出路外的轨迹和计算净区宽度内障碍物的位置、宽度确定。

(3)护栏最小结构长度应同时满足以上两个要求。

(4)相邻两段护栏的间距小于护栏最小结构长度时宜连续设置。

(5)通过过渡段连接的两种形式护栏的长度之和不应小于两种形式护栏最小结构。

护栏最小长度要求考虑护栏的整体作用,只有当护栏柱连续梁能很好发挥整体效果时,护栏才是有效的,如果护栏设置长度较短,不但影响美观,而且不能发挥护栏的导向功能,增加碰撞的危险性,碰撞试验仿真分析及实地调查结果均说明此项要求的合理性。

3. 路基护栏形式的选择

护栏的形式多种多样,每种护栏都有其本身的特点和适用条件,选择时应考虑如下因素:

(1)护栏的防撞功能;

(2)受碰撞后的护栏变形程度;

(3)护栏所在位置的现场条件;

(4)护栏材料的通用性能;

(5)护栏的全寿命周期成本;

(6)护栏养护工作量的大小和养护的方便程度;

(7)护栏的美观、环境因素;

(8)所在地区现有公路护栏使用的效果。

目前,我国公路路基护栏多采用波形梁钢护栏(图2-9)。

图2-9 路基波形梁钢护栏

(三)桥梁护栏设置

1. 桥梁护栏设置的原则

(1)各等级公路桥梁必须设置路侧护栏。

(2)高速公路、作为次要干线的一级公路桥梁必须设置中央分隔带护栏,作为主要集散的一级公路桥梁应设置中央分隔带护栏。

(3)设计速度小于或等于60 km/h的公路桥梁设置人行道(自行车道)时,可通过路缘石将人行道(自行车道)和车行道进行分离;设计速度大于60 km/h的公路桥梁设置人行道(自行车道)时,应通过桥梁护栏将人行道(自行车道)与车行道进行隔离。

2. 选择桥梁护栏形式的因素

桥梁护栏按结构形式可分为刚性护栏(钢筋混凝土F型护栏、单坡型护栏、梁柱式护栏等)、半刚性护栏(金属梁柱护栏、双波形梁钢护栏、三波形梁钢护栏等)和组合式护栏等。选择桥梁护栏形式时需要考虑下列因素:

(1)桥梁护栏的防护等级确定后,主要从容许变形程度、美观、结构要求、经济性和养护维修等方面确定适当的护栏形式。

虽然桥梁护栏的建造成本只占桥梁总建造费用的很小一部分,但是形式的选择在安全、美观、耐久、养护等方面仍具有很大作用。桥梁护栏要与桥梁形式、桥梁周围的自然景观相协调,起到美化桥梁建筑的作用。

(2)条件成熟时,可以采用新型结构和轻型材料,以提高桥梁护栏的防护性能,减小桥梁自重。

(3)小桥、通道、明涵的护栏形式宜与相邻的路基护栏相同。小桥、通道、明涵由于跨径较短,如根据《公路交通安全设施设计规范》(JTG D81—2017)的要求设置桥梁护栏,一般不能满足桥梁护栏结构上所需的最短长度,并且要在很短的桥梁护栏上进行两次过渡段处理,造成短距离内桥梁护栏强度的不连续,整个护栏也不美观。

护栏形式的选择除要考虑上述因素外,还要考虑地理位置、当地的使用习惯等,在我国南方和北方都有差别。公路桥梁中混凝土护栏用得较多,如图 2-10 所示。

图 2-10　水泥混凝土护栏

3. 桥梁护栏防护等级的选用

桥梁护栏防护等级的选取,主要从公路等级和设计速度、桥梁护栏外侧的危险物特征、车辆驶出桥外或进入对向车行道可能造成事故的严重程度等级等方面加以考虑,并应符合下列规定:

(1)二级及二级以上公路、小桥、通道、明涵的护栏防护等级宜与相邻的路基护栏相同。在不降低桥梁路段安全性的前提下,小桥、通道、明涵的护栏等级可以按路基护栏的要求设置。

(2)公路桥梁采用整体式上部结构时,中央分隔带护栏的防护等级可按路基中央分隔带护栏的条件来确定。

(3)桥梁线形、桥梁高度、交通量、车辆构成、运行速度或其他不利现场条件等因素易造成更严重碰撞后果的路段,经综合论证,可在表 2-6 的基础上提高 1 个或 1 个以上等级。其中,跨越大型饮用水水源一级保护区和高速铁路的桥梁及特大悬索桥、斜拉桥等缆索承重桥梁,防护等级宜采用八(HA)级(图 2-11)。

表 2-6　桥梁护栏防护等级的选取

公路等级	设计速度/$(km \cdot h^{-1})$	车辆驶出桥外或驶入对向车行道的事故严重程度等级	
		中:其他桥梁	高:跨越公路、铁路或饮用水水源一级保护区等路段的桥梁
高速公路	120	五(SA、SAm)级	六(SS、SSm)级
一级公路	100、80	四(SB、SBm)级	五(SA、SAm)级
	60	三(A、Am)级	四(SB、SBm)级
二级公路	80、60	三(A)级	四级(SB)级
三级公路	40、30	二(B)级	三(A)级
四级公路	20		

注:括号内为护栏防护等级的代码

(四)中央分隔带开口护栏

以上所述的护栏是指正常情况下路基、桥梁护栏。

对高速公路和一级公路而言,还有一种护栏是中央分隔带开口护栏。为方便特种车辆(如交通事故处理车辆或急救车辆)在紧急情况下通行和一侧公路施工封闭时临时开启放行至对向车道行驶,在中央分隔带一定间隔处设置开口,则开口处必须设置护栏。此处的护栏称为中央分隔带开口护栏(也称为活动护栏),如图 2-12 所示。

图 2-11　鸭绿江大桥钢护栏

图 2-12　中央分隔带活动护栏

1. 设置原则

(1)高速公路的对向交通是完全隔离的,为保持中央分隔带防护性能完整性,高速公路的中央分隔带开口处必须设置中央分隔带开口护栏。

(2)设置中央分隔带的一级公路一般车速很快,不封闭的中央分隔带开口很容易导致恶性交通事故,因此规定除平时允许掉头的中央分隔带开口外,其余开口宜设置中央分隔带开口护栏。

(3)中央分隔带开口护栏要达到分隔对向交通的目的,则其设置长度必须能有效封闭中央分隔带开口。

(4)中央分隔带开口护栏是公路交通管理设施的一部分,它必须与公路主体和其他交通工程设施互相协调,才能完全发挥交通工程设施的功能。为保证中央分隔带护栏视线诱导功能的连续、顺畅,要求中央分隔带开口护栏的高度,这样可以与中央分隔带护栏的高度保持协调。

(5)要求中央分隔带开口护栏上设置轮廓标或反光片,这样可以使中央分隔带开口护栏在夜间具有很好的视认性,同时,使中央分隔带一侧的轮廓标不至于中断而造成驾驶员的视觉错误。为与中央分隔带轮廓标相协调,建议设置的反射体在颜色和设置高度上与轮廓标保持一致。

(6)当中央分隔带开口所处的路段有防眩要求时,宜在中央分隔带开口护栏上设置防眩设施。防眩设施的形式选择、设置间距、设置高度、遮光角等技术条件应符合《公路交通安全设施设计规范》(JTG D81—2017)的规定。

2. 防护等级的选择

(1)中央分隔带开口护栏既要具有防撞能力,又要便于开启,因此,其结构必然不同于相邻的中央分隔带护栏,其工程造价也必然高于中央分隔带护栏。为有效降低工程造价并避免高速公路中央分隔带沿线出现大的交通安全隐患,在确定活动开口的位置时,应综合考虑设置间距、路线几何线形、行车视距和构造物分布等因素,应选取没有潜在安全隐患的路段。已经确定的活动开口位置应设置具有一定防护能力的开口护栏,其防护等级可适当低于中央分隔带护栏1~2级,但高速公路中央分隔带开口护栏不得低于三(Am)级。如中央分隔带按规定选取了五(SAm)级,则中央分隔带开口护栏等级可选取五(SAm)、四(SBm)、三(Am)三种级别,但不能选取二(B)级。

(2)中央分隔带开口护栏是设置在中央分隔带开口处,为方便特种车辆(如交通事故处理车辆或急救车辆)在紧急情况下通行和一侧公路施工封闭时临时开启放行的活动设施。中央分隔带开口护栏在临时开放时要方便开启与关闭,具有可移动性,建议在10 min内开启至少10 m。

(3)中央分隔带开口护栏与中央分隔带护栏标准段之间一般存在结构及刚度变化,如果中央分隔带开口护栏端部没有经过安全处理,车辆碰撞此处易发生绊阻,可能导致比较严重的后果,因此,中央分隔带开口护栏端部需要与中央分隔带护栏标准段在结构和刚度上进行合理过渡。

五、护栏的安装高度

护栏应选择合理的安装高度、护栏断面形状及横梁的高度(对波形梁和金属梁柱式护栏而言,例如,美国规定金属梁式护栏横梁总高度不小于护栏总高度的25%)。护栏构造要求可通过车辆与护栏的足尺碰撞试验、使用中护栏的交通事故调查资料、现代车辆的几何特性分析三个方面情况进行确定。

一旦失控车辆与护栏发生碰撞,希望护栏能作用于车辆的有效部位,既不致使车辆越出护栏,也不致使车辆钻入护栏横梁的下面。比较理想的情况应该是通过护栏的整体作用迫使车辆逐步转向,回到正常的行驶方向。

世界上生产的汽车五花八门,从大吨位的重型汽车到微型汽车,其质量相差非常悬殊,车辆外形变化很大。现代化的小轿车有向微型化发展的趋势,其质量变得越来越轻,为了减小空气阻力,前车盖更符合流线型且变低,这种车辆在与护栏相碰时,很容易钻入波形梁钢护栏的横梁下面造成严重的后果。

另外,现在大型车辆的吨位越来越大,车辆向大型化和重型化方向发展。大型车在与护栏发生碰撞时,可能产生跳跃问题。特别在与W形波形梁钢护栏相撞时,车辆的保险杠碰撞波形梁钢护栏的横梁顶部后可能使其扭成斜面。这种情况在碰撞角度很大、车速很高时危险性更大。一旦出现这种情况,就有可能使保险杠向下往后倾斜,汽车在冲力的带动下很容易滑上护栏的斜面,继而发生越出护栏的事故。

1. 波形梁钢护栏的安装高度的确定

一般来说,从路面算起至连接螺栓孔中心的距离,二波波形梁钢护栏的横梁中心高度以600 mm为宜,三波波形梁钢护栏的横梁中心高度为697 mm。当设有路缘石且路缘石与护栏面又不齐平时,横梁的中心高度从路缘石顶面算起至连接螺栓孔中心的距离为60 cm。当波形梁钢护栏有防阻块时,其中心高度不变。

(1)路缘石的防撞性能。国外就路缘石的防撞性能进行了大量试验研究,美国的 Graham 对设有护栏的路缘石进行了碰撞试验。从试验得出如下结论:当路缘石偏离护栏正面时,25.4 cm 高的路缘石对驾驶员造成相当严重的伤害,并导致"跳车";但如果路缘石只有 15.2 cm 高且靠近护栏的正面,则路缘石对车辆与护栏碰撞不会产生值得注意的影响,也不会发生"跳车"。一般情况下,路缘石不要和护栏一起使用,如果由于其他原因必须一起使用,如排水的需要,则应把路缘石设置在护栏的正面,或路缘石的正面与护栏正面成一条直线(此处正面理解为面对路面一侧),并且路缘石的高度尽可能低。这时,在确定护栏横梁距离桥面的竖向净空时,应忽略路缘石的高度。

英国桥梁护栏标准规定,路缘石的高度为 50~100 mm,并且路缘石的正面与护栏正面在立面上成一条直线(垂直于桥面)。

路缘石与人行道可以分开设置,也可以合并设置。日本护栏设置标准规定:为了防止车辆接近和减少碰撞荷载给桥面板带来的影响,桥梁一般都设置底座。考虑到护栏设置的难易程度和基础构造,一般公路的底座高度为 250 mm 左右,车辆运行速度高的高速公路、一级公路底座高度应小于 120 mm。在英国规范中,对 PC1 和 PC2 类型(均设置了人行道)的路缘石,其高度除特别注明外,都采用 100 mm 的高度,在桥梁段采用 75 mm 的高度。

(2)波形梁钢护栏的埋置深度。波形梁钢护栏的强度主要取决于立柱的刚度、土的承载力及梁的抗拉强度,特别是立柱的水平承载力与位移的关系,它是决定立柱防撞性能的重要因素。

防撞性能分析:当立柱埋入土基时,考虑到路肩填土密实度可能不够和立柱过分靠近边坡线而使侧向土压力减小等因素,立柱埋深不应小于 110 cm,有路缘石的立柱埋深不应小于 125 cm。立柱埋置于混凝土基础中时,其埋深不应小于 40 cm。

由于立柱的最大弯矩发生在根部,要考虑的是如何使立柱损坏后更容易修复。为了维修养护的方便,可采用法兰盘装配式的连接方式。混凝土基础的尺寸、法兰盘的连接强度应根据不同情况由计算确定。有条件时,最好采用抽换式护栏立柱装置。其特点是用硬塑料管预留立柱孔穴,埋深可根据需要在 40~80 cm 范围内变化,主要考虑为以后升高预留余地。承座器固定在混凝土基础中,安装时把迫紧器螺丝松开,插入立柱,待调整好高度后,拧紧三个螺栓,立柱即被锁固。该装置结构简单,安装、维修方便。

我国立柱的埋置深度主要考虑静载试验的结果和动载试验的结果,参考发达国家的护栏标准,同时,充分考虑了我国公路土路肩较窄、填土压实度等因素确定。

2. 桥梁金属梁柱式护栏的构造

桥梁金属梁柱式护栏的构造包括护栏宽度、护栏高度、护栏截面厚度。桥梁金属梁柱式护栏的构造应满足下列规定:

(1)护栏迎撞面应顺适、光滑、连续,无锋利的边角,金属立柱与护栏横梁之间应满足防止车辆绊阻的宽度要求。

为防止车辆在立柱处绊阻(车辆直接撞击金属立柱造成更大的伤害),金属立柱与护栏迎撞面之间需要有一定的宽度。

(2) 车辆与护栏的位置关系如图 2-13 所示。

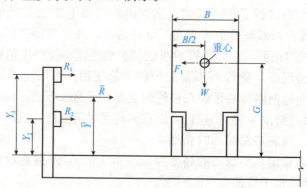

图 2-13　车辆与护栏的位置关系

注：Y 和 Y_i 的计算基线为护栏迎撞面与桥面板平面的相交线，如果该处有路缘石，则应为护栏迎撞面与路缘石顶面的相交线。各防护等级护栏的高度应满足下列规定：

①所有横梁横向承载力距桥面的加权平均高度 $\overline{Y}$ 不应小于表 2-7 的规定值。$\overline{Y}$ 的计算公式如下：

$$\overline{Y}=\frac{\sum(R_iY_i)}{R}$$

式中　R_i——第 i 根横梁的横向承载力(kN)；
　　　Y_i——第 i 根横梁距桥面板的高度(m)。

表 2-7　金属梁柱式护栏横梁横向承载力距桥面的加权平均高度 $\overline{Y}$

防护等级	最小高度/cm	防护等级	最小高度/cm
二(B)	60	六(SS)	90
三(A)	60	七(HB)	100
四(SB)	70	八(HA)	110
五(SA)	80		

②根据上述公式及相关试验成果，参考美国、英国、日本护栏标准，我国对各防护等级的护栏高度作了规定：

四级(SB)及四级以下防护等级的金属梁柱式护栏从基线起不应小于 1.00 m；五级(SA)金属梁柱式护栏从基线起不应小于 1.25 m；六级(SS)及六级以上防护等级的金属梁柱式护栏从基线起不应小于 1.5 m。

3. 混凝土护栏和组合式护栏的高度

组合式桥梁护栏是由钢筋混凝土墙式护栏和金属制梁柱式护栏组合而成的。

混凝土护栏和组合式护栏的高度应符合下列规定：

(1)混凝土护栏未经试验验证，不得随意改变护栏迎撞面的截面形状和连接方式，但其背面可根据实际情况采用合适的形状。

(2)各防护等级混凝土护栏的高度不应小于表 2-8 的规定值。

表 2-8　混凝土护栏的高度

防护等级	最小高度/cm	防护等级	最小高度/cm
二(B)	70	六(SS)	110
三(A)	81	七(HB)	120
四(SB)	90	八(HA)	130
五(SA)	100		

注：混凝土护栏高度的基线为内侧与路面的相交线

任务二　波形梁钢护栏

波形梁钢护栏是半刚性护栏，包括两波形梁钢护栏和三波形梁钢护栏两种类型。

目前，波形梁钢护栏应考虑其防撞性能、变形特点、养护成本和美观性等因素，在各级公路上广泛使用。

一、波形梁钢护栏概述

(一)波形梁钢护栏在我国的应用

在确定护栏结构形式时，考虑了下列因素：

(1)尽量吸收当代国外成熟的护栏结构形式作为参照标准，收集了日本、美国、德国等国家的最新护栏标准设计图；

(2)充分考虑我国的公路条件和车辆条件，依据现行的《公路工程技术标准》(JTG B01—2014)确定公路几何参数；

(3)借鉴最新的科研成果，如针对中央分隔带土质较疏松的特点、护栏立柱处理方式等；

(4)参考国内护栏碰撞试验结果；

(5)参考现有护栏使用情况调研结果，改进原有一些处理不当的设计；

(6)考虑经济条件。

国外发达国家大多根据足尺碰撞试验的结果来确定波形梁钢护栏的结构形式。由于受到经济条件的制约，我国主要参考公路条件与我国接近的日本制定的《车辆用护栏标准图·同解说》(1999 年版和 2004 年版)，并结合我国的公路条件、材料规格等因素，确定了波形梁钢护栏的结构形式。目前，我国足尺碰撞试验很少，以后条件允许时也将进行一系列的足尺碰撞试验，以进一步对护栏的结构形式进行优化和调整。

(二)波形梁钢护栏等级

我国波形梁钢护栏等级随着公路交通安全设施设计规范的修订共经历了三次变化，分别是在 1994 年、2006 年、2017 年。

1.《高速公路交通安全设施设计及施工技术规范》(JTJ 074—1994)

这个版本规定，护栏的防撞等级可分为 B 级、A 级和 S 级。B 级护栏多用于县乡村道路；A 级护栏用于专用公路；S 级护栏属于加强型，适用于路侧特别危险的路段。

其中：A——路侧 A 级；Am——中央分隔带 A 级；S——路侧 S 级；Sm——中央分隔带 S 级。

2.《公路交通安全设施设计规范》(JTG D81—2006)

公路护栏防撞等级是根据其受到碰撞能量来确定的，常分为 B、A、SB、SA、SS 五级（表 2-9）。路侧护栏防撞等级分为 B、A、SB、SA、SS 五级；中央分隔带护栏防撞等级分为 Am、SBm、SAm 三级。各等级护栏主要技术指标应满足规定。

其中：B 级，2 波 3.0 mm 厚；A 级，2 波 4.0 mm 厚；S 级，3 波 4.0 mm 厚；SB、SA、SS 中前面的 S 是加强型的意思。

表 2-9 波形梁钢护栏对应碰撞能量

波形梁钢护栏等级	可吸收的碰撞能量/kJ
B 级	70
A 级	160
SB 级	280
SA 级	400
SS 级	520

路侧护栏防撞等级可分为 B、A、SB、SA、SS 五个等级；中央分隔带护栏防撞等级分为 Am、SBm、SAm 三个等级。

其中：S 级，3 波 4.0 mm 厚；A 级，2 波 4.0 mm 厚；B 级，2 波 3.0 mm 厚；SB、SA、SS 中前面的 S 是加强型的意思。

3.《公路交通安全设施设计规范》(JTG D81—2017)

《公路交通安全设施设计规范》(JTG D81—2017)规范相比《公路交通安全设施设计规范》(JTG D81—2006)规范对波形梁钢护栏的设置条件和防护等级的确定更加具体化，操作性更强。

护栏防护等级一般可分为以下两部分：

(1)护栏标准段、护栏过渡段和中央分隔带开口护栏的防护等级划分为八级，见表 2-10。

表 2-10 护栏标准段、护栏过渡段和中央分隔带开口护栏的防护等级

防护等级	一	二	三	四	五	六	七	八
代码	C	B	A	SB	SA	SS	HB	HA
设计防护能量/kJ	40	70	160	280	400	520	640	760

(2)缓冲设施包括护栏防撞垫（图 2-14）和端头（图 2-15）。护栏端头和防撞垫的防护等级按设计防护速度划分为三级，见表 2-11。

图 2-14 防撞垫　　　　　　　　　图 2-15 波形梁护栏端部

表 2-11　护栏端头和防撞垫的防护等级

防护等级	一	二	三
代码	TB	TA	TS
设计防护速度/(km·h⁻¹)	60	80	100

　　2017 年年底交通运输部全面修订《公路交通安全设施设计规范》，新规范中将波形梁钢护栏的"防撞等级"调整成了"防护等级"，并且在原有 B 级、A 级、SB 级、SA 级、SS 级的防撞等级基础上增加了 C 级、HB 级和 HA 级的防护等级。

　　新规范中明确了不同防护等级的波形梁钢护栏应该根据公路的实际情况进行设置，相比 2006 年的《公路交通安全设施设计规范》，新规范对波形梁钢护栏的设置条件和防护等级的确定更加具体化，更具操作性。

　　新规范中解释了波形梁钢护栏各个防撞等级对应的防护能量。

　　使用经验表明，六(SS)级波形梁钢护栏已经能够满足大多数国家公路对于护栏的设计需求，但是在一些主流车型为高重心的特大型客车(25 t)、大型货车(40 t、55 t)的公路和这种车辆的翻车或冲断护栏将导致严重后果的桥梁路段，七(HB)级和八(HA)级护栏能发挥更好的防护作用。

　　新规范中对于时速小于或等于 40 km/h 的三级、四级公路细化了波形梁钢护栏的选择，正常路段可以选用 C 级波形梁钢护栏，但在个别后果严重的情况才考虑使用 B 级和 A 级波形梁钢护栏。这样因地制宜地设置护栏，大大降低了国家对于交通安全设施方面的投入，降低了国家财政的负担，实施起来具有长远性。

　　现行《公路护栏安全性能评价标准》(JTG B05-01—2013)将护栏端头按防护等级分为 TB、TA、TS 三级。其设计防护速度分别为 60 km/h、80 km/h 和 100 km/h。参考欧洲标准，确定了我国 TB、TA、TS 防护等级，护栏端头适用的公路设计速度分别为 80 km/h、100 km/h 和 120 km/h。

　　防撞端头、防撞垫的防护等级主要依据车辆正面碰撞的速度来确定，设计速度越高的高速公路，车辆撞击防撞垫的车速也就越高，因而所采用的防护等级也应该越高。考虑国内防撞垫的研究、应用现状、运营经济成本等因素，该规范采用了较为宽松的规定，高速公路的防撞垫防护等级不能低于一(TB)级。

(三)波形梁钢护栏的功能、使用部位

1. 功能

波形梁钢护栏的防撞性能是通过车辆与护栏的摩擦、车辆与地面的摩擦,以及车辆和护栏本身产生一定量弹塑性变形来吸收碰撞能量,延长碰撞过程的作用时间以降低加速度,确保人员安全和减少车辆损坏等。

2. 使用部位

根据设置位置不同,波形梁钢护栏主要可分为路侧护栏(图 2-16)、中央分隔带护栏及交通分流处三角地带护栏三种。

(1)中央分隔带波形梁钢护栏。设置于中央分隔带的波形梁钢护栏,按防撞等级可分为 Bm、Am、SBm、SAm 和 SSm 级。Bm、Am 级波形梁钢护栏适用于公路的一般路段;SBm、SAm 和 SSm 级波形梁钢护栏属加强型,设置于中央分隔带内有重要构造物并需要限制护栏横向位移的路段。应根据公路等级、设计车速、事故严重程度等级选用波形梁钢护栏。

按构造,中央分隔带波形梁钢护栏可分为分设型(图 2-17)和组合型(图 2-18)两种。分设型护栏适用于中央分隔带相对较宽,中央分隔带内的构造物较多,并在中央分隔带下埋有管线的路段;组合型护栏适用于中央分隔带较窄,中央分隔带内构造物不多或埋设管线较少的路段。

图 2-16　路侧波形梁钢护栏　　图 2-17　中央分隔带分设型护栏　　图 2-18　中央分隔带组合型护栏

(2)交通分流处三角地带护栏。汽车专用道路互通式立交匝道进出口及服务区、停车场进出口处的三角地带,属于危险三角区,应该设置专门设计的护栏。

该处的护栏构造应与路侧波形梁钢护栏相一致,并应根据三角地带的线形和地形进行布设。在布设时,靠专用道路主线一侧的两端 8 m 范围内和靠匝道一侧的两端 8 m 范围内应采用加强型 S 级护栏(此范围内立柱间距减半),并用圆头把三角区两侧护栏连接起来。

在条件允许时,应在危险三角区范围设置防撞垫。防撞垫能有效地吸收碰撞能量,降低正面碰撞车辆速度。侧面碰撞时,防撞垫能改变车辆碰撞角度,将车辆导向路中,因此被广泛应用于交通分流的危险三角区。

(四)护栏设计代号

这里主要介绍公路上常用路基护栏和桥梁护栏。其中,路基护栏主要介绍波形梁钢护栏和混凝土护栏两种护栏。具体见《公路交通安全设施设计细则》(JTG/T D81—2017)。

1. 设置于公路路基上的护栏设计代号

设置于公路路基上的护栏设计代号由护栏构造形式代号、防护等级代号、埋设条件代号三部分组成。各种代号规定如下：

(1) 护栏构造形式代号：

Gr——波形梁护栏；

Grd——组合型波形梁护栏；

Gc——缆索护栏；

RrF——现浇 F 型混凝土护栏；

RrS——现浇单坡型混凝土护栏；

RrI——现浇加强型混凝土护栏；

RpF——预制 F 型混凝土护栏；

RpS——预制单坡型混凝土护栏；

RpI——预制加强型混凝土护栏。

(2) 防护等级代号：

C——路侧一(C)级；

B——路侧二(B)级；

A——路侧三(A)级；

SB——路侧四(SB)级；

SA——路侧五(SA)级；

SS——路侧六(SS)级；

HB——路侧七(HB)级；

HA——路侧八级(HA)级；

Bm——中央分隔带二(Bm)级；

Am——中央分隔带三(Am)级；

SBm——中央分隔带四(SBm)级；

SAm——中央分隔带五(SAm)级；

SSm——中央分隔带六(SSm)级；

HBm——中央分隔带七(HBm)级；

HAm——中央分隔带八(HAm)级。

(3) 埋设条件代号：

NE——埋设于土中，柱距为 N 米；

E_1——混凝土护栏，埋置在土中；

E_2——混凝土护栏，与下部构造物连接；

NB_1——埋设于小桥、通道、明涵结构物中，采用预埋套筒的基础处理方式，柱距为 N 米；

NB_2——埋设于小桥、通道、明涵结构物中，采用预埋地脚螺栓的处理方式，柱距为 N 米；

NC——埋设于独立设置的混凝土基础中，柱距为 N 米。

(4) 护栏标注方法如图 2-19 所示。

护栏代号的意义，如：
Gr-B-4E 路侧 B 级双波波形梁护栏，立柱间距 4 m，打入式；
Gr-B-2E 路侧 B 级双波波形梁护栏，立柱间距 2 m，打入式；
Gr-B-4C 路侧 B 级双波波形梁护栏，立柱间距 4 m，混凝土基础；
Gr-B-2C 路侧 B 级双波波形梁护栏，立柱间距 2 m，混凝土基础；
Grd-Am-1B1 中央分隔带组合型 Am 级双波波形梁护栏，立柱间距 1 m，预埋套筒式。

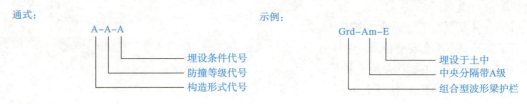

图 2-19　护栏标注方法通式

2. 桥梁护栏设计代号

桥梁护栏设计代号由护栏构造形式代号、防护等级代号、埋设条件代号三部分组成。
(1)构造形式代号：
Bp——梁柱式护栏；
Rcw——钢筋混凝土护栏；
Cm——组合式护栏。
(2)防护等级代号除没有 C 级外，其他同公路路基上的护栏。
(3)埋设条件代号：
B——埋设于混凝土中；
Fp——桥梁护栏通过法兰盘与桥面板连接。
例如，Rcw-SA-B 表示钢筋混凝土护栏，防护等级五(SA)级，埋设于混凝土中。

二、波形梁钢护栏沿公路断面设置

(一)路侧波形梁钢护栏的横断布设

路侧波形梁钢护栏的横断布设时，不应使护栏面侵入公路建筑限界以内，并不得使护栏立柱外侧的侧向土压力明显减小。立柱外边缘到路肩边缘的最小距离：当土路肩宽度为 75 cm 时，不应小于 25 cm；当土路肩宽度为 50 cm 时，不应小于 14 cm，如图 2-20 所示。

(二)中央分隔带波形梁钢护栏的横断布设

中央分隔带波形梁钢护栏的横断布设应根据中央分隔带的宽度、断面形式及地下通信管线布设来确定。

中央分隔带按分设型布设时，不宜使护栏面侵入道路建筑界限以内。若分设型护栏设置在有路缘石的中央分隔带内，波形梁钢护栏应有防阻块。如设在中央分隔带内而中央分隔带内布设有通信、电力等管线，波形梁钢护栏到缘石面的最小值(C)可减少到 25 cm(一般情况下 C=50 cm)，如图 2-21 所示。

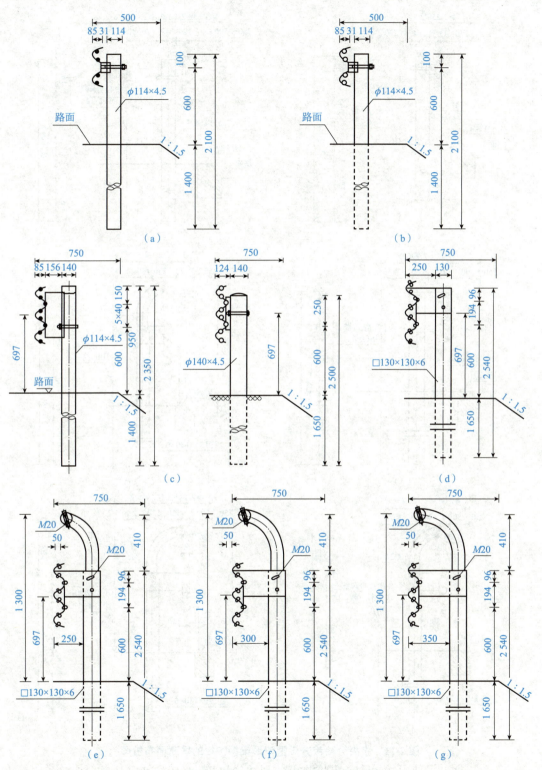

图 2-20 路侧波形梁护栏横断面布置图
(a)一(C)级；(b)二(B)级；(c)三(A)级；(d)四(SB)级；(e)五(SA)级；(f)六(SS)级；(g)七(HB)级

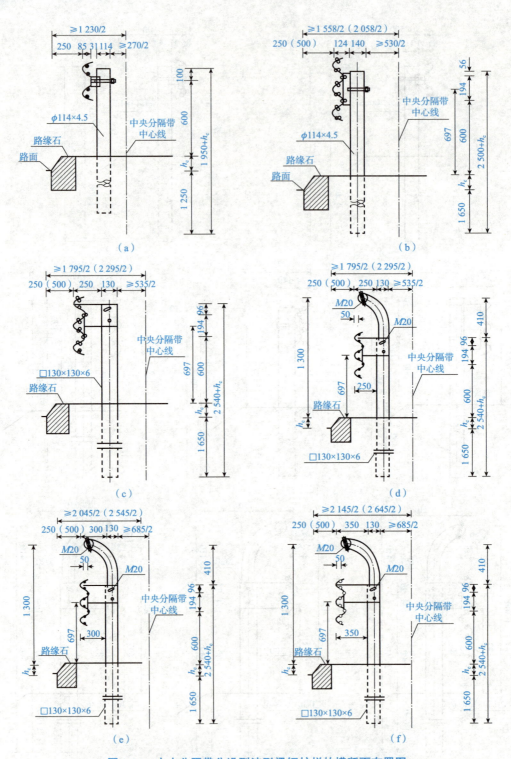

图 2-21 中央分隔带分设型波形梁钢护栏的横断面布置图

(a)二(Bm)级；(b)三(Am)级；(c)四(SBm)级；(d)五(SAm)级；(e)六(SSm)级；(f)七(HBm)级

注：h_c 为路缘石高度；三(Am)级仅示出一种形式

中央分隔带采用组合型波形梁钢护栏时，护栏立柱的中心线宜与公路中线重合。当公路中线位置内有构造物、地下管线时，护栏立柱的中心线可以向一侧偏移，或把组合型改变成分设型，以便绕过中心线位置的构造物。组合型波形梁钢护栏由立柱、横隔梁、波形梁、紧固件组成。立柱可采用圆形或槽形等型钢制造。横隔梁由两根槽钢组成，分别安装在立柱两边，两端分别与波形梁相连。两边波形梁的最大组合宽度为 100 cm，也可根据中央分隔带的宽度做适当调整，如图 2-22 所示。

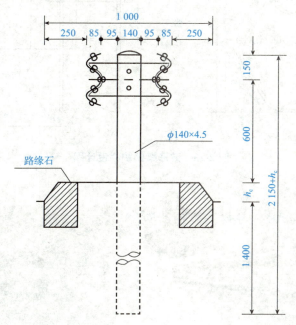

图 2-22　中央分隔带组合型波形梁钢护栏三(Am)级横断面布置图

注：h_c 为路缘石高度

三、波形梁钢护栏的构造及材料

(一)波形梁钢护栏的构造

公路上常用的波形梁钢护栏有两波形梁钢护栏和三波形梁钢护栏两种类型。两波形梁钢护栏主要由波形梁板、立柱、防阻块、托架、端头、横隔梁、紧固件等构件组成，如图 2-23～图 2-25 所示；三波形梁钢护栏主要由波形梁板、立柱、防阻块、托架、端头、横隔梁、加强横梁、紧固件等构件组成，如图 2-26、图 2-27 所示。

下面分别对波形梁钢护栏的各组成部分进行说明。

1. 波形梁板

(1)波形梁板的作用。波形梁板是与失控车辆首先接触的构件，通过波形梁的传递，碰撞力分散给多根立柱，通过立柱将力传递给地基土。

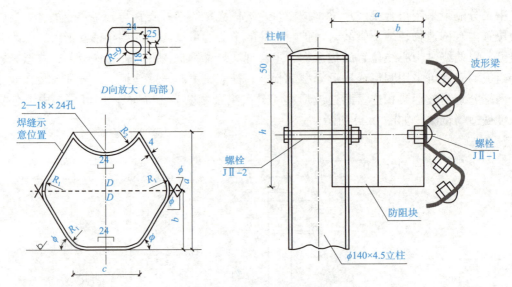

图 2-23 波形梁钢护栏设计图

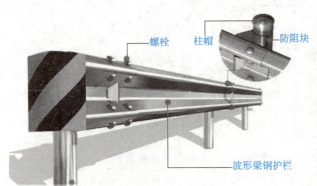

图 2-24 波形梁端头

图 2-25 波形梁钢护栏构造图

图 2-26 加强横梁(SA、SS、HA 级)

图 2-27 方管立柱(托架)

失控车辆与护栏的作用将随着时间的推移，不断改变着作用位置。波形梁板主要承受的是拉伸力。在碰撞车辆冲击作用下，当碰撞力超过波形梁板的弹性极限时，开始发生塑性变形,波纹逐渐展开,吸收碰撞能量。波形梁板的波纹高,局部塑性变形大,吸收能量多。波形梁板除满足抗拉强度要求外,还应具有好的导向性能和吸能性能。

(2)波形梁板的分类。

①波形梁板按截面形状不同,分为等截面护栏和变截面护栏;

②波形梁板按厚度不同,分为 3 mm 厚护栏和 4 mm 厚护栏;

③波形梁板按防腐层形式不同,分为单涂层护栏和复合涂层护栏;

④波形梁板按设置位置不同,分为路侧护栏和中央分隔带护栏;

⑤波形梁板分为两波板和三波板,如图 2-28～图 2-31 所示。

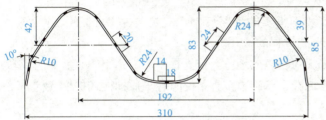

图 2-28 两波形梁断面设计图

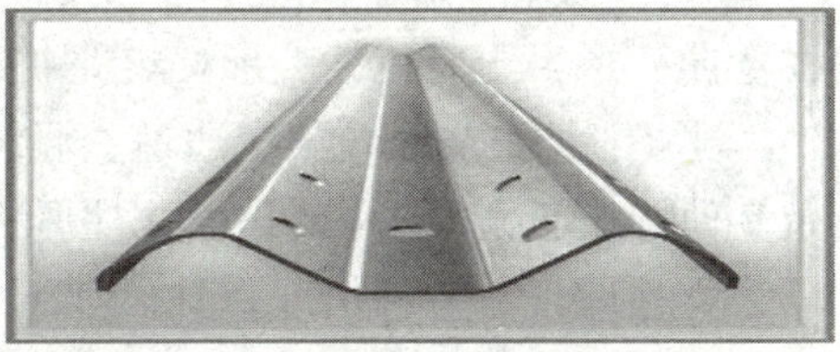

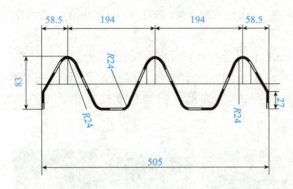

图 2-30 三波形梁断面设计图

图 2-29 两波形梁实物图

图 2-31 三波梁实物图

注:波形梁板的尺寸规格(mm)——
板长×板宽×波高×板厚,如 4 320×310×85×3

(3)产品命名。护栏的名称由"防腐层分类名称"加"两(三)波形梁钢护栏"组成。防腐层分类名称应符合《公路交通工程钢构件防腐技术条件》(GB/T 18226—2015)的规定,综合之后有 15 种名称,以如下 8 种为例。

①热浸镀锌涂层两波形梁钢护栏;

②热浸镀铝涂层两波形梁钢护栏;

③热浸镀锌铝合金涂层两波形梁钢护栏;

④热浸镀铝锌合金涂层两波形梁钢护栏;

⑤热浸镀锌聚酯复合涂层两波形梁钢护栏;

⑥热浸镀锌浸塑复合涂层两波形梁钢护栏;

⑦热浸镀铝聚酯复合涂层两波形梁钢护栏；

⑧热浸镀铝浸塑复合涂层两波形梁钢护栏。

2. 立柱

两波形梁钢护栏立柱为钢管立柱；三波形梁钢护栏立柱为钢管立柱、方形立柱和H形钢立柱，其尺寸规格应符合相应规定。

（1）立柱的作用。波形梁钢护栏可以近似看作弹性地基上点支撑的连续梁。车辆以一定角度（$\theta=10°\sim20°$）作用于护栏的碰撞力，可以分解为垂直作用于护栏的力和平行作用于护栏的力。垂直力使护栏板和立柱变形；平行力使碰撞不断改变方向和位置。车辆作用于护栏的碰撞力由波形梁、立柱和地基共同承受，立柱主要承受弯矩，起到重要的支撑作用。

（2）立柱的埋设。路侧护栏立柱应安装于坚实的土路肩中，立柱与路基土的作用，使立柱弯曲变形，土基压缩变形，这是护栏吸能过程的一环。

当护栏立柱置于桥梁、通道、涵洞等无法打入的地方，或立柱下方有地下管线、石方路段及其他特殊情况时，应将护栏立柱埋置于混凝土基础中，有条件时宜采用抽换式护栏立柱。

立柱埋设有三种情况，具体如下：

①埋入混凝土基础中。路侧立柱如图2-32所示。

②采用法兰盘基础，螺栓连接，法兰盘上开长圆孔，一旦发生碰撞，法兰盘沿长圆孔方向有一定位移，如果不损坏地脚螺栓，也容易修复。这种立柱埋设方式常见于小桥、通道桥上，如图2-33所示。

③采用抽换式道路安全护栏装置，该装置适用于圆形立柱，用铸钢制造，外基座埋于混凝土中，内套管通过螺栓与外基座连成一体，护栏立柱插入内套管中，螺栓拧紧后，内套管会把立柱抱死，如图2-34所示。一旦发生碰撞，立柱弯曲变形，只要把螺栓拧松，可轻易把立柱拔出更换。

图2-32 路侧立柱

图2-33 中小桥、通道桥立柱（法兰盘基础）

图2-34 路侧立柱埋入混凝土中

注：①路侧、中央分隔带内路基土压实度不能满足现行《公路路基设计规范》（JTG D30—2015）对路基路床压实度的要求，或路侧缆索护栏立柱外侧土路肩保护层厚度小于25cm时，宜设置加强板或混凝土基础。

②中央分隔带采用混凝土基础，将同一断面的两个基础连成整体。

③目前国内高速公路、一级公路中央分隔带种植土和回填土的存在影响了护栏立柱承载力

的充分发挥,路侧有时也存在这种情况,往往达不到规定的压实度,影响护栏功能的发挥。

(3)护栏立柱的断面形状。立柱用型钢制造,其强度受截面形状和面积影响。

世界各国采用不同形状的型钢作为立柱,如澳大利亚采用矩形和 H 形柱,美国采用方形木柱和工字钢柱,英国采用 I 形柱,荷兰采用扁圆柱,法国采用槽钢,德国采用工字钢,日本采用圆管,均获得很好的效果。

我国护栏立柱断面形状有钢管立柱、方管立柱和 H 型钢立柱三种。

立柱的尺寸规格(mm)如下:

①钢管立柱:型号 PSP,钢管截面外径×壁厚,如 $\phi 114 \times 4.5$ 和 $\phi 140 \times 4.5$。

②方管立柱:型号 PST,方管截面外边长×边长×壁厚,如 $\phi 130 \times 130 \times 6$ 和 $\phi 102 \times 102 \times 4.5$。

③H 型钢立柱:型号 PHS,H 型钢截面高×宽,如 150×100。

我国常用护栏立柱断面形状有圆柱形(图 2-35)和方形(图 2-36)立柱两种。四(SB、SA、SS、HA)级以上为方管立柱。

图 2-35　圆柱形钢立柱

图 2-36　方形钢立柱

3. 防阻块

波形梁钢护栏的防阻块(图 2-37、图 2-38)是波形梁与立柱之间的承力部件,可以用各种形状的型钢来制造,可分为 A 型、B 型两种。A 型钢适用于圆形立柱,其结构是六角形的;B 型钢适用于槽形立柱或其他型钢立柱。

波形梁与立柱之间加防阻块作用如下:

(1)防阻块本身就是一个吸能机构,防止硬碰硬,起到缓冲作用,因此可以使护栏在受到碰撞后逐渐变形,有利于能量吸收,减少乘员伤亡;

(2)防阻块固定在立柱与波形梁之间,使波形梁从立柱上悬置出来,失控车辆一旦与护栏发生碰撞,不会因为波形梁紧靠立柱而使前轮在立柱处绊阻;

(3)防阻块参与护栏整体作用后,可以使碰撞力分配到更多跨结构中,从而使护栏受力更加均匀,使护栏的碰撞轨迹更加圆滑,有利于车辆的导向和增加护栏的整体强度;

(4)有路缘石路段设置防阻块时,可使波形梁与缘石面的距离减小,减轻甚至消除失控车辆碰到路缘石后跳起对护栏产生不利的影响。

注:①防阻块构造如图 2-39 所示。

②在《公路交通安全设施设计细则》(JTG/T D81—2017)中,防阻块的规格(mm)表示与

以往不同，其表示的长度×厚度×高度×壁厚。

例如，196×178×200×4.5 表示长度为 196 mm，厚度 $a=178$ mm，高度 $h=200$ mm，板厚为 4.5 mm。

《公路交通安全设施设计细则》(JTG/T D81—2006)中防阻块规格(mm)表示为厚度×高度×壁厚。

例如，178×200×4.5 表示 $a=178$ mm，$h=200$ mm，板厚为 4.5 mm。

图 2-37 防阻块实体图

图 2-38 防阻块安装图

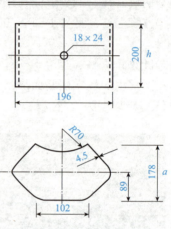

图 2-39 防阻块断面尺寸实例

a—防阻块厚度；h—防阻块高度

4. 端头处理

护栏端头起缓冲作用，如图 2-40 和图 2-41 所示。路侧波形梁钢护栏的起、讫点应进行端头处理。路侧护栏的端头可采用圆头式或地锚式。设置于中央分隔带起点、终点及开口处的护栏应进行端头处理。

图 2-40 路侧端头

图 2-41 中分带端头

(1)护栏端头处理的原因。不加处理的端头是极端危险的，车辆与金属类护栏碰撞时，可能导致端梁穿刺乘客车厢。

(2)端头处理要求。迎面碰撞时，端头处理的防撞装置不能带刺、产生拱起或使车辆翻滚,车辆在碰撞过程中产生的加速度不能超过要求的限度。当失控车辆在端头和标准段之间发生碰撞时,端头结构应具有与中央分隔带标准段护栏相同的改变车辆方向的性能。

(3)护栏端头处理方法。我国高速公路波形梁钢护栏端头处理方式如下:

①地锚式端头。初期采用地锚式端头,这种端头通过斜角梁逐渐伸向地面,在端部用混凝土基础锚固。地锚式端头在与失控车辆发生正面碰撞时,会使车辆沿斜置波形梁爬上而吸能。发生侧面碰撞时,地锚式端头同样具有较好的导向功能。

②圆头式端头。如今的护栏端头多用圆头式。这种端头国外使用较普遍,制造容易,安装方便,在碰撞角度小的情况下有较好的导向功能。

③端部外展(图 2-42)。如果失控车辆与端头正面相碰,仍有可能发生护栏穿透车厢的事故。故在护栏起点与标准段护栏之间通过渐变段连接起来。渐变段一般设计成抛物线形,立柱位置逐渐外移,立柱高度不变,其间距在端头附近加密为 2 m,采用混凝土基础,这种处理办法称为端部外展,端梁为圆头。

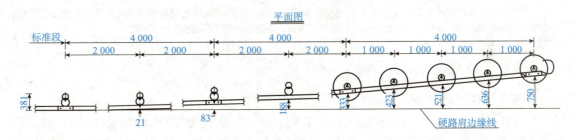

图 2-42 外展式端头结构图示例

注:①我国在端头处理技术方面的研究工作较少。上述处理方法基本上是用圆头把两侧的波形梁连接起来,而没有采用解体消能立柱或滑动基座,波形梁没有采用吸能、变位等设计。因此,此端头的吸能效果不会很好,但这种结构制造安装容易,造价较低,仍大量使用。

②护栏端头在迎行车方向的上游和顺行车方向的下游有不同的处理方法。上面介绍的端头处理方法都是针对迎行车方向的上游这种情况的。顺行车方向的下游端头与标准段护栏成一条直线布设。下游端头一般均按圆头端梁处理。车辆行至下游端头处,护栏设置已结束,应该说路侧的危险性已不存在。

每个等级波形梁钢护栏对应一种规格要求的形式。换句话来说就是,每个等级的波形梁钢护栏的波形梁规格、立柱、防阻块的规格、埋置深度、立柱间距等都有要求,具体见表 2-12。

表 2-12 部分波形梁钢护栏结构构造和尺寸

防护等级	代码	梁板/mm	立柱/mm	托架/防阻块/mm	横梁/mm	梁板高度/mm	立柱埋深/mm	立柱间距/mm(土中/混凝土中)
一	C	310×85×2.5	φ114×4.5	300×70×4.5	—	600	1 400	4 000/2 000
二	B	310×85×3	φ114×4.5	300×70×4.5	—	600	1 400	2 000/1 000

续表

防护等级	代码	梁板 /mm	立柱 /mm	托架/防阻块 /mm	横梁 /mm	梁板高度 /mm	立柱埋深 /mm	立柱间距/mm（土中/混凝土中）
三	A	506×85×3	φ140×4.5	196×178×406×4.5	—	697	1 400	4 000/2 000
		506×85×4	φ140×4.5	300×270×35×6	—	697	1 650	4 000/2 000
四	SB	506×85×4	φ130×130×6	300×200×290×4.5	—	697	1 650	2 000/1 000
五	SA	506×85×4	φ130×130×6 和 φ102×4.5	300×200×290×4.5	φ89×5.5	697	1 650	3 000/1 500
六	SS	506×85×4	φ130×130×6 和 φ102×4.5	350×200×290×4.5	φ89×5.5	697	1650	2 000/1 000
七	HB	506×85×4	φ130×130×6 和 φ102×4.5	400×200×290×4.5	φ89×5.5	697	1 650	2 000/1 000

注：梁板高度是指护栏板中心距设计基准线的高度，以护栏面与路面的相交线为设计基准线。如路侧护栏面靠近公路中心线方向有路缘石，且路缘石左侧立面与护栏面不重合，则梁板高度还应增加路缘石高度

（二）波形梁钢护栏的材料要求

1. 波形梁钢护栏材料

两波形梁钢护栏主要由两波形梁板、立柱、端头、拼接螺栓（也称为紧固件）、连接螺栓、防阻块、托架（B 级、C 级无防阻块，如图 2-43 所示）、横隔梁（中央分隔带，如图 2-44 所示）、立柱加强板等构件组成。

三波形梁钢护栏主要由三波形梁板、三波形梁背板、过渡板、立柱、端头、拼接螺栓（也称为紧固件）、连接螺栓、防阻块、加强横梁（图 2-45）、横隔梁（中央分隔带）、立柱加强板等构件组成。

图 2-43 托架

图 2-44 横隔梁

图 2-45 加强横梁

各组成构件所用基底金属材质应为碳素结构钢，其力学性能及化学成分指标应符合《碳素结构钢》(GB/T 700—2006) 的规定，检测指标：钢材屈服点不应小于 235 MPa，抗拉强度应在 375~460 MPa 范围内，弯曲半径在不超过厚度 1.5 倍的条件下不发生裂纹。

2. 拼接螺栓（又称紧固件）

波形梁是受拉构件，要求拼接螺栓采用高强度螺栓，增强接头处的强度。高强度螺栓建

议采用 45 号钢、20MnTiB 钢,并应符合《钢结构用扭剪型高强度螺栓连接副》(GB/T 3632—2008)的规定。

高强度螺栓的头部成型可以采用冷加工或热加工、滚压法成型螺纹,并经盐浴炉或辊底炉进行淬火(淬火温度宜选择在 860~880 ℃),硝盐炉回火(340~380 ℃)处理,以提高其强度和硬度。

为了增强高强度螺栓连接的防锈能力和改善螺栓螺母之间的润滑状态,对其表面应做好润滑处理。高强度螺栓的螺母宜选用 35 号钢并经适当的热处理工艺,35 号钢的物理性能应符合《优质碳素结构钢》(GB/T 699—2015)的有关规定。

螺母宜采用热镦成型,经热处理后加工,做润滑处理。

垫圈用扁钢或带钢连续冲成,由于垫圈的支承面是影响扭矩系数的重要因素,所以在选材时要特别注意表面的平整光滑,注意垫圈冲孔和冲外形用的冲床和平整机的各种性能。垫圈的制造工序为用材→冲压外形→冲孔→锻平→研磨→热处理→成品。

3. 立柱混凝土基础

立柱埋置于混凝土中时,混凝土强度等级不应小于 C15。混凝土用材应符合现行行业标准《公路桥涵施工技术规范》(JTG/T 3650—2020)的规定。

4. 材料防腐

波形梁钢护栏的所有构件均应进行防腐处理,其防腐层的附着量、厚度、均匀性等各项要求应符合《公路交通工程钢构件防腐技术条件》(GB/T 18226—2015)规定。

一般可采用热浸镀锌处理。热浸镀锌所用锌应为《锌锭》(GB/T 470—2008)中所规定的 Zn99.995 或 Zn99.99 牌号。

螺栓、螺母等紧固件在采用热浸镀锌后,必须清理螺纹或进行离心分离处理。在条件允许的情况下,螺栓、螺母等紧固件也可采用粉镀锌技术。

活动护栏的防腐处理原则上与波形梁钢护栏相同,采用热浸镀锌方法时,镀锌量规定为 600 g/m²。

对钢材有严重磨蚀作用的地区,可采用热浸镀铝、浸塑、喷塑等方法,根据当地的条件,经过经济技术比较后选用。当采用热浸镀铝时,附着量可达 110~120 g/m²。在腐蚀特别严重的地区或出于对美观上的要求,护栏钢构件可在镀锌后再涂塑或油漆。

注:(1)Q235 是普通碳素结构钢,Q 代表的是这种材质的屈服极限,后面的 235,指这种材质的屈服值在 235 MPa 左右。

(2)Q235 质量等级分 A、B、C、D,依次以 A 级质量最差,D 级质量最高。Q235A、Q235B、Q235C、Q235D 代表不同等级,主要区别是冲击的温度不同。

四、波形梁钢护栏产品质量的检测

由于波形梁钢护栏的波形梁板、立柱、防阻块、端头、托架、紧固件等数量非常多,不可能逐一进行产品质量检测,所以就要根据一定的原则对这些原材料进行分批抽检,以确定产品是否合格。

(一)波形梁钢护栏的抽样

1. 抽样规则

所有产品的检测应遵循以下规定:

(1)首先进行样品目测,合格后作为正式样品检测,目测不合格,不再检测,直接作为不合格处理。被测件损坏时也不作为检测样品。

(2)将同一基底材料、同一规格尺寸的同一表面处理的产品作为一批,每批数量不超过50 t,以大于1 000件作为一批,若产品超过1 000件者,每1 000件作为一批,分批抽样。

(3)材料进场后,厂家需要提供出厂合格证及相关质量证明文件,试验室要派专人对进场的波形梁钢护栏材料进行外观质量、外形尺寸、镀层、壁厚等进行自检,检查频率壁厚不低于5%,镀层检测不低于10%。

2. 抽样要求

抽样的样品按《公路交通安全设施质量检验抽样方法》(JT/T 495—2014)的规定执行。

(1)波形梁板及立柱。进行产品质量特性检测,需要的样品按《公路交通安全设施质量检验抽样方法》(JT/T 495—2014)执行,并外委到有资质的试验室进行检测。

(2)护栏板。3件/批(4 mm波形梁钢护栏板每批质量不超过100 t),3个样品分别取自波形梁板的两端(带有全部的螺孔)及中间部位各截取400 mm作为试样。

(3)立柱。从带螺孔的一端和中间部位各截取400 mm作为试样,各取3套。

(4)防阻块。对进场材料进行随机取样,送检数量为3件/批。

(5)拼接螺栓。进行随机抽样,送检数量8套/批。

(二)波形梁钢护栏技术要求及检测内容

波形梁钢护栏主要由波形梁板、立柱、防阻块、端头、托架、紧固件及基础等组成。其检测项目主要分为外观质量、外形尺寸、原材料性能及防腐层质量四个部分。

1. 外观质量

波形梁钢护栏外观质量分黑色构件和防腐处理后成品两部分,应符合《公路交通工程钢构件防腐技术条件》(GT/T 18226—2015)的要求。

(1)技术要求。

①冷弯黑色构件表面应无裂纹、气泡、折叠等缺陷,但允许有不大于公称厚度10%的轻微凹坑、突起、压痕、擦伤。

②波形梁板构件应无明显扭转、变形,过渡圆滑,无卷沿、飞边和毛刺。

③镀锌构件表面应具有均匀完整的镀层,颜色一致,表面具有实用性光滑,不允许有流挂、滴瘤或多余结块。镀件表面无漏镀、露铁等缺陷。

④波形梁钢护栏各构件成形后的外形要求如下:

a. 波形梁板完整,不得焊接加长。

b. 立柱应无明显的扭转,应无焊接加长,端部毛刺应清除。

c. 防阻块应无明显的扭转;端面切口应平直,毛刺应清除;防阻块焊缝应光滑平整,焊缝位置应位于任一无螺孔的平面上。

d. 托架的外形应无明显的扭转;端面的切口应平直,毛刺应清除。

e. 横隔梁外形应无明显的扭转；端面切口应平直，毛刺应清除。

f. 端头外形应无明显的扭转；切口应垂直，其垂直度公差应不超过30′，端部毛刺应清除；曲线部分应圆滑平顺。

(2)加工成型。加工波形梁板一般应一次连续辊压成型，不得分段压制。

2. 外形尺寸及允许偏差

每个等级波形梁钢护栏的波形梁板、立柱、防阻块的规格都有要求。要对照检查测量。要符合设计及现行《波形梁钢护栏 第1部分：两波形梁钢护栏》(GB/T 31439.1—2015)和《波形梁钢护栏 第2部分：三波形梁钢护栏》(GB/T 31439.2—2015)的要求。

(1)技术要求。

①波形梁板处理前横截面公称尺寸及允许偏差应符合《波形梁钢护栏》(GB/T 31439—2015)的相关规定。表2-13为部分护栏板防腐处理前横截面公称尺寸及允许偏差。其中，两波形梁板的展开宽度尺寸应满足481 mm±1 mm(两波形梁板构造如图2-46所示)；三波形梁板的展开宽度尺寸应满足750 mm±1 mm；3.0 mm和4.0 mm厚波形梁板，防腐处理后成型护栏板基板的实测最小厚度应分别不小于2.95 mm和3.95 mm，平均厚度应分别不小于3.0 mm和4.0 mm。

表2-13 部分护栏板防腐处理前横截面公称尺寸及允许偏差

类别	参数													剖面
	B /mm	H /mm	t /mm	h_1 /mm	h_2 /mm	h_3 /mm	E /mm	r_1 /mm	r_2 /mm	r_3 /mm	α	β	θ	
DB类	310 (0~+5)	85 (0~+3)	$30^{+0.18}_{0}$ $40^{+0.22}_{0}$	83 (−2~+2)	42	—	14	24	24	10	55°	55°	10°	Ⅲ-Ⅲ
	310 (0~+5)	85 (0~+3)	$30^{+0.18}_{0}$ $40^{+0.22}_{0}$	83 (−2~+2)	39	—	14	24	24	10	55°	55°	10°	Ⅳ-Ⅳ

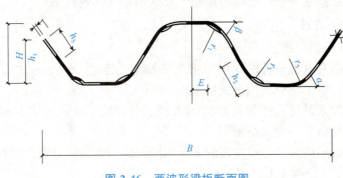

图2-46 两波形梁板断面图

②波形梁钢护栏端头厚度允许偏差要求是，不允许出现负公差；

③立柱、防阻块、托架、横隔梁仅限制下偏差，不限制上偏差；

④护栏构件螺孔尺寸要求：小于或等于20 mm的，其偏差为(0，+1)mm，大于20 mm的，其偏差为(−0.5，+1)mm。

(2)外观尺寸检测项目。波形梁钢护栏各部分外形尺寸检测采用的测量器具主要有游标卡尺、千分尺、卷尺、磁性测厚仪等,外形尺寸及允许偏差要符合规范和设计要求。

①波形梁板外形尺寸主要检测项目有展开宽度、板长、板宽、板厚、外波高、内波高、螺孔、孔径、孔距等(图2-47)。

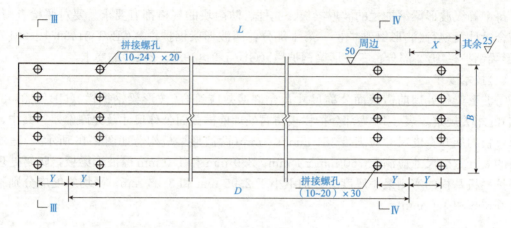

图2-47 波形梁板尺寸(DB类-1)

注:板长(L);板宽(B)、板厚(t)、外波高(H)、内波高(h_1)

②立柱的尺寸主要检测项目有长度、直径、厚度(注意:钢管厚度是指防腐处理前的厚度)。

③端头、防阻块、托架等的外观尺寸要符合设计要求。

(三)波形梁钢护栏产品质量检测方法

1. 外观质量检测方法

通常用目测、手感来判断,必要时可用卡尺来测量其外观缺陷。

2. 外形尺寸检测方法

(1)长度、宽度检测方法。

①护栏波形梁板和立柱构件的长度用精度A级、分辨力0.5 mm的5 m钢卷尺沿纵向不同部位测量3次,取平均值作为测量结果。

②波形梁板宽度及其他构件的尺寸精度A级、分辨力0.5 mm的1 m钢卷尺在不同部位测量3次,取平均值作为测量结果。

③成型后波形梁板的展开宽度在板的3个不同部位用细钢丝分别测量板正反两面的轮廓长度,取6个数的算术平均值作为测量结果。

④护栏立柱的直径用精度0.02 mm的游标卡尺在立柱的上、中、下3个部位测量3次,取平均值作为测量结果。

⑤护栏构件金属基板的厚度用精度0.01 mm的板厚千分尺或螺旋测微计测量3次,取平均值作为测量结果。测量部位和次数有特殊规定的按特殊规定执行。

⑥构件上孔的尺寸是指防腐处理前的尺寸,一般用精度0.02 mm的游标卡尺测量,若

在防腐处理后测量,应减去防腐层的厚度。

⑦防阻块的尺寸测量,可用投影法将其轮廓用细笔划在一张白纸上,再测量有关尺寸和角度。

⑧板的波高及其他参数测量,在一级平台(在工程现场可用不小于 10 mm 厚的平整钢板)上用靠尺、钢板尺、万能角尺、游标卡尺、塞尺、刀口尺等量具、样板按常规方法进行。

(2)波形梁板厚度检测方法。防腐处理后的护栏板基底金属厚度用四点法(板两端各一个点,板两侧各一个点)测量,测量点应按照图 2-48 标示的位置选取,位置均在距边缘 50 mm 处。

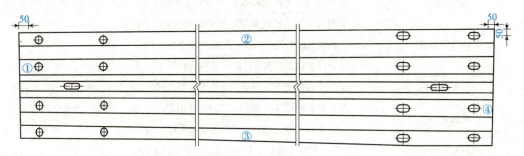

图 2-48　测量点位置

①波形梁板厚度计算。距板边缘 50 mm 随机选取 4 点;用千分尺测总厚度;用镀层厚度测定仪测涂层厚度(里、外两面;包括镀层和复合式镀层两种);板厚=千分尺测总厚度-镀层厚度(内、外两面)。复合式镀层外层应根据其材料采取蜡烛燃烧或化学方法去掉其外层。

②质量检测评定。防腐处理后的护栏板基底金属厚度如有且仅有一个测量点不符合最小厚度要求时,以测量点为中心划十字线,沿十字线方向距该测量点 25 mm 处取 4 点对该项指标进行复验。4 点中任意一点的复验结果仍然不合格时,则判定该护栏板基底金属厚度不合格;4 点的复验结果均合格时,判定该护栏板基底金属厚度合格。

3. 原材料性能检测

(1)检测方法。护栏供方应提供的原材料及出厂检验证书等资料。

(2)材料要求。波形梁板、立柱、端头、防阻块、托架等所用基底金属材质为碳素结构,力学性能及化学成分指标应不低于《碳素结构钢》(GB/T 700—2006)的规定,连接螺栓、螺母、垫圈、横梁垫片等所用基底金属材质为碳素结构钢;高强度拼接螺栓选用优质碳素结构钢或合金结构钢,符合相关规范要求。

4. 防腐层质量检测(抽样,送到有检测资质的试验室)

护栏的所有构件均应进行金属防腐处理,一般采用热浸镀锌方法,防腐层要求符合《公路交通工程钢构件防腐处理技术条件》(GB/T 18826—2015)的相关规定。

镀锌层的质量主要检测锌附着量、锌层均匀性、锌层附着性和锌层耐盐雾腐蚀性能。

5. 波形梁钢护栏产品质量具体检查项目及相关规范汇总（表2-14）

表2-14 波形梁钢护栏检测项目

序号	检测项目	标准、规范
1	外观及几何尺寸	《波形梁钢护栏 第1部分：两波形梁钢护栏》(GB/T 31439.1—2015)4.2
		《波形梁钢护栏 第2部分：三波形梁钢护栏》(GB/T 31439.2—2015)4.2
2	原材料强度伸长率	《金属材料 拉伸试验 第1部分：室温试验方法》(GB/T 228.1—2021)18 20
3	机械性能	《金属材料 弯曲试验方法》(GB/T 232—2024)7
4	拼接螺栓抗拉荷载	《钢结构用高强度大六角头螺栓、大六角螺母、垫圈技术条件》(GB/T 1231—2006)4.1.1
5	镀层厚度	《磁性基体上非磁性覆盖层 覆盖层厚度测量 磁性法》(GB/T 4956—2003)6
6	镀层附着量	《磁性基体上非磁性覆盖层 覆盖层厚度测量 磁性法》(GB/T 4956—2003)6
		《波形梁钢护栏 第1部分：两波形梁钢护栏》(GB/T 31439.1—2015)附录A
		《公路交通工程钢构件防腐处理技术条件》(GB/T 18226—2015)附录A
7	镀层附着性	《波形梁钢护栏 第2部分：三波形梁钢护栏》(GB/T 31439.2—2015)附录C
8	镀层均匀性	《波形梁钢护栏 第2部分：三波形梁钢护栏》(GB/T 31439.2—2015)附录B
		《公路交通工程钢构件防腐技术条件》(GB/T 18226—2015)附录B
9	镀层弯曲试验	《公路交通工程钢构件防腐技术条件》(GB/T 18226—2015)7.8
10	耐盐雾腐蚀性能	《人造气氛腐蚀试验 盐雾试验》(GB/T 10125—2021)5
11	涂塑层均匀性	《公路交通工程钢构件防腐技术条件》(GB/T 18226—2015)7.6
12	涂塑层附着性	《公路交通工程钢构件防腐技术条件》(GB/T 18226—2015)7.5
13	涂塑层抗弯曲	《公路交通工程钢构件防腐技术条件》(GB/T 18226—2015)7.8
14	涂塑层耐磨性	《色漆和清漆 耐磨性的测定 旋转橡胶砂轮法》(GB/T 1768—2006)8
15	涂塑层耐冲击试验	《漆膜耐冲击测定法》(GB/T 1732—2020)6
16	涂塑层耐化学药品	《公路交通工程钢构件防腐技术条件》(GB/T 18226—2015)7.11
17	涂塑层耐候性试验	《塑料 实验室光源暴露试验方法 第2部分：氙弧灯》(GB/T 16422.2—2022)
18	涂塑层耐湿热性试验	《漆膜耐湿热测定法》(GB/T 1740—2007)8
19	涂塑层耐低温脆化试验	《公路交通工程钢构件防腐技术条件》(GB/T 18226—2015)7.16
20	循环盐雾试验	《金属和合金的腐蚀 循环暴露在盐雾、"干"和"湿"条件下的加速试验》(GB/T 20854—2007)7
		《金属和合金的腐蚀 酸性盐雾、"干燥"和"湿润"条件下的循环加速腐蚀试验》(GB/T 24195—2009)7
21	波形梁钢护栏安装质量及性能测试	《公路工程质量检验评定标准 第一册 土建工程》(JTG F80/1—2017)11.4.2
22	混凝土护栏安装质量及性能测试	《公路工程质量检验评定标准 第一册 土建工程》(JTG F80/1—2017)11.5.2
23	安装质量及性能测试	《公路工程质量检验评定标准 第一册 土建工程》(JTG F80/1—2017)11.6.2

五、波形梁钢护栏的施工及质量要求

(一)波形梁钢护栏施工基本要求

1. 技术要求

(1)波形梁、立柱、防阻块及托架的安装应符合设计和施工的要求。

(2)为保证护栏的整体强度,路肩和中央分隔带的土基压实度不应小于设计值,达不到压实度要求的路段,不应进行护栏立柱打入施工;石方路段和挡土墙上护栏立柱的埋深及基础处理应符合设计要求。

(3)波形梁钢护栏的端头处理及桥梁护栏过渡段的处理应符合设计要求。

2. 外观鉴定

(1)焊接钢管的焊缝应平整、无焊渣、凸起。构件镀锌层表面均匀完整,颜色一致,表面具有实用性光滑,不得有流挂、滴瘤或多余结块。镀件表面应无漏镀、露铁、擦痕等缺陷。构件镀铝层表面应连续,不得有明显影响外观质量的熔渣、色泽暗淡及假浸、漏浸等缺陷。构件涂塑层应均匀光滑、连续,无肉眼可分辨的小孔、空间、空隙、裂缝、脱皮及其他有害缺陷。

(2)直线段护栏不得有明显的凹凸、起伏现象,曲线段护栏应圆滑顺畅,与线形协调一致,中央分隔带开口端头护栏的抛物线形应符合设计,如图 2-49 所示。

图 2-49 直线段护栏、曲线段护栏应圆滑顺畅,与线形协调一致

(3)波形梁板搭接方向正确,搭接平顺,垫圈齐备,螺栓紧固。

(4)防阻块、托架、端头的安装应与设计图相符,安装到位,不得有明显的变形、扭曲、倾斜。

(5)波形梁板和立柱不得现场切割和钻孔,立柱及顶帽安装牢固,其顶部应无明显的塌边、变形、开裂等缺陷。

3. 实测项目

这里的实测项目是指波形梁钢护栏安装过程中、安装完成后应检查的项目,见表 2-15。

波形梁钢护栏安装完毕后,一般 500 m 为一个验收单位,连续取 10 跨护栏进行验收。检查的项目主要包括立柱的垂直度、护栏安装高度、埋深深度、横断面位置的尺寸检测。另外,还需要对护栏过渡段、伸缩缝、端头、拼接螺栓等进行测量。

依据《公路工程质量检验评定标准 第一册 土建工程》(JTG F80/1—2017)的规定,具体要求见表2-15。

表 2-15 波形梁钢护栏检查项目

项次	检查项目	规定值或允许偏差	检查方法和频率
1	波形梁板基底金属厚度/mm	符合现行 GB/T 31439 标准规定	板厚千分尺、涂层测厚仪;抽查板块数的5%,且不小于10块
2	立柱基底金属壁厚/mm	符合现行 GB/T 31439 标准规定	千分尺或超声波测厚仪、涂层测厚仪;抽查2%,且不小于10根
3	横梁中心高度/mm	±20	尺量;每1 km每侧测5处
4	立柱中距/mm	±20	尺量;每1 km每侧测5处
5	立柱竖直度/mm·m^{-1}	±10	垂线法;每1 km每侧测5处
6	立柱外边缘距土路肩边线距离/mm	大于等于250或不小于设计要求	尺量;每1 km每侧测5处
7	立柱埋置深度	不小于设计要求	尺量或埋深测量仪测量立柱打入后定尺长度;每1 km每侧测5处
8	螺栓终拧扭矩	±10%	扭力扳手;每1 km每侧测5处

(二)波形梁钢护栏施工

波形梁钢护栏正式施工前先选取试验段:护栏、立柱工程试验段选定在路面摊铺完成后主线路侧路面道路平整顺畅、施工车辆较少的路段来安排施工工作,并保证其他施工车辆顺利通行。试验段施工长度为500~1 000 m。

波形梁钢护栏施工顺序:放样→立柱施工→安装波形钢板→综合调整。

1. 立柱放样

(1)立柱应根据设计图纸进行放样,并以桥梁、通道、涵洞、隧道、中央分隔带开口、互通式立体交叉等为控制立柱的位置,进行测距定位。

(2)可利用调整段调节间距,并利用分配方法处理间距零头数。

(3)为准确放样和保证护栏的线形,隔段进行桩号复核和闭合。

(4)立柱放样后,应调查每根立柱位置的地表状态,如遇地下通信管线、泄水等设施,或构造物顶部埋置深度不足时,应调整某些立柱的位置,改变立柱固定方式。

2. 钢立柱安装

(1)一般路段立柱安装。立柱采用打入法施工:在有效工作区内将打桩机停稳,落锤定位;将立柱放在放样位置,并用专用设施固定好立柱,同时人工扶正;安放立柱防护帽,开启打桩机落锤打桩;打桩时要固定好立柱,用水平尺随打随检查,防止移位,直至打入设计深度为止。

当打入过深时，不得将立柱部分拔出加以矫正，须将其全部拔出，待基础压实后再重新打入。

当立柱无法打入时，采用钻孔或挖基埋入式施工方式，待钻孔的深度达到埋立柱深度一半左右时，再按打入法工艺将立柱打到设计深度。立柱在纵向和横向都应垂直竖立、间距准确，使架设护栏时无须因孔或其他任何原因而移动立柱。立柱打入后，要对钻孔位置进行回填，并夯实。

(2)桥上的立柱安装。按设计图纸进行安装，采用底座法兰盘固定钢立柱，预埋底座法兰及地脚螺栓，立柱安装就位后用 C25 混凝土包封，其水平方向和竖直方向应形成平顺的线形。

3. 防阻块、托架、横隔梁安装

防阻块、托架、横隔梁安装应符合下列规定：

(1)防阻块、托架应通过连接螺栓固定于护栏板和立柱之间，在拧紧连接螺栓前应调整防阻块、托架使其准确就位。

(2)防护等级为 SA、SAm、SS 的波形梁钢护栏在安装防阻块时，应同时安装上层立柱，线形应与下层立柱相同。

(3)设有横隔梁的中央分隔带护栏，应在立柱准确定位后安装横隔梁。在护栏板安装前，横隔梁与立柱间的连接螺栓不应过早拧紧。

4. 横梁安装

(1)护栏板应通过拼接螺栓相互连接成纵向横梁，并由连接螺栓固定于防阻块、托架或横隔梁上(图 2-50)。护栏板拼接方向应与行车方向一致。拼接螺栓必须采用高强度螺栓。

(2)防护等级为 SA、SS、HA 的波形梁钢护栏通过螺栓将上层横梁与上层立柱加以连接。

(3)立柱间距不规则时，可利用调节板、梁进行调节，不得采用现场切割护栏板的方法。

(4)所有连接螺栓及拼接螺栓应在护栏的线形达到规定要求时才能拧紧。终拧扭矩应符合表 2-16 的规定。

图 2-50 波形梁横梁

表 2-16 波形梁钢护栏板连接螺栓及拼接螺栓的终拧扭矩规定值

螺栓类型	螺栓直径/mm	扭矩值/(N·m)
普通螺栓	M16	60～68
	M20	95～102
	M22	163～170
高强度螺栓		315～430

5. 波形钢板安装

波形钢板安装应注意以下几项：

(1)波形梁安装时，通过拼接螺栓相互拼接，并由连接螺栓固定于立柱或横梁上。波形梁拼接方向是安装的关键，施工时保证搭接方向与行车方向一致。波形梁拼接方向如图 2-51 所示。

图 2-51　波形梁拼接方向示意

(2)波形梁在安装过程中应不断进行调整，因此，连接螺栓及拼接螺栓不宜过早拧紧，以便在安装过程中利用波形梁的长圆孔及时进行调整，使其形成平顺的线形，避免局部凹凸。

(3)安装时波形梁顶面应与道路竖曲线相协调。检查护栏的线形，当确定线形比较直顺和流畅时，方可最后拧紧螺栓。

波形梁钢护栏的连接有以下两种情况：

(1)同一种规格的波形梁连接。保证波形梁板搭接方向正确，搭接平顺，垫圈齐备，螺栓紧固。

(2)不同规格的波形梁连接。保证波形梁板搭接方向正确、搭接平顺、垫圈齐备、螺栓紧固(图 2-52)。

6. 波形梁钢护栏起、终端头安装

(1)波形梁钢护栏应按设计文件的规定进行端部处理，路侧护栏开口处应安装端头梁并进行锚固，须按图纸规定的坐标进行安装。护栏端头应通过拼接螺栓与护栏板牢固连接。拼接螺栓应采用高强度螺栓，或应符合设计文件的要求。

图 2-52　不同规格的波形梁连接

(2)端头外展埋入路堑土体时，根据定位开挖土体，开挖至能够打入立柱并安装端部结构即可，打入端部锚固立柱并安装端部结构后，回填，夯实土体，恢复原土体坡面。

7. 波形梁钢护栏质量控制

波形梁钢护栏应按下列规定进行质量过程控制：

(1)护栏立柱的埋深、基础规格、土基压实度、端部和过渡段处理应符合设计规范和设计文件的规定。

(2)立柱位置、立柱中距、立柱竖直度、波形梁钢护栏板中心高度应符合设计要求。

(3)所有构件不应因运输、施工造成防腐层的损伤。

(4)直线段护栏不得有明显的凹凸、起伏现象；曲线段护栏应圆滑顺畅，与线形协调一致。安装于平曲线半径小于或等于 70 m 路段上的护栏，波形梁板加工时，宜弯曲成型。中央分隔带开口护栏和标准段护栏的过渡应与设计文件相符，并按设计文件要求进行可靠连接。

(5)波形梁板搭接方向应正确，搭接平顺，垫圈齐备，螺栓紧固。

(6)防阻块、托架、横隔梁、端头的安装应与设计文件相符，安装到位，不得有明显变形、扭转、倾斜。

(7)波形梁板和立柱不得有现场焊割与钻孔情况。

(8)立柱及柱帽安装要牢固,其顶部应无明显塌边、变形、开裂等缺陷。

(9)施工过程中应加强质量检查。

各检查项目应符合《公路交通安全设施施工技术规范》(JTG/T 3671—2021)的规定。

任务实施

本部分为学生试验环节,让学生根据前面的介绍自己动手对波形梁钢护栏、钢立柱进行试验检测。

波形梁钢护栏、钢立柱试验检测内容一般包括外观检查、尺寸检测、镀层厚度检查。其他检测项目的试验方法见相关标准。这里先介绍技术要求,再介绍具体检测方法。

(一)技术要求

1. 外观质量

波形梁钢护栏的冷弯黑色构件表面应无裂纹、气泡、折叠、夹杂和端面分层等缺陷,但允许有不大于公称厚度10%的轻微凹坑、凸起、压痕、擦伤。表面缺陷可用修磨方法清理,其整形深度不大于公称厚度的10%;切断面及安装孔应无卷沿、飞边和严重毛刺。

2. 外形尺寸与允许偏差

波形梁板防腐处理前横截面公称尺寸及允许偏差应符合《波形梁钢护栏 第1部分:两波形梁钢护栏》(GB/T 31439.1—2015)表9的规定。

其中板的展开宽度尺寸应满足481 mm±1 mm;3.0 mm 厚和4.0 mm厚波形梁板,防腐处理后成型护栏板基板的实测最小厚度应分别不小于2.95 mm和3.95 mm,平均厚度应分别不小于3.0 mm和4.0 mm,θ应不小于10°。

3. 镀层

波形梁钢护栏、钢立柱一般采用热浸镀锌镀层。其外观质量和镀层厚度均应符合《公路交通工程钢构件防腐技术条件》(GB/T 18226—2015)的要求。

(1)外观质量。镀锌构件表面应颜色一致、均匀完整,镀件无漏镀等缺陷;表面不应有流挂、滴瘤或多余结块。有螺纹的构件在热浸镀锌后,应清理螺纹或进行离心分离。

①均匀性。镀锌构件的锌层应均匀,构件镀层的最大厚度、最小厚度与平均厚度之差的绝对值与平均值之比应符合规定。

②附着性。镀锌构件的锌层应与基底金属结合牢固,经附着性试验后,锌层不剥离,不突起,不得开裂或起层到用裸手指能够擦掉的程度。

③抗弯曲性能。镀锌构件的锌层应与基底金属结合牢固。经弯曲试验后,弯曲部位锌层不剥离,不突起,不得开裂或起层到用裸手指能够擦掉的程度。

④耐盐雾腐蚀性能。板状构件的焊接部位、紧固件、连接件及钢丝镀锌构件经168 h的中性盐雾试验后,不应出现红色锈蚀现象。

(2)镀层厚度。镀层厚度应符合《公路交通工程钢构件防腐技术条件》(GB/T 18226—2015)表1的要求。

(二)检测方法

1. 步骤

样品编号→擦试样品→测点编号→检测。

2. 方法

(1)板厚测量。

①距板边缘 50 mm 随机选取 4 点；

②千分尺测总厚度；

③测涂层厚度(里、外两面；包括镀层和复合式镀层两种)；

④板厚=千分尺测总厚度—镀层厚度(里、外两面)。

注：复合式镀层外层应根据其材料采取蜡烛燃烧或化学方法去掉。

(2)镀层测量。

①先标定镀层厚度测定仪。开机；调零(一般 10 次后自动归零)；校准(先按校准键，在校准片上校准 10 次，按增加或减少键直到校准片上出现规定的数值再按校准键，校准完成)；开始测量镀层厚度。

②镀层测点编号(溯源用)。波形板每面 3 个断面，每个断面 3 个点，波形板两面共 18 个点。

(3)板宽测量。展开测量宽度，用细钢丝测 3 个断面，双面共 6 个数值，取平均值。

(4)内外波高测量。

任务三　混凝土护栏、缆索护栏

混凝土护栏是一种具有一定断面形状的墙式护栏结构。当汽车与护栏碰撞时，在瞬间移动荷载的作用下，护栏基本上不移动、不变形，处于完全刚性状态，碰撞过程中的能量主要是依靠汽车与护栏面接触，并沿着护栏面爬高和转向来吸收，同时，碰撞汽车也恢复到正常行驶方向。

从混凝土护栏的作用特点可以看出，混凝土护栏的截面形状和尺寸(高度和宽度)直接影响到碰撞作用效果，因此，截面形状和尺寸的确定是决定混凝土护栏结构的重要因素。

混凝土护栏结构中的截面形状和几何尺寸是很难确定的。截面形状和几何尺寸合理，不仅经济，更重要的是能充分发挥护栏防撞的作用，既能防止碰撞车辆越过护栏，又能利用车辆爬高和转向吸收碰撞能量，从而降低碰撞车辆的损坏程度，保护车上乘员的安全。

一、国外及国内混凝土护栏发展过程

(一)国外混凝土护栏发展过程

护栏截面形式和尺寸的确定，必须通过大量的试验研究和理论分析。国外已经大量地使用混凝土护栏，因而对其进行了大量试验和理论研究。随着研究的深入和使用经验的积累，护栏的截面形状不断地得到改进，尺寸也逐渐合理。

美国在 20 世纪 70 年代中期和 90 年代末期，曾对混凝土护栏结构形式进行了大量的实车碰撞试验，比较了 NJ 型（新泽西型混凝土护栏，New Jersey Concrete Barrier）和 F 型（改进新泽西型）混凝土结构的优点、缺点，并开发出单坡型的混凝土护栏，这些研究成果被欧美和日本等国家广泛采用。

新泽西护栏为位于新泽西州霍博肯的史蒂文斯理工学院开发，用以分隔高速公路的车道，他们所设计的新泽西护栏 90~150 cm 高，以灌浆混凝土制成，单体质量可达 1 000 kg。新泽西护栏的特殊在于"凸"字形的设计。这种形状可让车辆在冲撞护栏时，减少翻越到对向车道的概率，从而避免造成更大事故，如图 2-53 所示。

(二)国内混凝土护栏发展过程

我国对混凝土护栏也进行了许多有益的研究和试验。常见的混凝土护栏构造形式，如 F 型、单坡型、加强型，主要是参照美国计算机模拟足尺试验结果、日本的《车辆用护栏标准图·同解

图 2-53 加强型混凝土护栏

说》和我国的研究成果并结合我国路肩宽度确定的（F 型、单坡型是根据混凝土护栏的断面形状命名的）。

二、混凝土护栏的分级

(一)常用路侧混凝土护栏防撞等级

根据《公路交通安全设施设计细则》(JTG/T D81—2017)，混凝土护栏防护等级可分为 A、SB、SA、SS、HB、HA 六级。混凝土护栏的混凝土强度等级、配筋量和基础设置应通过计算确定，混凝土强度等级不低于 C30。

(1) F 型混凝土护栏构造要求如图 2-54 和表 2-17 所示。

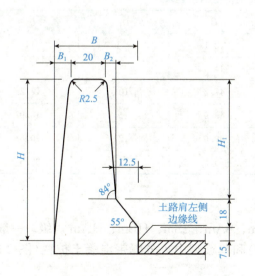
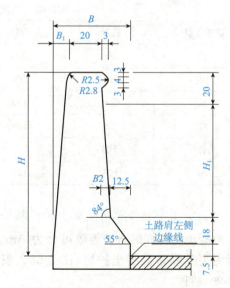

图 2-54 F 型混凝土护栏和加强型混凝土护栏（单位：cm）

表 2-17　F 型混凝土护栏构造要求　　　　　　　　　　　　　　　　　　　　　　　cm

防护等级	代号	H	H_1	B	B_1	B_2
三	A	81	55.5	46.4	8.1	5.8
四	SB	90	64.5	48.3	9	6.8
五	SA	100	74.5	50.3	10	7.8
六	SS	110	84.5	52.5	11	8.9
七	HB	120	94.5	54.5	12	9.9
八	HA	130	104.5	56.5	13	10.9

(2)单坡型路侧混凝土护栏构造要求如图 2-55 和表 2-18 所示。

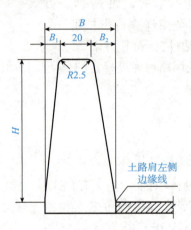

图 2-55　单坡型混凝土护栏(单位：cm)

表 2-18　单坡型混凝土护栏构造要求　　　　　　　　　　　　　　　　　　　　　　cm

防护等级	代号	H	B	B_1	B_2
三	A	81	42.1	8.1	14
四	SB	90	44.5	9	15.5
五	SA	100	47.2	10	17.2
六	SS	110	49.9	11	18.9
七	HB	120	52.6	12	20.6
八	HA	130	55.5	13	22.5

(二)常用中央分隔带混凝土护栏防护等级

混凝土防护栏的防护等级可分为 Am、SBm、SAm、SSm、HBm、HAm 六级。一般有 F 型中央分隔带混凝土护栏(图 2-56、表 2-19)和单坡型中央分隔带混凝土护栏(图 2-57、表 2-20)两种。

项目二　公路护栏质量检测

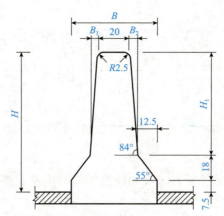

图 2-56　F 型中央分隔带混凝土护栏(单位：cm)

表 2-19　F 型中央分隔带混凝土护栏构造要求　　　　　　　　　　　　　　　cm

防护等级	代号	H	H_1	B	B_1
三	Am	81	55.5	56.6	5.8
四	SBm	90	64.5	58.6	6.8
五	SAm	100	74.5	60.6	7.8
六	SSm	110	84.5	62.8	8.9
七	HBm	120	94.5	64.8	9.9
八	HAm	130	104.5	66.8	10.9

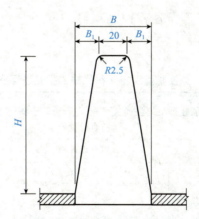

图 2-57　单坡型中央分隔带混凝土护栏(单位：cm)

表 2-20　单坡型中央分隔带混凝土护栏构造要求　　　　　　　　　　　　　　cm

防护等级	代号	H	B	B_1
三	Am	81	48	14
四	SBm	90	51	15.5
五	SAm	100	54.5	17.2

65

续表

防护等级	代号	H	B	B_1
六	SSm	110	57.8	18.9
七	HBm	120	61.2	20.6
八	HAm	130	65	22.5

三、混凝土护栏的材料

混凝土护栏所采用的水泥、砂石、水和钢筋等材料应符合现行行业标准《公路桥涵施工技术规范》(JTG/T 3650—2020)的规定。

四、混凝土护栏的施工质量

混凝土护栏可采用预制和现浇两种方式进行施工。

对于预制混凝土护栏，每节的长度主要受吊装设备的制约，从增加混凝土护栏整体强度和稳定性的角度考虑，要求预制混凝土护栏的长度尽量长一些，但考虑到浇筑和安装的方便、伸缩缝的要求等，预制块的长度不可能筑得太长，一般为4~6 m。混凝土护栏主要依靠自重来阻挡车辆跨越(常用于临时封闭)。现浇混凝土护栏在工程中用得最多，如图2-58所示。

路基防撞混凝土护栏施工质量过程控制项目见表2-21。

图2-58 防撞墙施工

表2-21 路基防撞混凝土护栏施工质量过程控制项目

项次	检查项目		规定值或允许偏差	检查方法
1	护栏混凝土强度		符合设计要求	质评标准
2	地基压实度		符合设计要求	灌砂法
3	护栏断面尺寸/mm	高度	±10	尺量
		顶宽	±5	
		底宽	±5	
4	基础平整度/mm		±10	—
5	轴线横向偏位/mm		符合设计要求	尺量
6	基础厚度/mm		±10%H	过程，尺量

桥梁防撞护栏(防撞墙)检查项目具体见表2-22。

表 2-22　桥梁混凝土护栏(防撞墙)施工质量过程控制项目

项次	检查项目		规定值或允许偏差	检查方法
1	护栏断面尺寸/mm	高度	±10	尺量
		顶宽	±5	
		底宽	±5	
2	钢筋骨架尺寸/mm		满足设计要求	尺量
3	轴线横向偏位/mm		符合设计要求	尺量
4	钢筋保护层厚度		符合设计要求	尺量
5	护栏混凝土强度/MPa		符合设计要求	质评标准

四、缆索护栏简介

(一)缆索护栏组成

缆索护栏是柔性护栏,由端部结构、中间端部结构、中间立柱托架、缆索和缆索锚具等组成,如图 2-59～图 2-61 所示。各部分构造和尺寸应符合相关规定。

图 2-59　缆索护栏三角形支架　　图 2-60　缆索护栏中间、端部结构　　图 2-61　缆索托架

(二)缆索护栏施工质量过程控制

缆索护栏施工质量过程控制项目见表 2-23。

表 2-23　缆索护栏施工质量过程控制项目

项次	检查项目	规定值或允许偏差	检查方法
1	初张力	±5%	张力计
2	最下一根缆索的高度/mm	±20	尺量
3	立柱中距/mm	±20	尺量
4	立柱竖直度/mm·m^{-1}	±20	垂线法
5	立柱埋置深度	不小于设计要求	尺量或埋深仪测量
6	混凝土基础尺寸	满足设计要求	尺量

能力测试题

1. 简述护栏主要形式及性能。
2. 简述波形梁钢护栏、混凝土护栏、栏索护栏的特点及各自的适用条件。
3. 简述波形梁钢护栏、混凝土护栏、缆索护栏的主要材料性能。
4. 简述波形梁钢护栏、混凝土护栏的施工检测。
5. 简述护栏的防腐层质量检测的主要内容。
6. 简述护栏材料性能检测的内容及常规检查项目。

项目三 交通标志质量检测

学习内容

首先介绍了交通标志的基础知识,包括国内外交通标志的发展、交通标志的设置原则、交通标志的三要素、交通标志的分类;其次介绍了交通标志的结构及材料要求;重点介绍了交通产品质量检测和施工质量检测,着重介绍了交通标志的反光膜的色度性能、光度性能等指标。

学习目标

专业知识目标
(1)了解交通标志产品作用、分类;
(2)熟悉交通标志的三要素、版面设计、设置原则。
(3)掌握交通标志产品质量检测内容和方法,施工质量要求,检验项目和检测方法。

专业能力目标
(1)具有探究学习、终身学习、分析问题和解决问题的能力。
(2)具有基本的交通标志材料试验与检测能力,能够独立完成交通标志产品质量检测工作。
(3)具有基本的标志质量检测与评定能力,能够完成现场质量检测、参与竣工验收等工作。
(4)具有试验数据分析、处理的能力;能够编制相关试验报告及结论评定。

职业素养目标
具有良好的职业道德和职业素养;具有质量意识、安全意识、工匠精神。

任务一 交通标志基础知识

道路交通标志是用图形、符号、颜色和文字向交通参与者(包括驾驶员、乘客、管理者等)传递特定信息,用于管理交通的设施。

结合道路及交通情况设置交通标志，向道路使用者提供准确及时的信息和引导，使之顺利快捷地抵达目的地，促进交通畅通和行车安全。

道路交通标志、标线作为一种跨文化的图形符号，容易被不同文化和语言背景的人们所理解，作为公路上车辆驾乘人员接收信息的重要途径，它具有明确的指导性。它是依据国家交通法规、标准设计制作的，对道路交通参与者的行为具有强制性。它是交通管理部门组织管理交通的重要手段，也是处理交通纠纷、交通违章、交通事故的法律依据。

完善的交通标志、标线能够有效地减少交通事故和提高运行效率，创造出巨大的经济效益和社会效益；交通标志还是一种形象工程、美化工程。色彩丰富、形象生动、比例协调、图文并茂的交通标志是道路上的一道美丽风景。它已成为一个国家、一个地区交通现代化程度的重要标志，也是展示人类文明的窗口。

道路交通标志、标线是道路建设的重要配套设施，是引导交通、保证安全的重要手段，是道路交通参与者的行为规范。

一、国内外交通标志发展

(一)国外交通标志发展

为了获得较理想的标志设计，长期以来世界各国的交通工程师、工程心理学家进行了大量的试验研究，包括标志的颜色、形状、字符等编码成分的研究，标志的可见性、易读性、亮度、设置位置的研究，以及标志效能的评价和测评方法的研究等，为标志设计提供了充分的理论依据。

1968年，联合国公布《道路交通和道路标志、信号协定》作为各国制定交通标志的基础。从此各国的交通标志在分类、形状、颜色、图案等方面逐渐向国际统一的方向发展。随着机动车的普及和道路发展，越来越多的国家和政府意识到了交通标志、标线的重要性，在一些发达国家的带领和推动下，利用这些简单的交通控制设施，使交通安全与管理技术水平不断提高。同时，在欧盟、联合国等国际组织的推动下，越来越多的国家加入了国际道路交通标志、信号的统一运动中，想方设法为实现国际便利交通进行新的尝试。

世界各国的道路交通标志大致可分为美国模式和欧洲模式。美国模式长期以文字表达为主；与美国相比，欧洲地区国家众多，语言文字复杂，相互交往联系密切，逐步发展起来的交通标志以图形符号为主，辅以色彩和形状，统一、形象而直观。

(二)我国交通标志发展

发达国家都逐渐形成了自身规范化的交通标志体系。我国吸取了各国图形符号的成功经验，综合分析先进国家现行标准和有关研究成果，结合国家有关现行规则、标准和道路交通特点，形成《道路交通标志和标线》(GB 5768)国家强制性标准，建立了我国自己的交通标志和标线体系。

我国目前形成了395种交通标志，规定了公路交通标志的分类、颜色、形状、图案、文字和规格等。因此，交通标志的设计首先要符合现行《道路交通标志和标线 第2部分：道路交通标志》(GB 5768.2—2022)的规定。我国的交通标志属于欧洲模式，即通过颜色、形状和图形符号三要素向交通参与者传递信息、引导交通。

二、交通标志的设计

1. 交通标志基本要求

交通标志要满足下面几个要求才能发挥作用。

(1)醒目度——交通标志能在要求的认读距离以外吸引驾驶员的注意,能在标志所处的背景中清晰地显示出来。

(2)易读性——能在瞬间理解其含义。

(3)公认性——容易被不同文化和语言背景的人们所理解。

2. 设置交通标志的目的

交通标志是保证公路安全和畅通必不可少的安全与管理设施,其设置目的主要是为公路使用者提供禁止、警告、指路、指示等信息。因此,交通标志的设计要完全从交通安全、服务和管理需求的角度出发,不要带有任何商业广告或其他无关内容。加油站、服务区等标志是发挥公路本身服务功能的标志,不被视为商业广告。旅游区标志只能显示该旅游景区的名称、图案、方向和距离信息,不得显示带有营利性的广告信息。

3. 交通标志设计目标和考虑的因素

公路交通标志是为交通参与者提供信息服务的,科学合理的交通标志要具备以下五个基本特点:满足驾驶员的信息需求;充分引起注意;清晰简洁地传递信息;尊重驾驶员的行为特征;给驾驶员提供充足的反应时间。

因此,从设计目标来看,交通标志应便于驾驶员清晰辨识、正确理解、快速反应,设计应做到"易见、易认、易懂、易辨、易记",使驾驶员能够"看得见、看得清、看得懂、辨得准、记得住"。

(1)易见——交通标志设置应有良好的显著性,使交通标志能够在复杂背景下容易被驾驶员注意到,避免被驾驶员忽略的情况出现。

(2)易认——交通标志设置应保证充足的视认距离,在视认距离范围内,交通标志信息应能清晰可见。

(3)易懂——交通标志信息应简明易懂,能够保证驾驶员较容易地正确理解标志的信息。

(4)易辨——交通标志应避免有歧义的信息出现,能够保证驾驶员准确理解标志信息。

(5)易记——交通标志的信息应简洁明快,能够容易被驾驶员记住。

4. 交通标志的整体设计

交通标志是整个公路系统中的一部分,与道路条件、交通条件、环境条件、公路使用者及交通管理的需求密切相关,孤立设置是无法充分发挥作用的,因此,交通标志的设计要从系统性出发进行整体布局、综合设计。

5. 交通标志的设计内容

交通标志设计的目的是利用标志实物上的图形或文字向驾驶员传达有关环境的信息。交通标志由信息、图形和硬件三个系统组成。

(1)信息系统是交通标志的根本,包括标志上显示的内容、内容如何组织、信息内容出现在哪个位置、不同标志上的内容如何在一个统一的信息网中彼此联系。

(2)图形系统是对信息系统的编码,包括文字、符号、箭头和颜色等元素及元素的布局。

(3)硬件系统是标志的三维载体,包括形状、尺寸、安装连接方式、材料及与周围环境风格上的关系等。

这三个系统相互联系,相互平衡。总体看交通标志的设计主要有信息布设、版面设计和结构设计三大系统。每个系统具体又包括下列设计内容:

(1)信息布设,重点解决的是交通标志的设置位置、标志类型和交通标志采用什么信息内容。

(2)版面设计,对交通标志具体外观特征进行设计,包括颜色、尺寸、图形、文字大小、位置及相互关系和版面尺寸。

(3)结构设计,包括交通标志的基础、支撑结构、标志板面与支撑结构的连接结构等部分材料、形式和结构计算及工艺要求等。

三、交通标志设置原则(共10条)

(1)交通标志应以不熟悉周围路网体系但对出行路线有所规划的公路使用者为设计对象,为其提供清晰、明确、简洁的信息。

公路使用者对周围环境并不是完全一无所知,而是指通过地图、导航或其他查询手段,对前往的目的地和途经路线有所了解,然后借助交通标志的指引能够顺利抵达目的地。

(2)交通标志应针对具体路段情况,在交通安全综合分析的基础上进行系统布局和综合设置,与路段的实际交通运行状况相匹配。同一位置的交通标志数量不宜过多,交通标志之间不得相互矛盾。

(3)警告标志应设置在公路本身及沿线环境存在影响行车安全且不易被发现的危险地点,并应在充分论证的基础上设置,不得过量使用。

警告标志不能过量使用,以免降低其警告效力。警告标志设置过多,会降低效果,因此对其设置要经过充分论证。如在某些山区公路,部分路段急弯陡坡,线形指标比较低,如果设置大量警告标志,很容易导致驾驶员认知疲劳,对警示重视程度降低,可能会导致不良后果。

(4)禁令标志应设置在需要明确禁止或限制车辆、行人交通行为的路段起点附近醒目的位置。其中,限制速度标志应综合考虑公路功能、技术等级、路侧开发程度、路线几何特征、运行速度、交通运行、交通事故和环境等因素,在交通安全综合分析的基础上,确定是否设置及限速值和限速标志的形式,经主管部门认可后实施设置。

从20世纪60年代开始欧美国家采用运行速度V_{85}作为限速数值。限速数值确定方法表明运行速度累计分布曲线85%以下的速度被认为是理性的,并且只有15%的速度会被视为"超速"。在世界各地,预防道路事故致死和致残伤害成为关注焦点,许多国家修改了以V_{85}确定限速数值的普遍做法,引进了安全评价、风险评估的做法。

无论采用什么技术方法,限速数值的确定要综合考虑到道路标准、路侧状况、车辆性能、视线与能见度、交通构成、交通量等方面,这是一个多因素决策的过程。

我国《公路工程技术标准》(JTG B01—2014)规定:"公路限制速度应根据设计速度、运行速度及路侧干扰与环境等因素综合论证确定。"该标准重点规定了在限速标志论证设计时要考虑的因素，包括公路功能、技术等级、路侧开发程度、路线几何特征、运行速度、交通运行、交通事故和环境等因素。

总之，公路限速的目的是规范车辆行驶速度，限制速度实质是一种管理行为。决策过程中需要对安全、效率、其他因素的重要性及执行的可行性进行权衡和判断，最终确定的限速值反映了政府和社会公众的意愿。

由于不同的限速值制定机构对影响限制速度因素考虑的权重不同，或者使用的技术论证手段不同，有时会导致不同的限速值，因此没有一个"正确的"限制速度，只有政府、管理单位和公众都能接受的合理限速。限速标志要在主管部门批准后实施设置，并满足下列要求：

①宜实施分路段限速，路段限速值不宜频繁变化。
②限速值可不同于设计速度值。
③可根据不同车型运行特点和安全管理需求，采取分车型限速的方式。
④限速标志应与其他交通安全设施配合使用，如摄像头。

(5)指示标志应根据交通流组织和交通管理的需要，在驾驶员和行人容易产生迷惑处或必须遵守行驶规定处设置。

(6)指路标志应根据路网一体化的原则进行整体布局，做到信息关联有序，不得出现信息不足、不当或过载的现象。应根据公路功能、交通流向和沿线城镇分布等情况，依距离、人口和社会经济发展程度，优先选取交通需求较大的信息指示。

(7)旅游区标志设置时应根据旅游景区的级别、路网情况等合理确定指引范围。当旅游区标志与其他交通标志冲突时，其他交通标志具有优先设置权限。

(8)告示标志的设置不得影响警告、禁令、指示和指路标志的设置与视认。

(9)公路平面交叉处的交通标志应在综合考虑平面交叉的交通管理方式、物理形式、相交公路技术等级、交通流向等因素的基础上，遵循"路权清晰、渠化合理、导向明确、安全有序"的原则，合理确定不同交通标志综合设置方案，并与交通标线相互配合，引导车辆有序通过。

平面交叉口是交通流冲突的交汇部分，也是公路交通最为复杂和事故率最高的部位，交叉口的有序运行直接影响着整个公路交通的畅通与安全。平面交叉设计的主要任务是在交通冲突情况下，正确地分配不同方向和不同类型的交通流，做到对不同交通流进行合理的分隔和路权分配，明确通行优先权，尽可能消除交通冲突点，引导车辆有序通过交叉口。

(10)除特殊情况外，交通标志应设置在公路前进方向的车行道上方或右侧，其他位置的交通标志应仅视为正常位置的补充。

交通标志要设置在车辆行进方向上易于看到的地方，在选择交通标志的设置地点时，要考虑驾驶员的反应能力、车辆的运行速度、道路宽度等因素，以保证交通标志的信息具有足够的视认性，顺利和完整地向公路使用者传递信息。

现行《道路交通标志和标线 第2部分：道路交通标志》(GB 5768.2—2022)中对各种类型交通标志的具体设置位置做出了规定，因而不必对每个标志的设置位置进行计算。

需要说明的是，具体设置位置的规定只是针对一般情况的。若现场条件较为特殊，如单向车道数大于或等于三条、交通量较大、大型车辆较多、路线线形影响右侧标志的视认性等，应根据交通工程原理通过视认性验算，论证分析设置位置。

四、交通标志三要素

从工程心理学角度来看，交通标志应满足醒目度、易读性、公认性这几个要求才能发挥作用。要达到这样的效果，交通标志应该从交通标志的颜色、形状和图形符号三个方面进行设计，作出最佳选择。

(一)颜色

人眼所见的各种色彩是因为光线有不同波长所造成的。可见光波长范围在 380～780 nm。经过试验发现，人类肉眼对其中三种波长的感受特别强烈，引起不同的颜色感觉，如短波范围 435～450 nm 产生蓝色感觉，中波范围 495～570 nm 产生绿色感觉，长波范围 630～750 nm 产生红色感觉。

红(red)、绿(green)、蓝(blue)这三种颜色称为光的三原色(RGB)。

这三种光线的混合几乎可以表示出所有的颜色，如橙黄色、黄绿色等。

颜色是标志的重要构成因素，因为颜色可以使标志从它所处的背景中显现出来，引起驾驶员的注意，并可帮助驾驶员迅速识别标志的种类和含义。

标志的视觉清晰度与它的颜色和背景的对比度有很大关系，为了在标志板和符号之间获得最大的对比度，一般采用亮色与暗色搭配，在这种情况下，标志的视认清晰度最佳。

1. 颜色的联想作用

从心理学角度讲，人眼对不同颜色的感受性不同。色彩具有直观性和联想作用。

(1)红色可以产生一种具有危险感的强刺激，具有"禁止""停止"之意，多用于禁令标志；

(2)黄色比较醒目，能引起人们的注意，具有警戒的感觉，多用于警告标志；

(3)蓝色使人产生沉静、安宁的感觉，作为指示的信号；

(4)绿色使人产生和平、安全的联想，作为"安全""行进"的信号；

(5)黑色和白色出现在大部分标志中，主要是利用其较好的对比度，使人产生安全的联想，作为安全行进的信号。

2. 公路交通标志中颜色的应用原则

公路交通标志从满足醒目度、易读性、公认性角度考虑，使用不同颜色应用于交通标志中。一般情况下，交通标志颜色的基本含义如下：

(1)红色表示禁止、停止、危险，用于禁令标志的边框、底色、斜杠，也用于叉形符号和斜杠符号、警告性线形诱导标的底色等。

(2)黄色或荧光黄色表示警告，用于警告标志的底色。

(3)蓝色表示指令、遵循，用于指示标志的底色；还表示地名、路线、方向等的行车信息，用于一般道路指路标志的底色。

(4)绿色表示地名、路线、方向等行车信息，用于高速公路和城市快速路指路标志底色。

(5)棕色表示旅游区及景点项目的指示，用于旅游区标志的底色。

(6)黑色用于标志的文字、图形符号和部分标志的边框。

(7) 白色用于标志的底色、文字和图形符号及部分标志的边框。
(8) 橙色或荧光橙色用于道路作业区的警告、指路标志。
(9) 荧光黄绿色表示警告,用于注意行人、注意儿童等警告标志。

归纳总结:红色—禁止,黄色—警告,蓝色—地方道路,绿色—高速公路上,棕色—旅游标志。交通标志颜色的使用原则见表 3-1。

表 3-1 交通标志颜色的使用原则

颜色	含义	主要适用范围	其他适用范围
红色	停止、禁止或危险	禁令标志、红圈、红杠及部分标志的底色	铁路道口警告标志、注意信号灯警告标志、会车先行指示标志、国道编号指路标志、急救站识别指路标志、绕行标志、此路不通标志、高速公路终点及终点预告标志、警告性线形诱导标志
黄色	警告	警告标志底色、警告性质告示牌底色	省道编号指路标志、高速路终点提示指路标志、车距确认标志、施工安全标志
绿色	行驶、方向指导	高速公路一级公路全封闭的指路标志	注意信号灯警告标志
蓝色	为公路使用者提供服务指引、行驶信息	指示标志、一级及以下等级公路的指路标志	人行横道指示标志、省道和县道编号指路标志、行驶方向指路标志、停车场标志、绕行标志、紧急电话标志、加油站标志、车距确认标志
黑色	交通控制	警告标志、禁令标志、辅助标志的图案或文字	—
白色	交通控制	警告标志、指示标志、指路标志、旅游区标志、施工安全标志、辅助标志底色、图案或文字	事故易发路段警告标志
棕色	为休养区或文化旅游区提供指引	旅游区标志	—

除个别标志外,标志边框的颜色与标志的图形或字符的颜色一致;除指示标志外,标志衬边的颜色应与标志底色一致。具体见表 3-2 和图 3-1。

表 3-2 各类标志的边框与底色列表

标志类别	边框	底色	备注
警告	黑色	黑色	叉形符号和斜杠符号除外
禁令	红色	白色	个别标志除外
指示	—	白色	白色衬边外无蓝色

续表

标志类别	边框	底色	备注
指路	白色	蓝色或绿色	—
旅游区	白色	棕色	—
道路作业区	黑色	橙色	作业区所用指令、指示等标志
辅助	黑色	白色	—
告示	黑色	白色	—

图 3-1 交通标志图例

(二)形状

驾驶员在道路上认读标志是从它的形状、颜色判别开始的,因此,交通标志的设计赋予其形状和颜色一定的意义,增加了传递信息的内容。驾驶员发现标志后,可以根据其形状和颜色判别出其属于哪一类,提前做些准备。

根据对交通标志形状视认性的研究成果,在同等面积条件下,三角形的视认性效果最好,其次是正方形、圆形等,这说明具有相同面积的不同形状的标识其视认性是不同的。

根据国际标准草案 DIS 3864.3《安全色和安全标志》中关于几何图形的规定,正三角形表示"警告",圆形表示"禁止"和"限制",正方形和矩形表示"提示"。除美国、日本、澳大利亚、加拿大等少数国家的警告标志的形状为菱形外,绝大多数国家的警告标志采用正三角形。参考联合国及很多国家的交通标志标准,我国所采用的交通标志的形状如下:

(1)正等边三角形:用于警告标志;
(2)圆形:用于禁止和指示标志;
(3)倒等边三角形:用于"减速让行"禁止标志;
(4)八角形:用于"停车让行"禁止标志;
(5)叉形:用于"叉形符号"警告标志;
(6)方形:用于指路标志、部分警告、禁止和指示标志、旅游区标志、辅助标志、告示标志。

(三)图符

图符是文字、符号及图案的简称。一般情况下,图符信息无论在辨认速度还是在辨认距离上均比文字信息要优越。此外,用图形来表征信息还不受语言和文字的限制,只要设计的图像形象、直观,不同国家、民族和不同语言文字的驾驶员都可以理解与认读。因此,以符号为主的标志受到联合国的推荐,并被世界上绝大多数国家采用。文字信息只有在非常必要时才使用。

1. 交通标志中所使用符号的原则

交通标志中的符号要求形象、易懂、简洁、被大多数人所接受。

2. 我国交通标志符号要求

(1)道路交通标志的字符应规范、正确、工整,按从左至右、从上至下顺序排列,一般一个地名不写成两行或两列。

(2)根据需要,可并用汉字和其他文字。文字标志上的汉字应使用规范汉字,除有特殊规定之外,汉字应排在其他文字上方;如果标志上使用英文,地名用汉语拼音,按照规定第一个字母大写,其余小写;专用名词用英文,第一个字母大写,其余小写,根据需要也可全部大写;交通标志常用名词的中英文应该符合要求。

(3)表达警告、禁令、指示标志的汉字采用标准黑体,汉字高度(由设计车速而定)、其他文字与汉字高度关系、文字间隔与行距等,要符合现行《道路交通标志和标线 第2部分:道路交通标志》(GB 5768.2—2022)要求。

①交通标志汉字的要求见表3-3。

表3-3 汉字高度与设计车速的关系

设计车速/km·h^{-1}	100～120	71～99	40～70	<40
汉字高度/cm	60～70	50～60	35～50	25～30

②指路标志的阿拉伯数字、拼音字、拉丁字或少数民族文字的高度应根据汉字高度确定,其关系应符合表3-4的规定。

表3-4 其他文字与汉字高度的关系

其他文字		与汉字高度h的关系
拼音字、拉丁字或少数民族文字	小写	$h/3～h/2$
	大写	$h/2～h$
阿拉伯数字	字高	h
	字宽	$h/2～h$
	笔画粗	$h/6～h/5$

③指路标志的汉字或其他文字的间隔、行距应符合表 3-5 规定。

表 3-5 文字的间隔、行距等规定

文字设置	与汉字高度 h 的关系	文字设置	与汉字高度 h 的关系
字间隔	$h/10$ 以上	字行距	$h/5 \sim h/3$
笔画粗	$h/14 \sim h/10$	距标志边缘最小距离	$2h/5$

注：这里的指路标志是指所有的道路交通标志，并不是前面讲述的狭义上的指路标志

五、交通标志分类

(一)交通标志分类方式

根据不同交通标志特点和关注角度，交通标志的分类方式有很多种。

(1)交通标志按设置位置分为路侧标志和车行道上方标志两种。对应的支撑方式分为柱式标志、双柱式标志、悬臂式标志、门架式标志。

(2)交通标志按大小区分小型标志、大型标志、巨型标志。

(3)交通标志按设置时间分为永久性标志、临时性标志等，如道路施工时的现场设置的标志。

(4)交通标志按光学特性分类，分为逆反射式标志、照明式标志和发光式标志三种。这里说的交通标志分类是指按交通法规来分类的。

(5)根据《道路交通标志和标线 第 2 部分：道路交通标志》(GB 5768.2—2022)的规定，交通标志按其功能分为主标志和辅助标志两大类。

①主标志包括以下几种：

a. 警告标志：警告道路使用者注意道路、交通的标志。

b. 禁令标志：禁止或限制道路使用者交通行为的标志。

c. 指示标志(图 3-2)：指示道路使用者应遵循的标志。

图 3-2 指路标志示例

d. 指路标志：传递道路方向、地点、距离信息的标志。

e. 旅游区标志：提供旅游景点方向、地点、距离信息的标志。

f. 作业区标志和告示标志：通告道路施工区通行的道路作业区标志。

②辅助标志(图 3-3)是指附设在主标志下，对其进行辅助说明的标志。

凡主标志无法完整表达或指示其规定时，为维护行车安全与交通畅通，应设置辅助标志，辅助标志不能单独使用。按用途不同，辅助标志可分为表示时间、车辆种类、区域与距离、警告与禁令理由及组合辅助等。其形状为长方形，其颜色为白底、黑字、黑边框。

项目三 交通标志质量检测

图 3-3 辅助标志图例

(二)警告标志

1. 警告标志的定义

警告标志用来向道路使用者提示道路沿线存在的危险或应该注意的路段，警示其提高警觉并准备防范措施。警告标志的颜色为黄底、黑边、黑图案，形状为正三角形，其尺寸应符合有关规定。

2. 警告标志的种类

警告标志起警告作用，共有 49 种。警告车辆、行人注意危险地点的标志如图 3-4 所示。

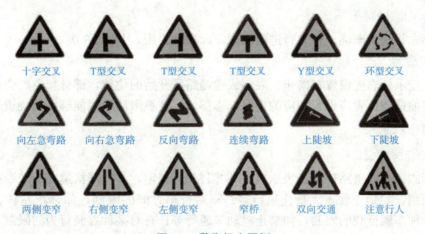

图 3-4 警告标志图例

3. 设置位置

警告标志的内容大多与道路的几何线形、构造物有关，如道路交叉、急弯、陡坡、窄路、隧道、渡口等。其余的警告标志多与道路沿线的环境有关，如行人、儿童、信号灯、村庄、落石、傍山险路等。

警告标志与危险地点之间的距离，应根据设计速度确定，若受实际地形条件限制，可适

79

当调整，但其设置位置必须明显，且不能小于停车视距，见表3-6。

表3-6 警告标志到危险地点的距离

设计车速/km·h^{-1}	100～120	71～99	40～70	<40
标志到危险地点的距离/m	200～250	100～200	50～100	20～50

(三)指示标志

1. 指示标志

指示标志用来指示道路使用者行进的信息，常设于行车道的路口处。指示标志主要用来指示准许行驶的方向，如向左转弯、靠右侧道路行驶、非机动车道、步行街等，如图3-5所示。

向左和向右转弯　　靠右侧道路行驶　　靠左侧道路行驶　　立交直行和左转弯行驶

图3-5 指示标志图例

指示标志采用蓝底、白图案，其形状分为圆形、长方形和正方形。指示标志的尺寸应符合有关规定。

2. 指示标志的种类

指示标志是指示车辆、行人行进的标志，起指示作用，共有29类。

3. 设置位置

禁令、指示标志应设置在禁止、限制或遵循路段开始的位置，部分禁令、指示标志开始路段的路口前适当位置应设置相应的指路标志提示，使被限制车辆能够提前绕道行驶。

(四)禁令标志

1. 禁令标志定义

禁令标志用来向道路使用者表示"禁止""限制"等规定，必须严格遵守。禁令标志有对行驶路线的限制，如禁止驶入、禁止通行等；有对行车方向的限制，如禁止左转、禁止直行等；有对某种车辆行驶的限制，如禁止机动车通行等；有对某种驾驶行为的限制，如禁止超车、禁止掉头等；有对交叉口的控制方式的限制，如停车让行标志、减速让行标志；有对行人的限制，如禁止行人通行等。

禁令标志(图3-6)的颜色除个别标志外，大多为白底、红圈、红杠、黑图案，图案压杠。禁令标志形状为圆形、三角形、八角形。

2. 禁令标志的种类

禁令标志是禁止或限制车辆、行人交通行为的标志，起到禁止某种行为的作用，共有43种。

图 3-6 禁令标志图例

3. 禁令标志的设置位置

禁令、指示标志应设置在禁止、限制或遵循路段开始的位置，部分禁令、指示标志开始路段的路口前适当位置应设置相应的指路标志提示，使被限制车辆能够提前绕道行驶。

(五)指路标志

1. 指路标志定义

指路标志用来向道路使用者提供沿线道路经由的地名、方向和距离，或与之相交道路的编号、名胜古迹、游乐休息或服务区等。

指示标志的颜色一般道路(图 3-7)为蓝底、白图案，高速公路为绿底、白图案。

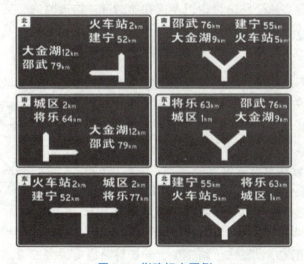

图 3-7 指路标志图例

指路标志的形状除地点识别标志、里程碑、分合流标志外,其余为长方形和正方形。

2. 指路标志的种类

指路标志是传递道路方向、地点、距离信息的标志,起指路作用,共有146种。

3. 指路标志设置的位置

指路标志设置在需要传递道路方向、地点、距离信息的路段或交叉口附近。

(六)旅游区标志

1. 旅游区标志定义

旅游区标志是指人们从高速公路或其他道路上前往邻近的旅游区,应在通往旅游景点的交叉路口设置一系列的旅游标志,使旅游者能方便地识别通往旅游区的方向和距离,了解旅游项目的类别。

2. 旅游区标志分类

旅游区标志可分为旅游指引标志和旅游符号标志两大类,共有17类,它是提供旅游景点方向、距离的标志。

(1)旅游指引标志提供旅游区的名称、代表性的图案及前往旅游区的方向和距离。

(2)旅游符号提供旅游项目类别、代表性的符号及前往各旅游景点的指引。

旅游区标志(图3-8)的颜色为棕色底、白色字符,标志的形状为矩形,其尺寸应根据速度确定字高,再根据字数和图案确定版面大小,旅游符号为正方形,尺寸一般采用60 cm×60 cm,也可以根据需要放大或缩小。

图3-8 旅游标志示例

3. 旅游区标志设置位置

旅游区标志设置在高速公路出口附近及通往旅游区连接道路的交叉口附近。

(七)施工安全标志

1. 施工安全标志

道路维修、养护等施工地段必须设置施工安全标志。施工安全标志(图3-9)包括阻挡车辆及行人前进或指示改道的路栏,以临时分割车流、引导交通,用以提醒车辆驾驶员和行人注意,确保安全;在夜间施工路段,还应该设置施工警告灯。

2. 施工安全标志分类及设置位置

施工安全标志主要包括路栏、锥形交通路标、道口标志、施工区标志和移动性施工标志等,其形状和颜色各异,共有26种(其中道路施工区标志共有20种),用以通告高速公路及一般道路交通阻断、绕行等情况,设置在道路施工、养护等路段前适当位置。

前方施工

图3-9 施工安全标志图例

(八)辅助标志

(1)辅助标志的颜色为白底、黑字(图形)、黑边框、白色衬边。辅助标志的形状为矩形。辅助标志的尺寸、代号同指路标志。

(2)凡主标志无法完整表达或指示其规定时,为维护行车安全与交通畅通的需求,应设置辅助标志。

(3)辅助标志安装在主标志下面,紧靠主标志下缘。

(4)辅助标志种类和使用方法:表示时间;表示车辆种类、属性;表示方向;表示区域或距离;表示警告、禁令理由;组合辅助标志(如果在主标志下需要安装两块以上辅助标志时,可采用辅助:组合形式,但组合的图形不宜多于 3 种)。

六、其他交通标志的版面设计

警告、禁令、指示等标志的形状、颜色和图案等在现行《道路交通标志和标线》(GB 5768)中已经有非常明确的规定,不允许变更。这里的版面设计主要是指路标志、旅游区标志、告示标志等(除警告、禁令、指示标志外)。

现行《道路交通标志和标线》(GB 5768)中没有的交通标志需要重新设计的,其要求如下:交通标志版面设计是对交通标志的具体外观特征进行设计,包括颜色、文字(中文、英文等)、公路编号、出口编号、里程数字、箭头符号、图形符号、边框及相互位置关系等,解决交通标志如何被正确识别和理解问题。

(一)标志版面基本要求

标志版面美观得体、简洁大方是交通标志获得良好的可辨性和易读性的前提。通过交通标志版面各要素的合理布置,保证能够快速识别和理解清晰明确的交通导向关系。

如图 3-10 所示,行间距、字间距及地名排版不当,不仅会造成版面不美观,还会影响驾驶人的认读和理解,甚至造成误解,因此,规定字距和行(列)距要协调,汉字的字间距要明显小于行(列)间距。还规定一个地名或专用词组不能写成两行或两列。

标志版面采用的颜色、形状、图形符号应符合现行《道路交通标志和标线 第 2 部分:道路交通标志》(GB 5768.2—2022)的规定。

前方 10 km
连续弯道
坡陡弯急
减速慢行

图 3-10 标志版面不当图例

(二)其他要求

当采用现行《道路交通标志和标线》(GB 5768)规定以外的图形或标志时,除应符合现行《道路交通标志和标线》(GB 5768)中的建议程序规定外,还应满足下列要求:

(1)标志内容宜采用图形方式,并应辅以文字说明。

(2)文字类禁令标志应为白底、红圈、红杠、黑文字,形状为圆形或矩形。

(3)文字类警告标志应为黄底、黑边、黑文字,形状为三角形或矩形。

(4)旅游区指引标志中采用代表景点特征的平面图形时,使用棕底白图形,可进行特色化设计。

知识拓展

一、我国交通标志发展过程

中国古代以亭作为里程的衡量。十里长亭,五里短亭。《礼记·王制》中规定:"道路,男子由右,妇女由左,车从中央。"

在1934年以前,全国没有统一的交通标志,各地方自行其是,标志非常混乱。

1934年12月21日,当时的国民政府内政部公布了我国历史上的第一个陆上交通管理规则。其中关于道路交通标志一项规定了三类标志共27种。其中禁令标志11种,警告标志10种,指示标志6种。

中华人民共和国成立后,1951年,公安部公布了《城市陆上交通管理暂行规则》,其中列入了交通标志。在此期间,交通部也公布了公路交通标志。

1955年,公安部公布了《城市交通规则》,内有交通标志三类,共28种,其中指示标志8种,警告标志4种,禁令标志16种。

1972年,交通部、公安部联合公布道路交通规则,将交通标志增加为34种,其中指示标志9种,警告标志7种,禁令标志18种。

1982年,交通部公路规划设计院编制了部颁标准《公路标志及路面标线》(JTJ 072—1982),标准中有指示标志、警告标志、禁令标志、指路标志、辅助标志、其他标志共105种。

1986年,国家标准局批准发布了国家标准《道路交通标志和标线》(GB 5768—1986)。

1999年,国家质量技术监督局批准发布了修订后的国家标准《道路交通标志和标线》(GB 5768—1999)。

2009年,国家质量监督检验检疫总局批准发布了修订后的国家标准《道路交通标志和标线》(GB 5768—2009)。

2017年,国家质量监督检验检疫总局批准发布了修订后的国家标准《道路交通标志和标线》(GB 5768—2017)。

二、我国公路等级划分

我国公路按行政等级可分为国家公路、省公路、县公路、乡公路、村公路及专用公路六个等级。一般把国道和省道称为干线;县道和乡道称为支线。

(1)国道是指具有全国性政治、经济意义的主要干线公路,包括重要的国际公路、国防公路,连接首都与各省(自治区、直辖市)首府的公路,连接各大经济中心、港站枢纽商品生产基地和战略要地的公路。

(2)省道是指具有全省政治、经济意义,并由省公路主管部门负责修建、养护和管理的公路干线。

(3)专用公路是指专供或主要供厂矿、林区、农场、油田、旅游区、军事要地等与外部联系的公路。

三、国家高速公路网编号规则

(一)编号结构

中国国家高速公路网编号由字母标识符和阿拉伯数字编号组成。

(二)字母标识符

中国国家高速公路是国道网的重要组成部分,路线字母标识符用汉语拼音"G"表示;中国国家高速公路网主线的编号,由中国国家高速公路标识符"G"加1位或2位数字顺序号组成,编号结构为"G♯"或"G♯♯"。

(三)数字及数字与字母编号

(1)首都放射线的编号为1位数,以北京市为起点,放射线的止点为终点,以1号高速公路为起始,按路线的顺时针方向排列编号,编号区间为G1~G9。

(2)纵向路线以北端为起点,南端为终点,按路线的纵向由东向西顺序编排,路线编号取奇数,编号区间为G11~G89。

(3)横向路线以东端为起点,西段为终点,按路线的横向由北向南顺序编排,路线编号取偶数,编号区间为G10~G90。

(4)并行路线的编号采用主线编号后加英文字母"E""W""S""N"组合表示,分别指示该并行路线在主线的东、西、南、北方位。

(5)纳入中国国家高速公路网的地区环线(如珠江三角洲环线),按照由北往南的顺序依次采用G91~G99编号。其中台湾环线编号为G99,取意九九归一。

(6)中国国家高速公路网一般联络线的编号,由国家高速公路标识符"G"+"主线编号"+数字"1"+"一般联络线顺序号"组成,编号为4位数。

(7)城市绕城环线的编号为4位数,由"G"+"主线编号"+数字"0"+城市绕城环线顺序号组成。主线编号为该环线所连接的纵线和横线编号最小者,如该主线所带城市绕城环线编号空间已经全部使用,则选用主线编号次小者,依此类推。如该环线仅有放射线连接,则在1位数主线编号前以数字"0"补位。

(四)出口编号规则

(1)国家高速公路出口编号一般为阿拉伯数字,其数值等于该出口所在互通立交中心里程桩号的整数值;桩号超过千位时,仅保留后三位的数值。例如,出口处桩号为K15+700,则该出口编号为15;某出口处桩号为K2036+700,则该出口编号为36。

(2)同一枢纽互通立交在同一主线方向有多个出口时,该枢纽式互通立交所有主线出口统一编号,采用出口编号后加英文字母组合表示。出口编号按照桩号递增方向逆时针排列,英文字母按照"A""B""C""D"……序列排序。如某枢纽式互通桩号为K15+700,在主线K15+200、K16+200和反方向K16+200、K15+200处有4个出口,则该出口编号为15A、15B、15C和15D。

任务二　交通标志的支撑方式、布设、结构及材料

一、交通标志的支撑方式

标志的支撑方式通常分为柱式、悬臂式、附着式和门架式四种。保持交通标志的视认性、有效性是选择交通标志支撑结构的基础,具体应根据交通量、车型构成、车道数、沿线构造物分布、标志的种类和大小(考虑风荷载大小)及路侧条件等因素综合确定。

从视认性上比较,门架式最好,悬臂式次之,双柱式和单柱式最后;从造价上比较正好相反,采用单柱式、双柱式或多柱式支撑方式,既简单又经济,如图3-11、图3-12所示。

(一)柱式支撑

警告、禁令、指示标志和小尺寸的指路标志宜采用单柱式支撑方式,中、大型指路标志可采用双柱式或多柱式支撑方式(适用于长方形指示或指路标志)。

(二)悬臂式、门架式支撑

根据需要可采用悬臂式或门架式等悬空支撑方式(版面内容少时采用悬臂式)。悬臂式或门架式比较醒目、清楚,如图3-13、图3-14所示。

图3-11　双柱式

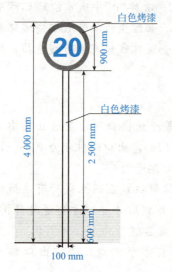 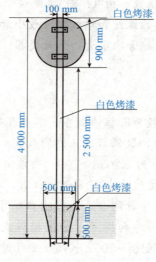 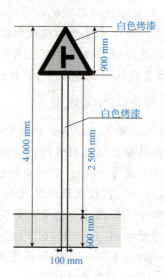

图3-12　单柱式

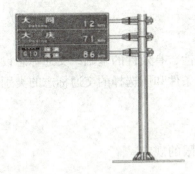

图 3-13　单悬式

图 3-14　双悬式

（1）悬臂式适用于以下情况：

①双柱式支撑或多柱式支撑安装有困难时。

②道路较宽，交通量较大，外侧车道大型车辆阻挡内侧车道小型车辆视线（如设置在路侧的标志）。

③视距或视线受限制（如路侧有树时经常遮挡驾驶员视线）。

④景观上有要求。

（2）门架式（图 3-15）适用于以下情况：

①交通量达到或接近设计通行能力时。

②互通式立交的设计很复杂时。

③单向有 3 个或 3 个以上车道时，需要分别指示各车道去向。

④道路较宽，交通量较大，外侧车道大型车辆阻挡内侧车道小型车辆视线。

⑤交通流在较高运行速度下发生交织、分流和合流的路段（如互通式立体交叉间距较近，标志设置较密时，为防止误驶需分别指示每条车道的去向之处；连接两条高速公路之间的枢纽互通时）。

⑥出口为多车道时。

⑦大型车辆所占比例很大时。

⑧穿越多个互通式立体交叉，为保持标志信息设置位置的一致性时。

⑨路侧安装空间不足，或受遮挡，或需要传递的信息较多之处。

⑩出口匝道为左向出口（行车方向的左侧）时，平面交叉口标志或位于互通式立体交叉减速车道起点处的出口预告标志。

图 3-15　门架式

（三）附着式支撑

公路沿线设置有上跨天桥等构造物，路侧设置有高档土墙、照明灯杆等，则交通标志在满足建筑界限要求的前提下，可以采用附着式支承方式，如图 3-16 所示。

分类

利用已有的构造物，如电线杆、信号灯柱、立交桥孔等，安设标志牌面

图 3-16　附着式

二、交通标志的设置位置

合理选择交通标志的位置是保持交通标志视认性、有效性的基础。交通标志设置在行车道一侧还是行车道上方,应视所在位置的道路交通条件和所选择的交通标志的类别而定。一般情况下,将交通标志设置在路侧,既简单又经济。

(一)横向位置

各种形式交通标志的安装都应满足公路建筑界限的规定。

(二)纵向位置

驾驶员在读取标志信息时,要经历标志的发现、阅读、理解和行动等过程,在判断标志并采取相应行动的过程中,需要花费一定的时间,行驶一定的距离,因此,在确定标志的纵向设置位置时,应当考虑驾驶员的行动特性,并应满足相关要求。

各种交通标志的纵向位置具体要求如下:

(1)警告标志前置距离一般根据道路的设计速度按表 3-7 选取,也可考虑所处路段的最高限制速度或运行速度进行适当的调整。

表 3-7 警告标志前置距离一般值

速度 /km·h⁻¹	条件 A/m	减速到下列车速/km·h⁻¹											
		条件 B											
		0	10	20	30	40	50	60	70	80	90	100	110
40	100	30 m											
50	150	30 m											
60	190	30 m	30 m										
70	230	50 m	40 m	30 m	30 m								
80	270	80 m	60 m	55 m	50 m	40 m	30 m						
90	300	110 m	90 m	80 m	70 m	60 m	40 m						
100	350	130 m	120 m	115 m	110 m	100 m	90 m	70 m	60 m	40 m			
110	380	170 m	160 m	150 m	140 m	130 m	120 m	110 m	90 m	70 m	50 m		
120	410	200 m	190 m	185 m	180 m	170 m	160 m	140 m	130 m	110 m	90 m	60 m	40 m

注:条件 A:交通量较大时道路使用者有可能减速,同时伴随变换车道等操作通过警告地点。典型的标志如注意车道数变少标志。

条件 B:道路使用者减速到限速值或建议速度值或停车后通过警告地点。典型的标志如急弯路标志、连级弯路标志、陡坡标志、注意信号灯标志、交叉路口标志、铁路道口标志等

(2)禁令、指示标志应设置在禁止、限制或遵循路段开始的位置,部分禁令、指示标志开始路段的路口前适当位置应设置相应的指路标志提示,使被限制车辆能够提前绕道行驶。

(3)指路标志设置位置应符合每个指路标志的具体规定。

(4)除另有规定外,标志安装应使交通标志面垂直于行车方向,视实际情况调整其水平或俯仰角度。其要求如下:

①标志安装应尽量减少标志面对驾驶员的眩光。

②标志安装角度宜根据设置地点道路的平、竖曲线线形进行调整。

③路侧标志应尽可能与道路中线垂直或成一定角度。其中,禁令、指示标志宜倾斜0°~10°或30°~45°,如图3-17(a)所示;指路和警告标志宜倾斜0°~10°,如图3-17(b)所示;门架、悬臂、车行道上方附着式交通标志板面应垂直于道路行车方向,并且板面宜倾斜0°~15°,如图3-17(c)所示。

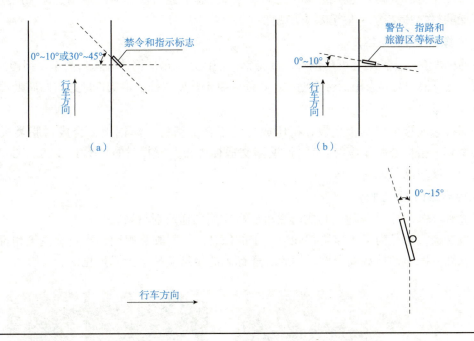

图3-17 标志安装角度示意
(a)路侧禁令和指示标志;(b)路侧警告、指路和旅游区等标志;(c)路上方标志

三、交通标志的结构及材料要求

(一)交通标志的结构

1. 交通标志组成

常规的道路交通标志主要由标志板、支撑结构和基础组成。

(1)标志板是由标志底板、标志板面及滑槽、铆钉等构成的组件。

(2)支撑结构是支撑和连接紧固标志板的构件,包括立柱、横梁、法兰盘、抱箍和紧固件等。

2. 交通标志的结构设计

交通标志的结构设计主要包括以下5个方面内容:

(1)荷载的计算与组合;

(2)立柱和横梁的设计与强度计算；

(3)立柱与横梁的变形验算；

(4)立柱与横梁的连接螺栓、立柱和基础的地脚螺栓的设计及强度计算；

(5)基础的设计与验算。

(二)交通标志的材料及要求

交通标志材料应具有足够的强度、耐久性和抗腐蚀能力，并应因地制宜地采用经济、轻型、环保的材料和结构，适当兼顾美观性。

1. 支撑结构(图 3-18)

交通标志立柱、横梁等可用钢管、H 型钢、槽钢及八角形钢柱等材料制作，钢管顶端应设置柱帽，也可根据需要采用铝合金型材、钢筋混凝土柱或木柱。钢构件应进行防腐处理。

2. 标志底板

交通标志底板可用铝合金板、挤压成型的铝合金型材、薄钢板、合成树脂类板材等制作。板材相关指标及制作应符合现行《道路交通标志板及支撑件》(GB/T 23827—2021)的规定，底板厚度应满足强度要求。

3. 标志板面(反光膜)

反光膜(图 3-19)是一种已制成薄膜可直接应用的逆反射材料。

设置交通标志是为了传递给驾驶员一定的信息，使驾驶员提前做出正确决策和行动，有助于提高驾驶的机动性和安全性，因此交通标志的信息应是全天候可见的。

图 3-18 标志支撑结构

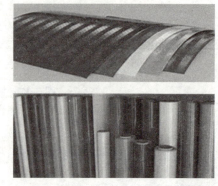

图 3-19 反光膜实例

【交通标志板面材料发展过程】

交通标志发展的初期，可供选择的材料不多，基本都是由各种颜色的油漆按照要求制成交通标志图案。这种标志在白天颜色的对比度赋予了标志较好的视认性，在夜晚由于其亮度不够，不能使交通标志的光线传递到驾驶员眼中，也就起不到传递信息的作用，使交通标志在夜间失去了应有的功能。

我国在交通标志中使用反光膜始于 20 世纪 80 年代中后期。先从新修建的高速公路交通标志开始，随后各大城市的交通标志也陆续使用。

提高交通标志夜间视认性的根本是提高交通标志的亮度，目前有许多可用于交通标志的逆反射材料和提高亮度的方法，用逆反射材料制作标志版面和安装照明设施是提高交通标志视认性的主要途径。

（1）逆反射材料是通过其中含有的高折射率玻璃珠或微棱镜结构，将发射过来的光反射给光源，从而给驾驶员提供清晰的可见度。

（2）安装照明设施是通过在交通标志板面外部或内部安装光源利用外来光源提高交通标志的亮度。

道路交通标志反光材料使用的是逆反射材料，应用最广的是反光膜。逆反射材料在交通标志上的应用对交通标志的发展有重要意义，它使交通标志在汽车前车灯的照射下形成反光交通标志，从而具有夜间视认效果。从各国的交通安全实践来看，逆反射材料的应用是一种成本低廉且行之有效的措施，使用广泛。

因此，为了保证在白天及夜间均能发挥标志的作用。规定交通标志板面要全部采用逆反射材料。

（1）反光膜分类。目前，现行国家标准《道路交通反光膜》(GB/T 18833—2012)将反光膜按光度性能、结构和用途分为 7 种类型。

① Ⅰ 类——通常具有透镜埋入式玻璃珠型结构，称为工程级反光膜，使用寿命一般为 7 年，可用于永久性交通标志和作业区设施。

② Ⅱ 类——通常具有透镜埋入式玻璃珠型结构，称为超工程级反光膜，使用寿命一般为 10 年，可用于永久性交通标志和作业区设施。

③ Ⅲ 类——通常具有密封胶囊式玻璃珠型结构，称为高强级反光膜，使用寿命一般为 10 年，可用于永久性交通标志和作业区设施。

④ Ⅳ 类——通常具有微棱镜型结构，称为超强级反光膜，使用寿命一般为 10 年，可用于永久性交通标志、作业区设施和轮廓标。

⑤ Ⅴ 类——通常具有微棱镜型结构，称大角度反光膜，使用寿命一般为 10 年，可用于永久性交通标志、作业区设施和轮廓标。

⑥ Ⅵ 类——通常具有微棱镜型结构，有金属镀层，使用寿命一般为 3 年，可用于轮廓标和交通柱，无金属镀层时也可用于作业区设施和字符较少的交通标志。

⑦ Ⅶ 类——通常具有微棱镜型结构，属于柔性材质，使用寿命一般为 3 年，可用于临时性交通标志和作业区设施。

由于标志的位置和车辆行驶条件不同，用于标志面的反光材料应该具有优良的广角性和逆反射性。在不同入射角（汽车前照灯光线与标志表面沿线之间的夹角）、不同观测角（汽车前照灯光线与标志反射回驾驶者眼睛的光线间的夹角）的条件下，用于标志面的反光膜的逆反射系数数值应符合现行国家标准《公路交通反光膜》(GB/T 18833—2012)规定。

（2）反光膜的选用。反光膜的首要作用就是改善交通标志的表面性能，使之能适应不同气候条件的交通需要，提高道路安全运行条件。用于交通标志板的反光膜均应符合现行国家标准《道路交通反光膜》(GB/T 18833—2012)的规定。同时应考虑公路的功能、交通量和环境等各种因素，考虑驾驶员的视觉、反应等特性。

一般情况下，选择反光膜等级时应遵循下列原则：

①标志背景环境影响大、行驶速度快、交通量大的道路宜选用逆反射性能好的反光膜，

使驾驶员在较远处就能完成认读、开始行动。

高速公路、一级公路上宜采用Ⅳ类、Ⅴ类反光膜；二级、三级公路上的交通标志宜采用Ⅰ类、Ⅱ类反光膜；四级公路宜采用Ⅰ类、Ⅱ类反光膜。

②交通量小的公路，可根据实际情况选用较其他公路等级低的反光膜。

我国多数农村的公路建设资金和维护费用紧张，在考虑寿命成本的基础上，对于交通量很小、事故不多的农村公路，可根据实际情况适当使用等级低的反光膜。在条件许可的情况下，尽可能提高反光膜等级。

③交通复杂、多车道、横断面变化、视距不良、观察角过大的特殊路段的禁令、警告标志的重要程度较高，要使用反光性能最好的反光膜，以增加标志的被发现概率，提高标志的作用，发挥标志的效力。

④门架式、悬臂式等悬空类交通标志宜采用比路侧交通标志等级高的反光膜。

根据有关单位的试验结果，门架式、悬臂式悬空标志如采用与路侧标志同样等级的反光膜材料，则其反光效果只能达到路侧标志的14%～17%。

⑤为提高交通标志的夜间视认性，发挥标志在夜间和雨、雾天气等视线不良条件下的作用，受雨、雾等不良天气影响路段的交通标志采用等级高的反光膜。

⑥在下列情况下设置的禁令、指示、警告标志，宜采用Ⅴ类反光膜。

a. 高速公路、一级公路主线小半径曲线及立体交叉小半径匝道路段；

b. 交通较为复杂、视距不良、观察角过大的交叉口或路段；

c. 单向有三条或三条以上车道时；

d. 公路横断面发生变化时；

e. 大型车辆所占比例很大时。

(3) 反光膜的作用原理。粘贴有反光膜的道路交通标志在夜间具有的可视性，是通过反光膜的逆反射性能来实现的，逆反射又称为回归反射，它与常见的漫反射和镜面反射有很大不同。

①漫反射是一种最常见的反射形式(图3-20)。光线入射到粗糙表面上，反射光线向各个方向反射，只有很少一部分光线可以被反射回光源方向。

②镜面反射是在光线入射到一个非常光滑或有光泽的表面上时发生的(图3-20)。光线在物体表面反射角和入射角相等，但反射光线与入射光线位于反射面法线两侧。这种镜面反射现象可能会在某些漫反射物体表面发生，比如被雨水或冰层覆盖的路面。

③逆反射是指光线沿着与入射光方向的邻近方向的反方向返回(图3-21)，当照射角在很大范围内变动时仍能保持这一特性。

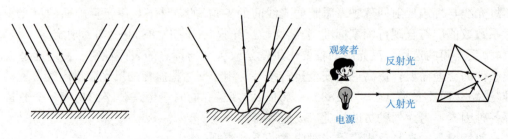

图3-20 镜面反射、漫反射　　　　　图3-21 逆反射示意

逆反射按其反射单元结构可分为以下两大类：

a. 玻璃珠型逆反射。当一束入射光入射玻璃珠制成的逆反射材料后，经过系列折射与反射，得到一束与入射光平行的反射光。由于所用玻璃球粒径很小，所以反射光束的光轴和入射光束的光轴几乎重合，也就是反射光线向光源方向返回，如图 3-22 所示。

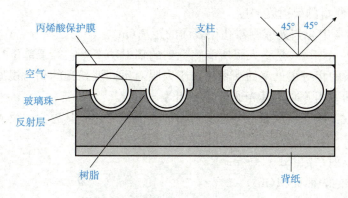

图 3-22 透镜密封式反光膜结构示意

b. 微棱镜型逆反射（图 3-23）。入射光投射到透明的立方体或三棱镜体上，每个棱镜逆反射单元具有三个相互垂直的反射面。入射光线经由三个反射表面折射和反射后，出射光按入射光方向平行地返回。

（4）反光膜的构造。反光膜一般都是由表层（保护膜）、反射层（功能层）、基层（承载层）、底层（保护层）等多层不同的物质组成的膜结构物体。

反光膜的表层一般选用透光性良好的树脂薄膜；反射层则根据不同类型的反光膜，其组成也各不相同，有微小玻璃珠、微棱镜或金属反光镀层等；基层多为树脂有机化合物制成的薄膜；胶粘层一般是环氧树脂胶；底层是厚纸做的保护层。

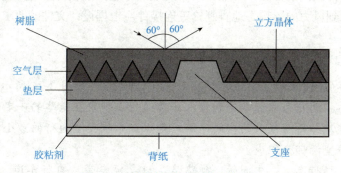

图 3-23 微棱镜型反光膜结构示意

（5）逆反射系数。逆反射性能用逆反射系数来表示，等于发光强度系数与逆反射体的表面积之比。其值越大，反光效果越好。

①发光强度系数：逆反射在观测方向的光强度（I）与逆反射体垂直于入射方向的平面的光照度（$E_\perp$）之比。

$$R_I = I/E_\perp$$

式中 R_I——发光强度系数(cd/lx)。
   I——发光强度(cd)。
   $E_⊥$——试样在参考中心上的垂直方向的照度(lx)。

发光强度 I 表示被摄主体表面单位面积上受到的光通量，$I=ED^2$。
E——光探器测得的反射光照度。
D——试样参考中心与光探测器孔径表面的距离(m)。

光通量(luminous flux)是指人眼所能感觉到的辐射功率，它等于单位时间内某一波段的辐射能量和该波段的相对视见率的乘积。由于人眼对不同波长光的相对视见率不同，所以不同波长光的辐射功率相等时，其光通量并不相等。

②逆反射系数：发光强度系数与逆反射体的表面积之比。其越大，反光效果越好。

$$R'=R_I/A=I/(E_⊥ \cdot A)$$

式中 R'——逆反射系数[cd/(lx·m)]。
   A——试样的表面面积(m^2)。

4. 混凝土基础

交通标志应设置钢筋混凝土基础。桥梁段的单柱式交通标志，可采用钢结构附着在桥梁上(桥梁上的预埋件施工，一般在防撞墙上)。

基础的设计与施工主要包括原材料、配合比等，除应该符合现行《公路桥涵设计通用规范》(JTG D60—2015)、《公路桥涵地基与基础设计规范》(JTG 3363—2019)、《公路桥梁施工技术规范》(JTG/T 3650—2020)等的规定外，还应注意以下事项：

(1)标志基础的地基承载力应符合设计文件的规定。设计文件中未规定时，地基承载力不得小于 150 kPa。

(2)安装标志时，立柱必须在基础混凝土强度达到设计强度的 80% 以上时才能安装。连接方法应采用设计文件提供的方法。对悬臂式、门架式标志在吊装横梁时，应使预拱度达到设计文件的要求。考虑到风力的影响，地脚螺栓等连接件应根据设计文件的要求设置双螺母。

知识拓展

公路建筑限界(Boundary Line of Road Construction)，如图 3-24 所示。

公路建筑限界指的是为保证车辆和行人正常通行，规定在道路的一定宽度和高度范围内不允许有任何设施及障碍物侵入的空间范围，是保证车辆安全通行的最小空间要求。道路建筑限界由净高和净宽两部分组成。

净高和净宽包括行车道、中间带、硬路肩、应急停车带、自行车道、人行道等。其中，不允许公路标志牌、护栏、信号机、照明等各种设施侵入，各种设施的空间位置必须在路幅组合设计时另作规划安排，如图 3-25 所示。

1. 净高

一般载重汽车的装载高度规定不得超过 3.5 m，外加 1.0 m 的富余高度，净空高度为 4.5 m。现代集装箱的设计高度有所增加，加之各种大型设备运输时有发生，再考虑到路面积雪和路面铺装在养路过程中不断加厚，所以，对汽车专用公路和二级公路的净空高度规定

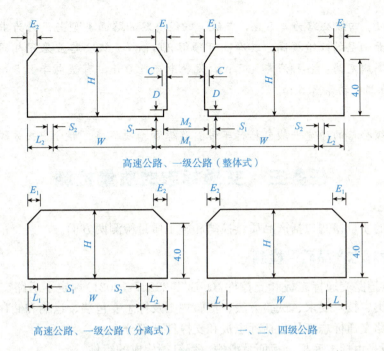

图 3-24 公路建筑界限示意(单位：m)

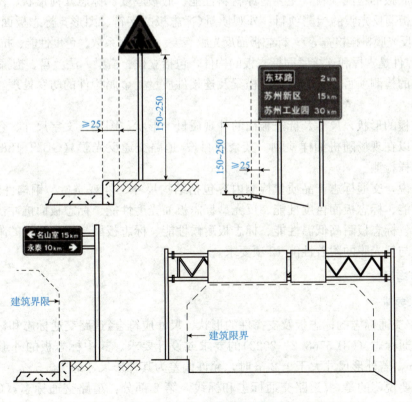

图 3-25 各种支撑的建筑界限

为 5.5 m，三级、四级公路为 4.5 m，三级、四级公路的路面类型若设计为中级或低级路面时，考虑到路面面层的改造提高，其净高可预留 20 cm。一级公路应采用相同的净高。城市道路的最小净高规定为：各种汽车 4.5 m，无轨电车 5.0 m，有轨电车 5.5 m，自行车和行人 2.5 m，其他非机动车 3.5 m。

2. 净宽

高速、一级公路的净宽一般包括行车带、路缘带、硬路肩、部分中央分隔带的宽度。

任务三　交通标志的质量检测

交通标志的质量检测包括产品质量检测和施工质量检测两方面。

一、交通标志产品质量检测

国家标准《道路交通标志板和支撑件》(GB/T 23827—2021)规定了道路交通标志板及支撑件的产品分类、技术要求、试验方法、检验规则及标志、包装、运输和储存。

常规的道路交通标志产品包括标志板和支撑件两部分。

(1)标志板是由标志底板、板面及滑槽、铆钉等构成的组件。

①标志底板的检测项目：主要有原材料性能、底板厚度、标志几何形状、图形及尺寸。

②标志板面反光膜的检测项目：外观质量(标志板的字符、图形；标志板面反光膜缺陷、气泡检查、反光膜拼接检查等)；标志板面反光膜等级、逆反射系数、色度性能、抗冲击性能等。

(2)支撑件是支撑和连接紧固标志板的构件，包括立柱、横梁、法兰盘、抱箍和紧固件等。

支撑件的检测项目：标志立柱、横梁及连接件质量，金属构件的防腐处理，标志板与铝槽连接。

标志底板的形状、尺寸及标志板面的外观质量、形状、图案、文字尺寸、色品坐标及逆反射系数可以在现场随机抽样检测。其余项目按《道路交通反光膜》(GB/T 18833—2012)的规定进行抽样检测。

总体来说，交通标志产品质量检测内容包括结构尺寸、外观质量、钢构件防腐层质量、材料力学性能、标志板面色度性能、反光型标志板面光度性能、标志板面抗冲击性能、耐盐雾腐蚀性能、标志板耐高低温性能、标志板耐候性能、标志板面与标志底板的附着性能、标志板面油墨与反光膜的附着性能 12 项要求。

(一)结构尺寸

1. 技术要求

(1)道路交通标志的标志板及支撑件的形状、尺寸应符合《道路交通标志和标线　第 2 部分：道路交通标志》(GB 5768.2—2022)的要求或设计要求。其中标志板的外形尺寸允许偏差为±5 mm，若外形尺寸大于 1.2 m 时，允许偏差为其外形尺寸的±0.5%。

这里需要说明的是，《道路交通标志和标线　第 2 部分：道路交通标志》(GB 5768.2—2022)引用了《道路交通标志板及支撑件》(GB/T 23827—2021)的条款。

(2)标志底板可采用铝合金板、铝合金挤压型材、钢板、合成树脂类板材等制作，板厚度要求根据材质不同而不同，具体符合以下要求。

①采用铝合金制作标志底板时，厚度不宜小于1.5 mm，大型标志板的厚度应根据设计要求制定。在规定的宽度内，厚度允许偏差应按《一般工业用铝及铝合金板、带材 第3部分：尺寸偏差》(GB/T 3880.3—2024)中规定的范围内。

表3-8　铝合金标志底板厚度允许偏差　　　　　　　　　　　　　　　　　　　mm

厚度(H)	规定的宽度(W)		
	$W \leqslant 1\ 000$	$1\ 000 < W \leqslant 1\ 600$	$1\ 600 < W \leqslant 2\ 500$
$1.2 < H \leqslant 2.0$	±0.1	±0.13	±0.15
$2.0 < H \leqslant 2.5$	±0.13	±0.15	±0.16
$2.5 < H \leqslant 3.0$	±0.15	±0.17	±0.18

②采用挤压成形的铝合金型材制作标志底板时，型材宽度一般不小于30cm；厚度应根据设计要求制定，允许最大偏差应符合国家标准《一般工业用铝及铝合金挤压型材》(GB/T 6892—2023)的要求。

③使用薄钢板制作标志底板时，其厚度不宜小于1.0mm，允许偏差应执行《冷轧钢板和钢带的尺寸、外形、重量及允许偏差》(GB/T 708—2006)。

④采用合成树脂类板材制作标志底板时，其厚度不宜小于3.0mm，允许偏差应符合相关标准规定。

⑤无缝钢管标志立柱的外径、厚度、弯曲度应符合《结构用无缝钢管》(GB/T 8162—2018)的要求；直缝电焊钢管志立柱的外径、厚度、椭圆度应符合《直缝电焊钢管》(GB/T 13793—2016)的要求。

(3)标志底板尽可能使用大尺寸制作，减少接缝，边缘宜进行卷边加固。标志底板的边缘和尖角应适当倒棱，使之呈圆滑状。

2. 检测方法

用目测方法检查结构组成。外形尺寸、铆接间距、板厚、外径、壁厚等应采用直尺、卷尺、游标卡尺、板厚千分尺、壁厚千分尺等量具测量。标志底板与滑槽焊接时的连接强度应按照《金属材料 拉伸试验 第1部分：室温试验方法》(GB/T 228.1—2021)、《金属材料焊缝破坏性试验 横向拉伸试验》(GB/T 2651—2023)、《铝及铝合金铆钉用线材和棒材剪切与铆接试验方法》(GB/T 3250—2017)规定的方法。

(二)外观质量检测

外观质量检测包括缺陷检查、板面不平度测量、板面拼接缝检查三部分内容。

1. 具体要求

(1)标志板的字符、图形等应符合《道路交通标志和标线 第2部分：道路交通标志》(GB 5768.2—2022)规定。在同一块标志板上，标志底板和标志板面所采用的各种材料应具有相容性，不应因电化学作用、不同的热膨胀系数或其他化学反应等造成标志板的锈蚀或其他损坏。

(2)标志板面不应存在以下缺陷：
①裂纹、起皱、边缘剥离；
②明显的气泡、划痕或其他损伤；
③颜色不均匀；
④逆反射性能不均匀。

(3)标志板应平整，表面无明显凹痕或变形，板面不平度不应大于 7 mm/m。

(4)标志板面为反光膜时，拼接符合以下要求：
①面膜宜尽可能减少拼接；当标志板的长度或宽度、直径小于面膜产品最大宽度时，不应有拼接缝。
②当粘贴面膜无法避免接缝时，应按面膜相同的基准标记方向拼接。拼接可分为搭接和平接。搭接时宜为水平接缝，且应为上搭下，玻璃珠型反光膜重叠部分不应小于 5 mm，微棱镜型反光膜重叠部分不应小于 30 mm；平接时宜为垂直接缝，接缝间隙不应超过 1 mm。
③距离标志板边缘 5 cm 之内，不应有贯通的拼接缝。

(5)支撑件应表面光洁、颜色均匀一致，不应有破损、变形、锈蚀、漏镀或其他外观质量缺陷。

2. 标志板板面外观检测方法

(1)标志板字符、图形。用目测方法检查标志板字符、图形是否符合《道路交通标志和标线 第 2 部分：道路交通标志》(GB 5768.2—2022)对字符、图形的规定。

(2)缺陷检查。在夜间黑暗空旷的环境中，距离标志板面 10 m 处，以汽车前照灯远光为光源，垂直照射标志板面，目测标志板面同种材料、同一颜色、不同区域的逆反射性能，如能辨别出明显差异，则逆反射性能不均匀。

其余缺陷应在白天环境照度大于 150 lx 的条件下，目测或用四倍放大镜检查。

(3)板面不平度。标志板面朝上自由放置于一平台上，用钢直尺和塞尺测量板面任意处与直尺之间的最大间隙。

(4)板面拼接。在白天环境照度大于 150 lx 的条件下，目测检查面膜拼接方向并用直尺测量检查搭接宽度或平接间隙。

(5)支撑件表面质量在白天环境照度大于 150 lx 的条件下目测检查支撑件。

(三)钢构件防腐层质量

采用钢构件制作的标志板及支撑件，其防腐层质量满足《公路交通工程钢构件防腐技术条件》(GB/T 18226—2015)的要求。

采用单一热浸镀锌处理时，热浸镀锌量应满足以下规定：

(1)标志底板、滑槽、立柱、横梁、法兰盘等大型构件(钢板厚度 $t \geq 3$ mm)，其镀锌量不低于 600 g/m²；

(2)抱箍、紧固件等小型构件，其镀锌量不低于 350 g/m²。

其他不同防腐处理类型和钢板厚度的防腐要求详见《公路交通工程钢构件防腐技术条件》(GB/T 18226—2015)。

(四)材料力学性能

1. 标志底板

制作标志底板的材料,其力学性能应符合以下要求:

(1)用于标志底板的铝合金板材,其力学性能应满足《一般工业用铝及铝合金板、带材 第2部分:力学性能》(GB/T 3880.2—2024)的规定。用于高等级道路时,标志底板应采用牌号为 5A02-O、5052-O 或相近性能的其他牌号的铝合金板材;对于门架式、悬臂式等大型标志板或用于沿海及多风地区的标志板,宜采用牌号为 3004-O、3104-O 或与 3104-O 相近性能的其他牌号的铝合金板材。

(2)用于制作标志底板及滑槽的挤压成型铝合金型材,其力学性能应满足《一般工业用铝及铝合金挤压型材》(GB/T 6892—2023)的规定,同时应具有轻质、高强、耐蚀、耐磨、刚度大等特点,经拼装后能满足大型标志板的性能要求。宜采用综合性能等于或优于牌号 2024-T3 的铝合金型材。

(3)用于制作标志底板的碳素结构钢冷轧薄钢板、连续热镀锌钢板的力学性能应满足《碳素结构钢冷轧钢板及钢带》(GB/T 11253—2019)或《连续热镀锌和锌合金镀层钢板及钢带》(GB/T 2518—2019)的有关规定。

(4)用于制作标志底板的合成树脂类板材,其力学性能应符合《公路用玻璃纤维增强塑料产品 第5部分:标志底板》(GB/T 24721.5—2023)中的相关要求。

(5)标志底板拼接时,强度应满足设计和材料要求。

2. 支撑件

立柱、横梁、法兰盘、抱箍、紧固件等支撑件的力学性能应满足《结构用无缝钢管》(GB/T 8162—2018)、《直缝电焊钢管》(GB/T 13793—2016)、《碳素结构钢》(GB/T 700—2006)、《紧固件机械性能 螺栓、螺钉和螺柱》(GB/T 3098.1—2010)、《紧固件机械性能 螺母》(GB/T 3098.2—2015)有关设计要求。

材料力学性能按《金属材料 拉伸试验 第1部分:室温试验方法》(GB/T 228.1—2021)、《金属材料焊缝破坏性试验 横向拉伸试验》(GB/T 2651—2023)、《铝及铝合金铆钉线与铆钉剪切试验方法及铆钉线铆接试验方法》(GB/T 3250—2017)、《一般工业用铝及铝合金板、带材 第1部分:一般要求》(GB/T 3880.1—2023)、《紧固件机械性能 螺栓、螺钉和螺柱》(GB/T 3098.1—2010)、《紧固件机械性能 螺母》(GB/T 3098.2—2015)、《公路用玻璃纤维增强塑料产品 第1部分:通则》(GB/T 24721.1—2023)等有关标准的要求进行试验。

(五)标志板面色度性能

色度性能是指标志板面表现的各种颜色,用色品坐标和亮度因数来表示。

1. 技术要求

(1)逆反射式板面黑膜的普通材料色应符合《图形符号 安全色和安全标志》(GB/T 2893)的要求,黑膜色品坐标和亮度因数应符合表 3-9 和图 3-26 的规定。

表3-9 标志版面普通材料色

颜色	色品坐标 光源为标准照明体 D_{65}，观测条件为 45/0								亮度因素
	1		2		3		4		
	x	y	x	y	x	y	x	y	
黑	0.385	0.355	0.300	0.270	0.260	0.310	0.345	0.395	≤0.03

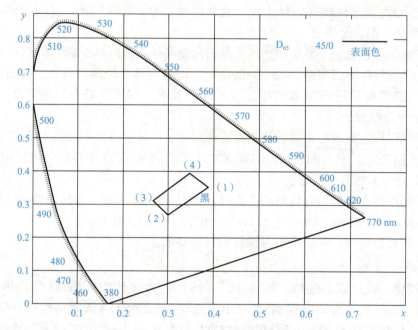

图3-26 标志版面普通材料色颜色范围

(2)逆反射式板面的逆反射材料色(包括丝网印刷或数码打印的反光膜)应符合《道路交通反光膜》(GB/T 18833—2012)中表面色或逆反射色的要求。

(3)反光型标志板面可分为以下两种：

①在白天表现的各种颜色即昼间色或表面色，其色品坐标和亮度因数应符合《道路交通反光膜》(GB/T 18833—2012)的相关规定(表3-10和图3-27)。

表3-10 反光膜颜色(昼间色)

颜色	色品坐标（光源为标准照明体 D_{65}，几何条件 45°a；0°，2°视场角）								亮度因素	
	1		2		3		4		无金属镀层	有金属镀层
	x	y	x	y	x	y	x	y		
白	0.350	0.360	0.305	0.315	0.295	0.325	0.340	0.370	≥0.27	≥0.15
黄	0.545	0.454	0.494	0.426	0.444	0.476	0.481	0.518	0.15～0.45	0.12～0.30
橙	0.558	0.352	0.636	0.364	0.570	0.429	0.506	0.404	0.10～0.30	0.07～0.25
红	0.735	0.265	0.681	0.239	0.579	0.341	0.655	0.345	0.02～0.15	0.02～0.11

续表

颜色	色品坐标 (光源为标准照明体 D_{65}，几何条件 45°a：0°，2°视场角)								亮度因素	
	1		2		3		4		无金属镀层	有金属镀层
	x	y	x	y	x	y	x	y		
绿	0.201	0.776	0.285	0.441	0.170	0.364	0.026	0.399	0.03～0.12	0.02～0.11
蓝	0.049	0.125	0.172	0.198	0.210	0.160	0.137	0.038	0.01～0.10	0.01～0.10
棕	0.430	0.340	0.610	0.390	0.550	0.450	0.430	0.390	0.01～0.09	0.01～0.09
灰	0.305	0.315	0.335	0.345	0.325	0.355	0.295	0.325	0.12～0.18	—
荧光黄绿	0.387	0.610	0.369	0.546	0.428	0.496	0.460	0.540	≥0.60	—
荧光黄	0.479	0.520	0.446	0.483	0.512	0.421	0.557	0.442	≥0.40	—
荧光橙	0.583	0.416	0.535	0.400	0.595	0.351	0.645	0.355	≥0.20	—

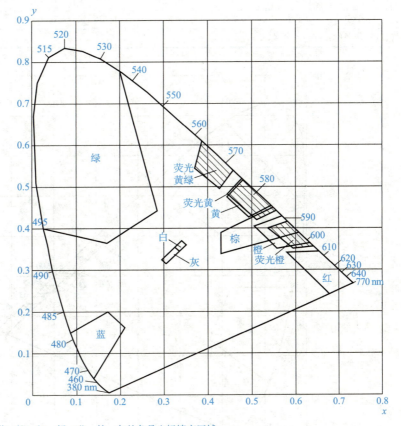

图 3-27 反光膜各种颜色色品图(昼间色)

②反光膜在夜间表现的各种颜色即夜间色或逆反射色，其色品坐标和亮度因数应符合《道路交通反光膜》(GB/T 18833—2012)的相关规定(表 3-11 和图 3-28)。

表 3-11 反光膜颜色(夜间色)

颜色	色品坐标 (光源为标准照明体 A,2°视场角)							
	1		2		3		4	
	x	y	x	y	x	y	x	y
黄	0.513	0.487	0.500	0.470	0.545	0.425	0.572	0.425
橙	0.595	0.405	0.565	0.405	0.613	0.355	0.643	0.355
红	0.650	0.348	0.620	0.348	0.712	0.255	0.735	0.265
绿	0.007	0.570	0.200	0.500	0.322	0.590	0.193	0.782
蓝	0.033	0.370	0.180	0.370	0.230	0.240	0.091	0.133
灰	0.595	0.405	0.540	0.405	0.570	0.365	0.643	0.355
荧光黄绿	0.480	0.520	0.473	0.490	0.523	0.440	0.550	0.449
荧光黄	0.554	0.445	0.526	0.437	0.569	0.394	0.610	0.390
荧光橙	0.625	0.375	0.589	0.376	0.636	0.330	0.669	0.331
注:对白色和灰色的夜间色不作要求								

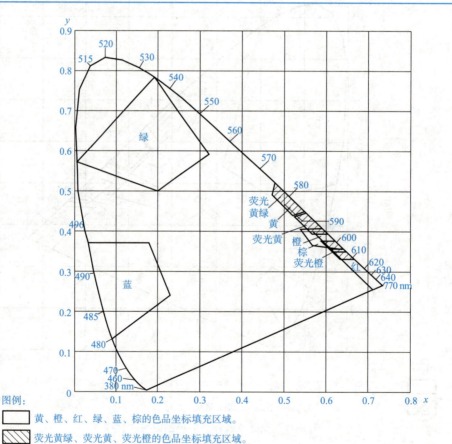

图 3-28 反光膜各种颜色色品图(夜间色)

2. 检测方法

测试标志板面色度性能时，制取 150 mm×150 mm 的单色标志板面试样或直接在需要进行测试的标志板面上按《道路交通反光膜》(GB/T 18833—2012)的要求进行试验。

(六)反光型标志板面的光度性能

目前，高等级公路和主要城市道路使用的标志多为反光型标志，其标志板面采用反光膜材料制作，标志板面光度性能取决于所使用的反光膜光度性能。

反光膜的光度性能以逆反射系数来表示。一般情况下，逆反射系数越高，表示光度性能越好，标志的发现距离越短；但过高的逆反射系数造成字体的渗光和视认的眩目，反而对交通安全造成负面影响。

1. 技术要求

标志板面为反光膜时，逆反射系数值不应低于《道路交通反光膜》(GB/T 18833—2012)相关规定。光度性能反映其在观测方向的发光强度。各类反光膜(包括丝网印刷和贴覆电刻膜后的反光膜)其逆反射系数值不应低于《道路交通反光膜》(GB/T 18833—2012)给出的相应规定。

2. 检测方法

测试标志板面光度性能时，制取 150 mm×150 mm 的单色标志板面试样或直接在需进行测试的标志板面上按《道路交通反光膜》(GB/T 18833—2012)的要求进行试验。常用Ⅳ类、Ⅴ类反光膜的逆反射系数值分别见表 3-12 和表 3-13。

表 3-12　Ⅳ类反光膜

观测角	入射角	最小逆反射系数 R_A/(cd·lx^{-1}·m^{-2})									
		白色	黄色	橙色	红色	绿色	蓝色	棕色	荧光黄绿	荧光黄	荧光橙
0.2°	−4°	360	270	145	65	50	30	18	290	220	105
	15°	265	202	106	48	38	22	13	212	160	78
	30°	170	135	68	30	25	14	8.5	135	100	50
0.5°	−4°	150	110	60	27	21	13	7.5	120	90	45
	15°	111	82	44	20	16	9.5	5.5	88	65	34
	30°	72	54	28	13	10	6.0	3.5	55	40	22
1°	−4°	35	26	12	5.2	4.0	2.0	1.0	28	22	11
	15°	28	20	9.4	4.1	3.0	1.5	0.8	22	17	8.5
	30°	20	15	6.8	3.0	2.0	1.0	0.6	16	12	6.0

表 3-13　Ⅴ类反光膜

观测角	入射角	最小逆反射系数 R_A/(cd·lx^{-1}·m^{-2})									
		白色	黄色	橙色	红色	绿色	蓝色	棕色	荧光黄绿	荧光黄	荧光橙
0.2°	−4°	580	435	200	87	58	26	17	460	350	175
	15°	348	261	120	52	35	16	10	276	210	105
	30°	220	165	77	33	22	10	7.0	180	130	66

续表

观测角	入射角	最小逆反射系数 $R_A/(cd \cdot lx^{-1} \cdot m^{-2})$									
		白色	黄色	橙色	红色	绿色	蓝色	棕色	荧光黄绿	荧光黄	荧光橙
0.5°	−4°	420	315	150	63	42	19	13	340	250	125
	15°	252	189	90	38	25	11	7.8	204	150	75
	30°	150	110	53	23	15	7.0	5.0	120	90	45
1°	−4°	120	90	42	18	12	5.0	4.0	96	72	36
	15°	72	54	25	11	7.2	3.0	2.4	58	43	22
	30°	45	34	16	7.0	5.0	2.0	1.0	36	27	14

(七)标志板面抗冲击性能

标志板在生产、储存、运输、安装和使用过程中可能会受到冲击力的作用。若交通标志板的抗冲击性能差，则容易发生损坏。为此，《道路交通标志板及支撑件》(GB/T 23827—2021)中规定，抗冲击试验后，标志板面在冲击点以外，不应出现裂缝、层间脱落或其他损坏。

检测方法：标志板面抗冲击性能将制取的 150 mm×150 mm 单色标志板面试样朝上或直接在需进行测试的标志板面上按《道路交通反光膜》(GB/T 18833—2012)的要求进行试验。

(八)标志板耐盐雾腐蚀性能

交通标志所使用的材料受到大气环境中盐分的腐蚀，会导致材料性能发生减退，特别是在沿海地区，若发生此类腐蚀，将使交通标志外形损坏，严重时造成标志失效。为此，交通标志具有适宜的耐盐分腐蚀性能非常重要，此类性能一般通过耐盐雾腐蚀性能检验来考察。耐盐雾腐蚀试验后，标志板及支撑构件不应有变色或被侵蚀等破坏痕迹。

检测方法：按《道路交通反光膜》(GB/T 18833—2012)的要求进行试验。

(九)标志板耐高低温性能

标志板应具有适宜的耐高低温性能，这样可以使交通标志板在使用过程中不会由于温度的变化发生标志底板和板面材料破坏或失效。为此，在进行耐高低温试验后，标志板不应出现裂缝、软化、剥落、皱纹、起泡、翘曲或外观不均匀等痕迹。

检测方法：按《道路交通反光膜》(GB/T 18833—2012)的要求进行试验。

(十)标志板耐候性

标志板经连续自然暴露或人工加速老化试验后，其耐候性能应符合以下要求：

(1)标志板不应出现裂隙、刻痕、凹陷、气泡、侵蚀、剥离、粉化或变形等破坏，任何一边的收缩不应大于 0.8 mm，也不应出现反光膜从标志底板边缘翘曲或脱离的现象；

(2)标志板面的各种颜色的色品坐标及亮度因数满足《道路交通反光膜》(GB/T 18833—2012)的规定；

(3)标志板面为反光膜时，在进行油墨印刷或数码打印等其他工艺时，在观测角 0.2°、入射角−4°的条件下，其逆反射系数值应符合《道路交通反光膜》(GB/T 18833—2012)的规定，见表 3-14。

表 3-14 标志底板的耐候性能要求

反光膜	最小逆反射系数 R_A
Ⅰ类	表1的50%
Ⅱ类	表2的65%
Ⅲ类	表3的80%
Ⅳ类	表4的80%
Ⅴ类	表5的80%
Ⅵ类	表6的50%
Ⅶ类	表7的50%

(4)标志底板的材质是合成树脂类板材时,标志底板的耐候性能应符合《公路用玻璃纤维增强塑料产品 第5部分:标志底板》(GB/T 24721.5—2023)的规定。

检测方法:按《道路交通反光膜》(GB/T 18833—2012)的要求进行试验。

(十一)标志板面与标志底板的附着性能

标志板面与标志底板的附着性能主要考察标志板面材料与标志底板之间结合的牢固程度。

(1)反光膜及黑膜在 5 min 后的剥离长度不应大于 20 mm。

(2)涂料与标志底板的附着性能应达到《漆膜划圈试验》(GB/T 1720—2020)中三级以上要求。

检测方法:按《道路交通反光膜》(GB/T 18833—2012)的要求进行试验。

(十二)标志板面油墨与反光膜的附着性能

标志板面上油墨与反光膜的附着牢度检验,其值应大于或等于95%。

检测方法:按《道路交通反光膜》(GB/T 18833—2012)的要求进行试验。

交通标志板各项检测项目汇总见表3-15。

表 3-15 交通标志板检测项目

序号	检测项目	标准、规范
1	外观及结构尺寸	《道路交通标志板及支撑件》(GB/T 23827—2021) 6.2 6.3
2	材料力学性能	《金属材料 拉伸试验 第1部分:室温试验方法》(GB/T 228.1—2021) 11 14 20
		《塑料 拉伸性能的测定 第1部分:总则》(GB/T 1040.1—2018)
		《纤维增强塑料性能试验方法总则》(GB/T 1446—2005) 6
3	标志板面色度性能	《逆反射材料色度性能测试方法 第2部分:荧光反光膜和荧光反光标记材料昼间色》(JT/T 692.2—2022)
		《物体色的测量方法》(GB/T 3979—2008) 5
		《逆反射材料色度性能测试方法 第1部分:逆反射夜间色》(JT/T 692.1—2022)
4	反光型标志板面光度性能	《逆反射体光度性能测量方法》(JT/T 690—2022) 6
		《逆反射体光度性能测量方法》(JT/T 690—2022) 6
5	抗冲击性能	《道路交通反光膜》(GB/T 18833—2012) 6.6

续表

序号	检测项目	标准、规范
6	耐盐雾腐蚀性能	《人造气氛腐蚀试验 盐雾试验》(GB/T 10125—2021) 5
7	耐高低温性能	《道路交通标志板及支撑件》(GB/T 23827—2021) 6.10
8	耐候性能	《塑料 实验室光源暴露试验方法 第2部分：氙弧灯》(GB/T 16422.2—2022) 7 《塑料 太阳辐射暴露试验方法 第2部分：直接自然气候老化和暴露在窗玻璃后气候老化》(GB/T 3681.2—2021)
9	标志板面与标志底板的附着性能	《道路交通反光膜》(GB/T 18833—2012) 6.8
10	交通标志板安装质量及性能测试（含立柱竖直度）	《公路工程质量检验评定标准 第一分册 土建工程》(JTG F80/1—2017) 11.2.2

(十三) 道路交通标志板及支撑件检验规则

道路交通标志产品检验规则包括出厂检验、型式检验、抽样方法和判定规则四部分内容。

1. 出厂检验（厂家自检）

出厂前，应随机抽样，按照表3-16的方法和要求进行出厂检验，合格者附合格证才可出厂。

表3-16 型式检验和出厂检验项目

序号	项目名称	技术要求	试验方法	出场检验	型式检验
1	结构尺寸	5.1	6.2	+	+
2	外观质量	5.2	6.3	+	+
3	钢构件防腐层质量	5.3	6.4	+	+
4	材料力学性能	5.4	6.5	—	+
5	标志板面色度性能	5.5	6.6	+	+
6	标志板面光度性能	5.6	6.7	+	+
7	标志板抗冲击性能	5.7	6.8	—	+
8	耐盐雾腐蚀性能	5.8	6.9	—	+
9	标志板耐高低温性能	5.9	6.10	—	+
10	标志板耐候性能	5.10	6.11	—	+
11	标志板面与标志底板的附着性能	5.11	6.12	—	+
12	标志板面油墨与反光膜的附着性能	5.12	6.13	—	o

注：1. +为检验项目，—为非检验项目。
  2. o为选做项目，当标志板面采用油墨印刷时需进行型式检验。

2. 型式检验

有下列情况之一时，应进行型式检验：
(1)老产品转厂生产时；
(2)停产一年或一年以上的产品再生产时；
(3)正常生产的产品经历两年生产时；
(4)产品结构、材料、工艺有较大改变，可能影响产品性能时；
(5)合同规定时；
(6)国家授权的质量监督部门提出型式检验时。

3. 抽样方法及判定规则

(1)对每批产品进行随机抽样或按《公路交通安全设施质量检验抽样方法》(JT/T 495—2014)进行抽样检测，应至少抽取 3 个样品。
(2)每项试验应至少检测 3 次(宜在不同试样上进行)，取其平均值为检测结果。结果判定应符合如下规定：
①检测数据全部符合标准要求，则判定该批产品合格。
②检测数据有一项不符合标准要求，抽取双倍数量的产品对该项指标进行复检。若复检合格，则判定该批产品合格；若复检不合格，则判定该批产品不合格。

(十四)标志、包装、运输和储存

(1)标志板应在适当位置清晰、耐久地标记如下内容：
①生产厂商的名称、商标和地址；
②执行标准(文件编号)；
③标志板的类别；
④生产日期及批号等。
(2)标志板及支撑件装箱时，应随箱附有产品使用说明及产品质量等级检验合格证。使用说明包括装配和安装说明、使用和维修说明及使用地点限制的说明等内容。检验合格证包括各种材质、牌号、状态及反光膜类别等内容。
(3)包装、运输和储存符合以下要求：
①标志板在装箱前应逐件包装，对形状尺寸相同的标志板，可每两件成组包装。标志板面应使用软衬垫材料等保护措施，避免搬运中出现表面划伤或其他损伤。
②标志板应存放在室内干燥通风处，储存期不宜超过一年。

二、交通标志板面材料(反光膜)检测

国家标准《道路交通反光膜》(GB/T 18833—2012)规定了道路交通反光膜的产品分类、技术要求、试验方法、检验规则及标志、包装、运输和储存。

检测项目包括外观质量、光度性能、色度性能、抗冲击性能、耐弯曲性能、附着性能、收缩性能、防粘纸可剥离性能、抗拉荷载、耐溶剂性能、耐盐雾腐蚀性能、耐高低温性能、耐候性能等，随机抽取整卷为产品试样，整卷中随机截取相应尺寸作为试样。

(一)一般要求

(1)反光膜通常应以成卷的形式供货。反光膜应均匀、平整、紧密地缠绕在一刚性的圆芯上,不应有变形、缺损、边缘不齐或夹杂无关材料等缺陷。

(2)每卷反光膜长度一般不应少于45.72 m。整卷反光膜宽度方向不能拼接,长度方向的接头不应超过3处,在成卷膜的边缘应可看到拼接处。每拼接一处应留出0.5 m反光膜的富余量。每段反光膜的连续长度不应小于10 m。

(3)反光膜应具有颜色的可印刷性能,常温环境下采用与反光膜相匹配的油墨及印刷方式,可对反光膜进行各种颜色的印刷。

(4)除白色外的其他各种颜色的反光膜,也可通过将彩色透明面膜(称为"电刻膜")贴覆在白色反光膜上的方式形成。

(二)反光膜试验检测项目

检测项目包括外观检查、色度性能、光度性能(逆反射系数)、抗冲击性能、附着性能、防粘纸可剥离性能、耐溶剂性能、耐弯曲性能等。具体技术指标见表3-17。

表3-17 交通标志板反光膜检测项目

序号	检测项目	标准、规范
1	外观质量	《道路交通反光膜》(GB/T 18833—2012) 6.3
2	光度性能	《逆反射体光度性能测量方法》(JT/T 690—2022) 6
3	色度性能(表面色)	《逆反射材料色度性能测试方法 第2部分:荧光反光膜和荧光反光标记材料昼间色》(JT/T 692.2—2022)
		《物体色的测量方法》(GB/T 3979—2008) 5
4	抗冲击试验	《道路交通反光膜》(GB/T 18833—2012) 6.6
5	耐弯曲性能	《道路交通反光膜》(GB/T 18833—2012) 6.7
6	附着性能	《道路交通反光膜》(GB/T 18833—2012) 6.8
7	收缩性能	《道路交通反光膜》(GB/T 18833—2012) 6.9
8	防粘纸可剥离性能	《道路交通反光膜》(GB/T 18833—2012) 6.10
9	抗拉荷载	《道路交通反光膜》(GB/T 18833—2012) 6.11
10	耐溶剂性能	《道路交通反光膜》(GB/T 18833—2012) 6.12
11	耐盐雾性能	《人造气氛腐蚀试验 盐雾试验》(GB/T 10125—2021) 5
12	耐高低温性能	《道路交通反光膜》(GB/T 18833—2012) 6.14
13	耐候性能	《塑料 实验室光源暴露试验方法 第2部分:氙弧灯》(GBT 16422.2—2022) 7
		《塑料 太阳辐射暴露试验方法 第2部分:直接自然气候老化和暴露在窗玻璃后气候老化》(GB/T 3681.2—2021)

注:色度性能(表面色)包括:①反光膜在白天表现的各种颜色,即昼间色或表面色,其色品坐标和亮度因数应符合规范要求;②反光膜在夜间表现的各种颜色,即夜间色或逆反射色,其色品坐标和亮度因数应符合规范要求。

1. 试样准备

(1)试样制备。试样按以下方法抽取和准备:

①随机抽取整卷反光膜试样；

②从整卷反光膜试样中，随机沿幅宽裁取 1m 反光膜，沿对角线从其左、中、右位置分别裁取反光膜试样，并按生产厂商提示在背面做出基准标记。

(2)测试条件。

①试样测试前，应按《塑料 试样状态调节和试验的标准环境》(GB/T 2918—2018)的规定，在温度为 23 ℃±2 ℃、相对湿度为 50%±10% 的环境中放置 24 h 以上，然后进行各项测试工作。

②测试工作宜在温度为 23 ℃±2 ℃、相对湿度为 50%±10% 的环境中进行。

2. 外观质量

(1)技术要求。反光膜应有平滑、洁净的外表面，不应有明显的划痕、条纹、气泡、颜色及逆反射不均匀等缺陷，其防粘纸不应有气泡、皱折、污点或杂物等缺陷（一般正规产品有正反面，产品上有厂家标记）。采用标准：《道路交通反光膜》(GB/T 18833—2012)。

(2)试验方法。在光照度不低于 150 lx 的环境中将反光膜自由平放在一平台上，在 1 m 的距离内，面对反光膜或防粘纸进行目测检查。

【光照度】

光照度简称照度，其计量单位的名称为"勒克斯"，简称"勒"，是英文 lux 的音译，也可写为 lx，表示被摄主体表面单位面积上受到的光通量。表 3-18 是各种环境照度值。

表 3-18 各种环境照度值表   lux

场所	环境光照度
晴天	30 000~130 000
晴天室内	100~1 000
阴天	3 000~10 000
阴天室外	50~500
阴天室内	5~50
黄昏室内	10
日出日落	300
黑夜	0.001~0.02
室内日光灯	100
电视台演播室	1 000
黑白电视机荧光屏	120
彩色电视机荧光屏	80
阅读书刊时所需的照度	50~60

2. 光度性能

(1)技术要求。光度性能通常以逆反射系数来表示。各类反光膜其逆反射系数不应低于《道路交通反光膜》(GB/T 18833—2012)中表 1~表 7 给出的相应类别的规定。公路上标志反光膜通常采用Ⅳ类即超强级反光膜。

(2)试验方法。裁取 150 mm×150 mm 的单色反光膜试样,按《逆反射光度性能测量方法》(JT/T 690—2022)规定的比率法、替代法(仪器测定)或直接发光强度法(暗室),测试反光膜的逆反射系数。常用方法仪器测定,如图 3-29 所示。

3. 色度性能

色度性能是指反光膜在白天、夜间表现的各种颜色。

(1)表面色或昼间色(白天):标准照明体 D_{65} 模仿太阳光,色温为 6 500 K。

(2)夜间色或逆反射色(夜间):标准照明体 A 模仿汽车灯,色温为 2 856 K。

光的三原色为红、绿、蓝,其他颜色均是由三原色按一定比例混合而成的。

(1)技术要求。表面色或昼间色(白天)和夜间色或逆反射色(夜间),其色品坐标和亮度因数均应在《道路交通反光膜》(GB/T 18833—2012)中表 8 和表 9 给出的规定值[表 8 为反光膜颜色(昼间色)、表 9 为反光膜颜色(夜间色)]。

(2)试验方法。色度性能用色度测定仪测定,如图 3-30 所示。

图 3-29　光度性能测试仪

图 3-30　色度性能测试仪

①裁取 150 mm×150 mm 的单色反光膜试样,采用《标准照明体和几何条件》(GB/T 3978—2008)规定的 CIE 标准照明体 D_{65} 光源,测量的几何条件取 45°α:0°,分别按《物体色的测量方法》(GB/T 3979—2008)和《逆反射材料色度性能测试方法 第 2 部分:荧光反光膜和反光标记材料昼间色》(JT/T 692.2—2022)规定的方法,测得各种反光膜昼间色的色品坐标和亮度因数。

②裁取 150 mm×150 mm 的单色反光膜的试样,采用现行《标准照明体和几何条件》(GB/T 3978—2008)规定的 CIE 标准照明体 A 光源,入射角 0°、观测角 0.2°的照明观测条件,《逆反射材料色度性能测试方法》(JT/T 692—2022)规定的方法,测得各种反光膜夜间色的色品坐标。

表面色或昼间色(白天)和夜间色或逆反射色(夜间),其色品坐标和亮度因数均应在《道路交通反光膜》(GB/T 18833—2012)表 8 和表 9 给出的定值中。

4. 抗冲击性能

(1)技术要求。反光膜应具备抗冲击性能,试验后,在受到冲击的表面以外,不应出现裂缝、层间脱离或其他损坏。

(2)试验方法。裁取 150 mm×150 mm 反光膜试样,将反光面朝上,水平放置在要求的仪器钢板上。在试样上方 250 mm 处,让一个质量为 450.0 g ±4.5 g 的实心钢球自由落下,冲击试样中心部位，然后检查被冲击表面的变化。

5. 耐弯曲性能

(1)技术要求。反光膜应能承受适度弯曲，试验后，表面不应出现裂缝、剥落或层间分离等损坏。

(2)试验方法。裁取 230 mm×70 mm 的反光膜试样，使用符合要求的测试仪器，在 1 s 内，将试样防粘纸朝里，沿长度方向绕直径 3.20 mm±0.05 mm 的圆棒进行对折弯曲。如需要，可在试样粘结剂表面撒上适量的滑石粉进行测试。然后放开试样，检查其表面的变化。

6. 附着性能

(1)技术要求。反光膜背胶应有足够的附着力，且各结构层间结合牢固，试验后，在 5 min 后的剥离长度不应大于 20 mm。

(2)试验方法。裁取 25 mm×200 mm 的反光膜试样，从一端去除 100 mm 长的防粘纸露出背胶，按生产厂商的使用说明，将其粘贴在 50 mm×200 mm、1.0～2.0 mm 厚并经适当打磨清洗过的铝合金板上，其余 100 mm 余留，制成附着性能试样，尺寸如图 3-31 所示。

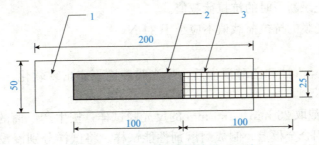

图 3-31　附着性能试样(单位：mm)

1—铝合金底板；2—反光膜粘贴部分；3—反光膜余留部分

将试样反光膜朝下，平放在要求的仪器上，如图 3-32 所示。反光膜的余留端上悬挂 800 g±4 g 的重锤，与试样板面成 90°下垂。5 min 后，测出反光膜被剥离的长度 L。

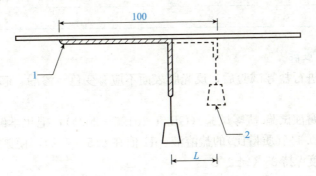

图 3-32　附着性能试验(单位：mm)

1—反光膜试样；2—重锤

7. 收缩性能

(1)技术要求。试验后，反光膜不应出现明显收缩，任何一边的尺寸在 10 min 内，其收缩不应超过 0.8 mm；在 24 h 内，其收缩不应超过 3.2 mm。

(2)试验方法。裁取 230 mm×230 mm 的反光膜试样，去除防粘纸，将试样黏结面朝上，水平放置在一平台表面。在防粘纸去除后 10 min 和 24 h 时，分别测出反光膜试样的尺寸变化。

8. 防粘纸可剥离性能

(1)技术要求。试验后，反光膜无须用水或其他溶剂浸湿，防粘纸即可方便地手工剥下，且无破损、撕裂或从反光膜上带下粘结剂等损坏出现。

(2)试验方法。裁取 25 mm×150 mm 的反光膜试样，在其上放置要求的 6 600 g±33 g 重物，使反光膜受到 17.2 kPa 的压力，然后置于 70 ℃±2 ℃ 的空间里放置 4 h。取出反光膜，在标准测试条件下使之冷却到室温。用手剥去防粘纸，进行检查。

9. 抗拉荷载

裁取 25 mm×150 mm 的反光膜试样，撕去中间 100 mm 的防粘纸，装入精度为 0.5 级的万能材料试验机夹紧装置中，在试样宽度上负荷应均匀分布。开启试验机，以 300 mm/min 的速度拉伸，分别记录断裂时的抗拉荷载值。

Ⅰ类和Ⅱ类反光膜的抗拉荷载值不应小于 24 N。

10. 耐溶剂性能

(1)技术要求。经汽油和乙醇浸泡后，反光膜表面不应出现软化、皱纹、渗漏、起泡、开裂或被溶解等损坏。

(2)试验方法。裁取 25 mm×150 mm 的反光膜试样，按生产厂商的使用说明，粘贴在 1.0～2.0 mm 厚的铝合金板上，制成耐溶剂性能试样。将试样分别浸没在汽油和乙醇溶剂(表 3-19)中，到规定的时间后取出，室温下在通风橱内干燥，检查其表面变化。

表 3-19 溶剂试验

溶剂	浸渍时间/min	备注
汽油	10	标准车用汽油
乙醇	1	—

11. 耐盐雾腐蚀性能

(1)技术要求。进行盐雾试验后，反光膜表面不应有变色、渗漏、起泡或被侵蚀等损坏。

(2)试验方法。

①按《人造气氛腐蚀试验 盐雾试验》(GB/T 10125—2021)，把化学纯的氯化钠溶于蒸馏水，配制成 5.0%±0.1%(质量比)的盐溶液(pH 值在 6.5～7.2)，使该盐溶液在盐雾试验箱内连续雾化，箱内温度保持 35 ℃±2 ℃。

②裁取 150 mm×150 mm 的反光膜试样，按生产厂商的使用说明，粘贴在 1.0～2.0 mm 厚的铝合金板上，制成盐雾腐蚀试样。

③将试样放入试验箱内，其受试面与垂直方向成 30°角，相邻两样板保持一定的间隙，行间距不少于 75 mm，试样在盐雾空间连续暴露 120 h。试验结束后，用清水洗掉试样表面的盐沉积物，然后置于标准环境条件下恢复 2 h，进行全面检查。

12. 耐高低温性能

(1)技术要求。进行高低温试验后,反光膜表面不应出现裂缝、软化、剥落、皱纹、起泡、翘曲或外观不均匀等损坏。

(2)试验方法。

①裁取 150 mm×150 mm 的反光膜试样,按生产厂商的使用说明,粘贴在 1.0～2.0 mm 厚的铝合金板上,制成高低温试样。

②将试样放入试验箱内,开动冷源,将箱内温度逐渐降至 -40 ℃±3 ℃,使试样在该温度下保持 72 h;关闭电源,使试验箱自然升至室温;再将试验箱升温至 70 ℃±3 ℃,并在该温度下保持 24 h;最后关闭电源,使试验箱自然冷却至室温,取出试样,在标准测试条件下放置 2 h 后,检查其表面的变化。

13. 耐候性能

(1)试验时间。反光膜各类别的自然暴露试验和人工加速老化试验时间见表3-20。

(2)自然暴露试验。按《塑料 太阳辐射暴露试验方法 第1部分:总则》(GB/T 3681.1—2021),将尺寸不小于 150 mm×250 mm 的试样安装在至少高于地面 0.8 m 的暴晒架面上,试样面朝正南方,与水平面呈当地的纬度角或 45°±1°。试样表面不应被其他物体遮挡阳光,不得积水。暴露地点的选择尽可能近似实际使用环境或代表某一气候类型最严酷的地方。

试样开始暴晒后,每 1 个月做 1 次表面检查,半年后,每 3 个月检查 1 次,直至达到规定的暴晒期限,进行最终检查,并进行有关性能测试。

表 3-20 耐候性能试验时间

反光膜级别	自然暴露试验/月	人工加速老化试验/h
Ⅰ类	24	1 200
Ⅱ类	36	1 800
Ⅲ类	36	1 800
Ⅳ类	36	1 800
Ⅴ类	36	1 800
Ⅵ类	12	600
Ⅶ类	12	600

注:各类反光膜仅用于临时性交通标志和作业施工时,自然暴露时间一般为 12 个月,人工加速老化试验时间一般为 600 h。

(3)人工加速老化试验。按《塑料 实验室光源暴露试验方法 第2部分:氙弧灯》(GB/T 16422.2—2022),老化试验箱采用氙弧灯作为光源,箱内黑板温度选择 65 ℃±3 ℃,相对湿度选择 50%±5%。

试样的尺寸可根据试验箱的要求来选定,一般为 65 mm×142 mm。

老化试验箱在光谱波长 290～800 nm 的辐照度为 550 W/m^2,在光谱波长 290～2 450 nm 的总辐照度不超过 1 000 W/m^2±100 W/m^2,试样表面任意两点之间的辐照度差别不应大于 10%。

试验过程连续光照，周期性喷水，喷水周期为 120 min，其中 18 min 喷水、102 min 不喷水。

经过规定时间老化试验后的试样，用清水彻底冲洗，用软布擦干后进行各种检查及有关性能测试。

(三)反光膜产品检验规则

反光膜质量的检验规则包括出厂检验、型式检验两种方式。

1. 出厂检验(厂家自检)

每批反光膜产品出厂前，应随机抽样，按表 3-21 的要求进行自检，以保证出厂产品质量符合标准《道路交通反光膜》(GB/T 18833—2012)的要求。每批产品的数量不得超过 3 000 m²。

表 3-21 出厂检验要求

序号	检测项目	技术要求	测试方法
1	外观质量	5.2	6.3
2	光度性能	5.3	6.4
3	色度性能	5.4	6.5
4	抗冲击性能	5.5	6.6
5	耐弯曲性能	5.6	6.7
6	附着性能	5.7	6.8
7	收缩性能	5.8	6.9
8	防粘纸剥离性能	5.9	6.10
9	耐溶剂性能	5.11	6.12

2. 型式检验

反光膜生产厂在发生下列情况之一时，应按测试方法进行型式检验：

(1)新产品投入批量生产前；

(2)老产品转厂生产时；

(3)停产 1 年或 1 年以上的产品再生产时；

(4)正常生产的产品每经历 1 年生产时；

(5)产品的设计、工艺或材料的改变影响产品性能时；

(6)需方或质量监督检验部门提出要求时。

3. 抽样方法

型式检验应随机抽取样品，按国家标准《道路交通反光膜》(GB/T 18833—2012)中规定的测试方法进行全部性能试验(耐候性能试验可每 4 年进行一次)。

4. 判定规则

(1)《道路交通反光膜》(GB/T 18833—2012)规定的每项性能试验，至少取样 3 个，在试样测试结果全部合格的基础上，以3个(或3个以上)试样测试结果的算术平均值为试验结果。

(2)若某一试样的测试结果不符合标准要求，则应从同一批产品中再抽取双倍数量的试样进行该项目的复测。若复测结果全部合格，则整批产品合格；若复测结果(包括该项试验所要求的任一指标)有不合格项，则整批产品为不合格产品。

5. 标志、包装、运输及储存

(1)标志。

①在反光膜的正面或防粘纸的背面，应有清晰、耐久的制造厂商的名称、商标或其他代表性的符号标记。如撕去防粘纸后不易辨认，则应在反光膜的正面进行适当标识，也可增加反光膜的类别、批号等产品标识。

②在每卷反光膜包装盒外，应有中文说明，标明盒内所装反光膜的种类、数量、颜色、生产日期、批号等情况。

(2)包装。

①成卷包装反光膜，每卷应采用符合环保要求的材料包装后，再通过支架悬空放置于纸盒内。

②对于每卷反光膜产品，厂方应提供使用说明书、产品检验合格报告或证书等证明材料。

(3)运输及储存。

①纸盒应有足够的强度和刚度，能保护反光膜在运输、储存中免受损伤。

②反光膜应储存在通风、干燥的室温条件下，储存期不宜超过1年。

三、交通标志施工质量检测

(一)基本要求

进场的交通标志产品经具有一定资质的检测机构，取得合格证并经工地检验确认满足设计要求后方可使用。这是保证施工质量的前提。

标志定位与基础设置所有交通标志均应按设计文件的要求确定设置位置，标志桩号不能随意更改。如果在规定位置设置有困难时，在不影响标志视认性情况下，位置可以做适当调整。

(二)施工过程

交通标志施工工序：基础定位放样、基坑开挖、基础混凝土浇筑、标志立柱安装、标志板安装。

1. 放样

根据图纸设计，确定基础位置，按基础大小做好标记。

(1)标志位置如处于中央带开口处、高压线下、天桥后不足300 m或与交通机电工程可变情报板互相遮挡，应及时反馈给设计代表，待确定后再继续施工。

(2)当基础位于超高挖方路段时，如标志基础先于排水设施施工，需要与路面施工单位沟通协调，在标志基础内相应位置预埋排水管，排水管由路面施工单位提供。如迟于排水设施施工，则应注意保护、不得破坏排水设施。

2. 基坑开挖

按放样位置及尺寸开挖基础坑。

3. 模板及钢筋安装

基坑成形后，按设计尺寸组装模板，加固，校准，将加工后的钢筋在基坑内绑扎、固定，将法兰盘吊装在基坑中心，固定，地脚螺栓安装在法兰盘上。

4. 浇筑基础

用罐车将混凝土运送到施工现场，浇筑混凝土。施工结束，待模板拆除后，土方回填时需夯填，同时必须保持原坡比。

5. 标志立柱安装

基础混凝土强度达到设计强度80%，并得到监理工程师的批准后，开始安装标志立柱，要求安装合理，不得扭斜，抱箍、底衬牢固可靠。标志立柱结构整个安装过程应以高空起重机为工具，不允许施工人员在悬臂横梁上作业。悬臂标志的预拱度为40 mm。

6. 加工标志板

根据标志板的设计尺寸对铝板进行剪裁或切割，然后进行打磨，使标志板的边缘整齐、方正，不存在锐角或毛刺。

7. 反光膜加工

将反光膜用计算机刻字机刻出设计要求的板面文字、符号及图形，然后用贴膜机把刻出的文字、字母等粘贴在标志板上，避免产生气泡。贴膜在贴膜室粘贴，室内清洁，设有空调，保持恒温。

8. 标志板运输

经自检合格后，把标志板摆放在防雨栅里的标志架上。摆放时，每块标志板都要用胶角包裹，以免板面划伤，避免日晒、雨淋等，然后用车运输至现场。

9. 标志板安装

标志板运输到现场进行安装。安装时把起重机的钢丝绳换成麻绳进行吊装，以免板面变形。安装标志牌，把托板固定在标志板的后面，再用螺栓把托板固定在立柱上。然后调整板面的角度，直至符合要求。安装标志板时，应事先获得监理工程师的批准。标志的紧固方法应符合图纸的要求。

交通标志施工质量过程控制项目见表3-22。

表3-22 交通标志施工质量过程控制项目

项次	检查项目	规定值或偏差	检查方法和频率
1	标志面反光膜逆反射系数/(cd·lx^{-1}·m^{-2})	满足设计要求	逆反射系数测试仪：每块板每种颜色测3点
2	标志板下缘至路面净空高度/mm	+100，0	经纬仪、全站仪或尺量：每块板测2点

续表

项次	检查项目	规定值或偏差	检查方法和频率
3	柱式标志板、悬臂式和门架式标志立柱的内边缘距土路肩边缘线距离/mm	满足设计要求	尺量：每处测1点
4	立柱竖直度/(mm·m^{-1})	≤3	垂线法：每根柱测2点
5	基础顶面平整度/mm	≤4	尺量：对角拉线测最大间隙，每个基础测2点
6	标志基础尺寸/mm	+100，-50	尺量：每个基础长度、宽度各测2点

任务实施

本部分为学生试验环节，让学生根据前面的介绍自己动手对交通标志板及反光膜进行试验检测。

交通标志的产品检测项目包括外观质量、光度性能、色度性能、抗冲击性能、耐弯曲性能、附着性能、收缩性能、防粘纸可剥离性能、抗拉荷载、耐溶剂性能、耐盐雾腐蚀性能、耐高低温性能、耐候性能13项。其中，外观质量、光度性能、色度性能、抗冲击性能、耐弯曲性能、附着性能可以根据前述内容介绍进行试验检测，并对这些指标进行数据计算和结果判定。

能力测试题

1. 道路交通标志分为哪几类？
2. 交通标志有哪几种支撑方式？
3. 交通标志板检测的项目有哪些？检测方法与技术要求各有哪些规定？
4. 交通标志施工质量检测有哪些项目？
5. 反光膜产品标准的检测项目、检测方法和技术要求有哪些？

项目四 交通标线质量检测

学习内容

任务一介绍交通标线基础知识,包括国内外交通标线的发展、交通标线的作用、交通标线的分类、交通标线要素;任务二介绍交通标线涂料组成、路面标线涂料种类、标线涂料的质量检测、玻璃珠质量要求及质量检测;任务三介绍交通标线施工、交通标线检测内容及方法。

学习目标

专业知识目标
(1)了解交通标线的作用、分类、设计原则。
(2)熟悉交通标线涂料组成、交通标线要素和材料。
(3)掌握交通标线涂料、玻璃珠质量检测内容和方法,以及标线质量要求、检验项目和方法。

专业能力目标
(1)具有探究学习、终身学习、分析问题和解决问题的能力。
(2)具有基本的材料试验与检测能力,能够独立完成交通标线涂料、玻璃珠质量检测工作。
(3)具有基本的交通标线验收与评定能力,能够完成标线质量检测、参与竣工验收等工作。
(4)具有试验数据分析、处理的能力,能够撰写相关试验报告及结论评定。

职业素养目标
具有良好的职业道德和职业素养;具有质量意识、环保意识、安全意识、工匠精神。

任务一 交通标线基础知识

道路交通标线是一种方便、简单、实用、经济的道路交通安全设施,人们亲切地称其为道路交通安全的生命线。它是由施划或安装于道路上的各种线条、箭头、文字、图案及立面标记、实体标记、突起路标等所构成的交通设施。

交通标线的作用是向道路使用者传递有关道路交通的规则、警告、指引等信息。交通标线可以与标志配合使用，也可以单独使用。交通标线可以提供其他设施无法表达的禁令、警告和指路信息。

一、道路交通标线的起源和发展

(一)国外交通标线的发展

道路交通标线诞生于 1924 年，美国加利福尼亚州在 99 号国家公路上进行了分道线试验，结果行车秩序井然，交通事故锐减。其后，美国各州普遍采用公路分道线办法，世界各国也相继推广此法，并将其纳入交通立法中。

随着道路的拓宽，交通管理部门不仅在道路中央施划标线隔离对向交通，也在同向施划道路交通标线对同向交通加以隔离，对道路交通标线的作用和功能进行了细化和丰富，从而保障同方向行驶车辆安全。随后，交通标线在单实线基础上逐渐补充了虚线和双实线，颜色也从单纯白色变为现在的白、黄、红、橙和蓝等。

(二)我国交通标线的发展过程

我国的道路交通标线研究始于 20 世纪 50 年代，当时设置的道路交通标线非常简单，仅有路面中心线、人行横道线等几种简单的标线。我国对道路交通标线进行规范始于 1955 年公安部发布《城市交通规则》，1972 年交通部、公安部联合发布了《道路交通规则》。

随着交通运输和交通管理技术的发展，20 世纪 80 年代初，交通部制定了《公路标志及路面标线》标准，各大城市也分别制定了《道路交通管理暂行规则》，其中包括《道路交通标线图例》。1986 年，由交通运输部公路科学研究院等单位编制完成了第一部全国统一的《道路交通标志和标线》(GB 5768—1986)，其后分别在 1999 年、2009 年和 2022 年进行了修订。

到目前为止，我国基本建立了与世界发达国家水平相接近的交通标线系统。2009 年版的《道路交通标志和标线》标准充分考虑了我国道路交通及道路交通标线设置的特点，借鉴了国外的先进技术和经验，结合了道路交通标线材料、工艺和结构类型的最新发展，在此基础上，以道路交通标线的设计、管理及道路使用者为主要对象，对道路交通标线的形状、尺寸、图形符号、材料、结构及设计等作了一系列的规定。

在质量控制方面，交通部于 1995 年颁布了《路面标线涂料》行业标准，对标线的原材料进行了规范。1996 年颁发实施的国家标准《道路交通标线质量要求和检测方法》(GB/T 16311—1996)，对高速公路的施工质量控制起到了积极的促进作用，效果显著。2009 年完成了国家标准《道路交通标线质量要求和检测方法》(GB/T 16311—2009)，并于 2010 年 4 月 1 日开始实施。

(三)道路交通标线材料的发展过程

国外道路交通标线材料最早使用可以追溯到 20 世纪 20 年代，而我国道路交通标线材料于 20 世纪 80 年代中后期才真正形成产业。伴随着我国公路建设的大发展，近十几年来道路交通标线材料研究和生产发展迅速。

由于高速公路建设和城市道路建设的快速推进，交通标线及其原材料也得到迅速发展，标线的类型除原有的常温溶剂型、加热溶剂型、热熔型及热熔反光型外，还开发了环保的水性涂料标线和双组分涂料标线。

此外，交通管理部门为减少路面打滑而造成的交通事故，对标线的抗滑性能也提出了要求。具有振动功能的突起结构型振动反光标线、道路预成形标线带、彩色防滑路面标线、全天候雨夜标线、视错觉标线等相继开发并获得应用，这些新品种的开发不仅更有效地发挥了道路交通标线的作用和功能，也更符合资源节约和环境友好的发展方向，提高了交通安全管理水平。

新技术新材料的应用进一步推进了相关标准的发展：

(1)路面标线涂料的标准先后经历了《路面标线涂料》(JT/T 280—1995)、《路面标线涂料》(JT/T 280—2004)及《路面标线涂料》(JT/T 280—2022)三次修订。

(2)路面标线用玻璃珠标准先后经历了《路面标线用玻璃珠》(GB/T 24722—2009)和《路面标线用玻璃珠》(GB/T 24722—2020)两次修订。

(3)行业标准《道路预成形标线带》(JT/T 493—2003)中对标线的色度性能进行了规定，颜色包括白色和黄色两种颜色。《道路预成形标线带》(GB/T 24717—2009)增加了红色、橙色和蓝色三种颜色，共五种颜色。

(4)道路预成形标线带产品属于一种特种标线材料，在工厂制作成形，施工时直接粘贴在路面上。由于标线带表面涂布有玻璃珠，因此可反光。道路预成形标线带可分为长效标线带和临时标线带两大类。

①长效标线带是指铺设在每条车道平均日交通总量不大于 15 000 pcu 的路面上、使用寿命达到 12 个月以上的标线带。长效标线带根据其初始逆反射亮度系数的大小分为Ⅰ级反光和Ⅱ级反光两种类型。

a. Ⅰ型长效标线带是指标线带无预涂胶，使用时涂敷液态粘结剂。

b. Ⅱ型长效标线带是指标线带预涂压敏胶，使用时可预备或不预备粘结剂或底胶。

②临时标线带是指铺设在每条车道平均日交通总量不大于 15 000 pcu 的路面上、使用寿命达到 3 个月以上的标线带。临时标线带根据可清除的方便程度分为两种类型。

a. Ⅰ型(可清除)标线带。材料使用期限超过预计的有限寿命之后，可以用人工或机械手段，在 4 ℃以上环境下从沥青或水泥混凝土路面整块或以大于 60 cm 的碎片除去，不应使用加热、溶解、击碎或炸开等破坏性手段，以免在路面留下痕迹。

b. Ⅱ型(不可清除)标线带。材料不具备可清除的特性。

标准车当量数(Passenger Car Unit，PCU)，PCU 也称为当量交通量，是将实际的各种机动车交通量按一定的折算系数换算成某种标准车型的当量交通量。

二、道路交通标线的作用和功能

(一)道路交通标线的作用和功能

具体地讲，道路交通标线主要具有以下 4 个方面的作用和功能。

1. 分隔交通

通过在道路上施划的道路交通标线，可实现车辆与行人分离、机动车与非机动车分离、不同种类车辆的分离、不同行驶方向车辆的分离和不同行驶速度车辆的分离,从而保证车辆、行人各行其道,提高道路通行能力和减少交通事故。

2. 渠化平交路口交通

在平交路口施划道路交通标线,可渠化平交路口交通,充分利用空间和时间,引导车辆和行人各行其道,减少交通阻塞,保障交通畅通。

3. 指示和预告前方路况

交通标线可以将前方路况的特点与信息及时指示和预告给交通参与者,当道路交通标线与道路交通标志或交通信号配合使用时,不仅可以提高交通参与者的注意力,而且可以起到指引方向的作用,保障交通安全。

4. 执法和守法依据

道路交通标线使交通参与者的交通行为规范化,它不仅是交通参与者的守法依据,而且是管理部门对交通违章、违法行为和交通事故进行处理的法律依据。

(二)对道路交通标线的要求

要想实现上述道路交通标线的作用和功能,就要对交通标线可见性、耐久性、施工性等有严格的要求,具体内容如下:

(1)车辆行驶时,无论是白天或黑夜,都能由于光泽和色彩的反衬清晰地识别与辨认路面标线;

(2)无论是沥青路面还是水泥混凝土路面,标线涂料必须保持与路面之间紧密结合,在一定时期内,不会因为车辆和行人的来往通行而剥落;

(3)标线涂料应具有优良的耐久性,能经受车轮长久的磨耗,不会产生明显的裂缝;

(4)标线涂料应具有很好的防滑性能,车辆驶过标线时产生较小的噪声和振动;

(5)标线涂料的原料容易获得,价格便宜,涂敷作业安全、无毒、无污染。

(三)交通标线的一般规定

1. 公路交通标线的设置要求

(1)交通标线的设置应与交通组织及交通运行情况相匹配。

(2)交通标线应与公路几何设计相协调。

(3)交通标线应与交通标志等其他设施配合使用。

2. 交通标线的设计要求

交通标线应按下列关键路径进行设计:

(1)公路技术条件分析,包括技术等级、车道数、设计速度、断面变化、路线交叉等。

(2)确定标线的设置标准与规模,包括根据需要设置的彩色防滑标线等。

(3)一般路段交通标线设计,包括纵向标线、横向标线、其他标线等。

(4)特殊路段交通标线设计,如隧道出入口路段等;特殊路段应作为一个独立的设计单元,并应考虑交通标志、标线和护栏等设施的综合设置。

(5)复杂区域交通标线设计,如路线交叉、收费广场等。

3. 交通标线的选用

交通标线应采用反光标线,在交通标线正常使用年限内,交通标线的逆反射亮度系数应满足夜间视认性要求。突起路标与标线涂料配合使用时,应选用定向反光型,其颜色应与标线颜色一致。设置于对向车行道分界线、隧道内的突起路标,应采用双向反光型。

(四)交通标线的设置原则

1. 一般路段的交通标线

一般路段的交通标线设计应符合下列规定:

(1)高速公路和一级公路的一般路段应设置车行道边缘线、同向车行道分界线。二级及二级以下的双车道公路,除单车道外,应设置对向车行道分界线。二级及二级以下公路的下列路段应设置车行道边缘线:

①公路的窄桥及其上下游路段;
②采用最低公路设计指标的曲线段及其上下游路段;
③交通流发生合流或分流的路段;
④路面宽度发生变化的路段;
⑤路侧障碍物距车行道较近的路段;
⑥经常出现大雾等影响安全行车天气的路段;
⑦非机动车或行人较多的机非混行路段。

(2)车行道边缘线(图 4-1)应设置于公路两侧紧靠车行道的硬路肩内,不得侵入车行道内,未设置硬路肩的公路车行道边缘线应设置于公路两侧紧靠车行道的外边缘处。同向车行道分界线应设置于同向行驶的车行道分界处。

2. 特殊路段的交通标线

特殊路段的交通标线设计应符合下列规定:

(1)经常出现强侧向风的特大桥梁路段、宽度窄于路基的隧道路段、急弯陡坡路段、车行道宽度渐变路段、接近人行横道线的路段,应设置禁止跨越同向车道线分界线(实际上就是禁止超车线)。

(2)隧道出入口路段宜作为独立的设计单元,交通标线的设计应与交通标志、护栏、视诱导等设施统筹考虑,综合设置。

据统计,无论是高速公路还是其他等级的公路,端墙式隧道出入口往往是事故多发点,事故形态以车辆与隧道端墙正面碰撞为主(图 4-2)。

图 4-1 车行道边缘线横向布置示意

图 4-2 隧道入口事故

(3)当公路中心或车行道中有上跨桥梁的桥墩、中央分隔带端头、标志杆柱及其他可能对行车安全构成威胁的障碍物时,应设置接近障碍物标线,以指示路面有固定性障碍物,警告驾驶人谨慎行车,引导交通流顺畅驶离障碍物区域。

(4)在靠近公路建筑限界范围的跨线桥、渡槽等的墩柱立面、隧道洞口侧墙端面及其他障碍物立面上,中央分隔墩、收费岛、实体安全岛或导流岛、灯座、标志基座及其他可能对行车安全构成威胁的立体实物表面,应设置立面标记或实体标记,提醒驾驶员注意。

①立面标记。立面标记用以提醒驾驶员注意,在车行道或近旁有高出路面的构造物。可设置在靠近道路净空范围的跨线桥、渡槽等的墩柱立面、隧道洞口侧墙端面及其他障碍物立面上,一般要涂至距离路面 2.5 m 以上的高度。标线为黄黑相间的倾斜线条,斜线倾角为 45°,线宽均为 15 cm。设置时,要把向下倾斜的一边朝向车行道。

②实体标记。实体标记用以给出公路建筑限界范围内实体构造物的轮廓,提醒驾驶员注意。可设置在靠近公路净空范围的上跨桥梁的桥墩、中央分隔墩、收费岛、实体安全岛或导流岛、灯座、标志基座及其他可能对行车安全构成威胁的立体实物表面上,一般要涂至距离路面 2.5 m 以上的高度。标线为黄黑相间的倾斜线条,线宽均为 15 cm,由实体中间以 45°角向两边施画,向下倾斜的一边朝向车行道,如图 4-3 所示。

图 4-3 收费岛实体标记图

(5)学校、幼儿园、医院、养老院门前的公路没有行人过街设施的,宜施划人行横道线。应参考现行《中小学与幼儿园校园周边道路交通设施设置规范》(GA/T 1215—2014)的规定,施划人行横道线、设置指示标志等。人行横道线的设置间距根据实际需要确定,但路段上设置的人行横道线之间的距离一般要大于 150 m。

在无信号灯控制路段中设置人行横道线时,要在到达人行横道线前的路面上设置停止线和人行横道线预告标识,并配合设置人行横道指示标志,视需要也可增设人行横道警告标志。

下列情况不应设置人行横道线:

①在视距受限制的路段,急弯、陡坡等危险路段和车行道宽度渐变路段;

②设有人行天桥或人行地道等供行人穿越公路的设施处,以及其前后 200 m 范围路段内。

(6)在公路宽度或车行道数量发生变化的路段应设置过渡标线。

(7)需要车辆减速的路段可设置纵向或横向减速标线。

很多交通事故是由于驾驶员超速引起的,尽管驾驶员需要承担主要责任,但对于一些需要引起驾驶员注意的路段,如急弯、陡坡、长直线等,作为公路管理部门有必要设置一定的限速或提醒设施。减速标线(图 4-4)就是设计中经常用到的一种方法。

(8)设置减速丘(减速带)的路段应在减速丘前设置减速丘标线。

(9)穿城公路交通标线的设置除应满足《公路交通安全设施设计规范》(JTG D81—2017)的要求外,还应考虑城市道路交通标线设置要求。

(10)爬坡车道处交通标线(图 4-5)应连续设置,沿行车方向左侧设置车道分界线,其宽度、线形应与标准路段车行道边缘线一致,右侧应设置车行道边缘线,在渐变段处过渡到与标准路段的车行道边缘线相接。

图 4-4　减速标线

图 4-5　爬坡车道

【爬坡车道】

爬坡车道是陡坡路段主线行车道外侧增设的供载重车行驶的专用车道。载重汽车行驶在陡坡路段,由于车速降低,影响小客车的正常运行,整个道路的通行能力将受到影响。为了消除上述不利影响,宜在陡坡路段增设爬坡车道,把载重汽车、慢速车辆从主线车流中分流出去,从而提高主线车辆的行驶自由度,确保行车安全,提高该路段的通行能力。

我国《公路工程技术标准》(JTG B01—2014)规定,高速公路和一级公路,当纵坡大于4%时,需沿上坡方向设爬坡车道。爬坡车道的宽度一般为 3.5 m。

爬坡车道是丘陵地区超车车道的一种特殊形式,以保证快速车辆能越过货车和其他慢速车辆向前行驶,不仅可减少慢车压车时间,提高整个路段的平均车速和服务水平,也可避免强行超车,有利于交通安全。

高速公路、一级公路及双车道二级公路在连续上坡路段,当行驶速度、通行能力、安全等受到载重汽车影响时,应设置爬坡车道。

(11)长大下坡路段的交通标线设计应符合下列规定:

①长大下坡路段交通标线可结合实际情况设置彩色防滑标线、横向或纵向减速标线、振动型标线(图 4-6)等新型标线。

②长大下坡路段交通标线应与交通标志配合设置。

③长大下坡路段交通标线的设置应避免对驾驶员行车产生不利影响。

长大下坡路段交通标线的设置一般有两种目的:一是促使驾驶员减速慢行,这类标线主要包括视觉减

图 4-6　振动型标线

速标线、横向减速标线等;二是提醒驾驶员注意,这类标线主要包括振动型减速标线、振动型车行道边缘线等。振动型减速标线一般设置于危险点前方,提醒驾驶员注意安全,避免设置于危险点处,以免对驾驶员安全行车产生不利影响。

3. 互通式立体交叉、服务区、停车区出入口交通标线

互通式立体交叉、服务区、停车区出入口交通标线的设计应符合下列规定：

(1) 互通式立体交叉、服务区、停车区出入口交通标线应准确反映交通流组织原则。公路出入口路段(加减速车道)适当位置宜设置禁止跨越同向车行道分界线，如图4-7所示。

图4-7　高速公路进出口路面标线

(2) 互通式立体交叉、服务区、停车区出入口处，应设置导向箭头。箭头的规格、重复次数应符合现行《道路交通标志和标线》(GB 5768)的规定。出口(即车辆驶出主线)导向箭头应以减速车道渐变点为基准点；入口(即车辆驶入主线)导向箭头应以加速车道起点为基准点，应准确反映交通流的行驶方向。

4. 收费广场交通标线

收费广场处的交通标线设计应符合下列规定：

(1) 收费广场进口端应设置减速标线(由于减速标线间距越来越密，使驾驶员误以为速度越来越快，从而主动减速)、收费岛路面标线、岛头标线，各条减速标线的设置间距，应根据驶入速度、广场长度经计算确定，如图4-8所示。

(2) 收费广场前的公路上要设置车行道横向减速标线，用于警告车辆驾驶员前方要减速慢行。减速标线设于收费广场及其前部适当位置，为白色反光虚线。根据设置位置的不同，可以是单虚线、双虚线或三虚线，垂直于行车方向设置。

(3) 收费广场减速标线的配置原则：使驶向收费车道的车辆通过各标线间隔的时间大致相等，以利于行驶速度逐步降低，减速度一般设计为 $1.8\ m/s^2$。

(4) 收费岛迎车流方向地面标线用以标示收费车道的位置，为通过车辆提供清晰标记。

(5) 我国一些公路主线和匝道收费广场规模宏大，有些收费车道数量多达几十个，收费方式涵盖了人工收费、电子不停车收费(ETC)、计重收费等，收费车道包括小客车专用、超宽车辆专用、其他车辆专用等。

因地形限制等原因，不同公路各类方式的收费岛设置位置有所不同，如ETC有些设置在中间位置，有些设置在路侧位置；一些收费车道采用了复式收费模式。

基于上述原因，对于超宽公路收费广场，建议在交通组织分析的基础上，与相连接公路一定长度路段综合考虑，开展单独设计，以维护收费广场的交通秩序，提高其通行能力。

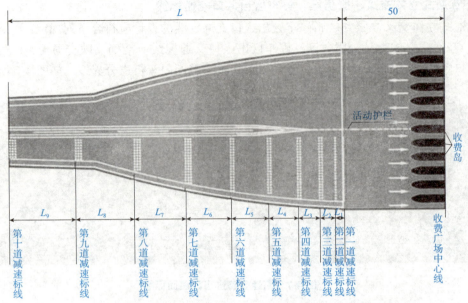

图 4-8 收费广场减速标线

5. 突起路标的设置

突起路标是固定于路面上起标线作用的突起标记块，用来标记对向车行道分界线、同向车行道分界线、车行道边缘线等，也可用来标记弯道、进出口匝道、导流标线、公路变窄、路面障碍物等危险路段，如图 4-9 所示。

考虑到我国北部寒冷地区冬季除雪的需要，根据调研结果，《公路交通安全设施设计规范》(JTG D81—2017) 中将突起路标的设置规定由"应"调整为"宜"。

图 4-9 振荡标线

三、交通标线的分类

(一)交通标线的分类

交通标线的分类有很多方法,可按标线形态、功能、设置位置、标线材料、标线用途等进行分类。

1. 按形态划分

(1)线条:标划于路面、缘石或立面上的实线或虚线;

(2)字符标记:标划于路面上的文字、数字及各种图形符号;

(3)突起路标:固定于路面上,起标线作用的突起标记块,在高速公路或其他道路上用来标记中心线、车道分界线、边缘线,也可用来标记弯道、进出口匝道、导流标线、道路变窄、路面障碍物等;

(4)轮廓标:指示道路的方向、车行道的边界,沿着公路前进的方向左、右侧对称连续设置。按设置条件,轮廓标可分为埋设于路面和附着式两种。《公路交通安全设施设计规范》(JTG D81—2017)把轮廓标归为视线诱导标志。

2. 按功能划分

通常所说的交通标线的分类就是按功能进行分类。

(1)指示标线:指示车行道、行车方向、路面边缘、人行道等设施的标线(图 4-10),有双向两车道路面中心线、左转弯待转区线、人行横道线、停车位标线等 13 种。

(2)禁止标线:告示道路交通的遵行、禁止、限制等特殊规定,车辆驾驶员及行人需严格遵守的标线(图 4-11),有禁止超车线、减速让行线、禁止掉头标记、中心黄色双实线等 13 种。

图 4-10 减速提示标线

图 4-11 单、双黄线标线

(3)警告标线(图 4-12):便于车辆驾驶员及行人了解道路的特殊情况,提高警觉、准备防范或采取应变措施的标线,有车行道宽度渐变标线、接近障碍物标线、接近铁路平交道口标线等 5 种。

3 按设置方式划分

(1)纵向标线:沿道路行车方向设置的标线。

(2)横向标线:与道路行车方向成交叉设置的标线。

(3)其他标线:字符标记或其他形式标线。

图 4-12　警告标线

4. 按标线材料划分

(1) 溶剂型涂料标线。

(2) 热熔型涂料标线。

(3) 水性涂料标线。

(4) 双组分涂料标线。

(5) 预成形标线带标线。预成形标线带材料是在合成橡胶和合成树脂中，加上颜料制成薄膜，在背面涂上胶粘剂，使成线标带贴附于沥青或水泥混凝土路面上。施工时要注意路面表面不能有潮气或水膜。

(6) 除涂料用作标线材料外，还有各种粘贴材料，如突起路标等。

5. 道路交通标线按标线用途划分

道路交通标线按标线用途可分为非反光标线、反光标线、突起振动标线、防滑标线、雨夜标线 5 类。以下列举 5 种特殊情况。

(1) 突起路标（图 4-13）。突起路标是一种交通安全设施，主要安装在道路的标线中间或双黄线中间，通过其逆反射性能提醒司机按车道行驶。

当车辆偏离车道时，突起路标可给驾驶员以振动提示，以避免交通事故发生，反光突起路标在夜间还能起到视线诱导的作用。

突起路标按逆反射性能分为 A、B 两类。具备逆反射特性的突起路标为 A 类突起路标；不具备逆反射性能的突起路标为 B 类突起路标。

图 4-13　突起路标

(2)横向减速标线(图 4-14)。车道横向减速标线为一组平行的白色虚线,用于提醒驾驶员注意减速。

(3)纵向减速标线。车行道纵向减速标线为一组平行于车行道分界线的菱形块虚线,在车行道纵向减速标线的起始位置,设置 30 m 的渐变段,菱形块虚线由窄变宽,宽度从 10 cm 渐变为 30 cm。当车辆通过设置了车行道纵向减速标线的路段时,驾驶员的主观视觉会感觉到车道在逐渐变窄,提醒他们提高注意力,主动采取减速措施,缓慢前行,可以有效地防止机动车驾驶员在临近停止线前采取紧急刹车的情况。

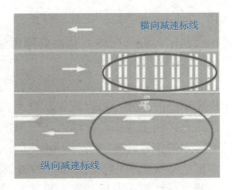

图 4-14 纵、横向减速标线

在人行横道上的行人可以明显感觉到车辆在避让,从而有安全感,体现了一种人车和谐的交通环境。

(4)视觉错觉标线(图 4-15)。视觉错觉交通标线通常设置在隧道口前,作用是提醒驾驶员在进、出隧道口时,一定要放慢速度。通常隧道的灯光比较暗,为了给驾驶员充分的适应时间,会通过标线造成的视觉错觉,让司机减速行驶,避免交通事故的发生。

(5)黄色网格线(图 4-16)。黄色网格线区域内,都是禁止停车的。

图 4-15 视觉错觉标线

图 4-16 黄色网格线

(二)交通标线的要素

交通标线的要素包括颜色、长度、宽度、厚度、反光性和抗滑性。

1. 颜色选择

《道路交通标志和标线 第 3 部分:道路交通标线》(GB 5768.3—2009)明确规定:道路交通标线的颜色为白色、黄色、蓝色或橙色,路面图形标记中可出现红色或黑色的图案或文字。道路交通标线颜色的色度性能应符合《道路交通标线质量要求和检测方法》(GB/T 16311—2009)的规定。

白色表示"指示""控制"意义;黄色表示"禁止""警告"意义。缘石标线一般采用黄色,也有采用橙色、白色的;立面标线采用黑黄相间的条纹。为提高标线的夜间视认性,可根据需要采用反光标线、路钮等。

白色道路交通标线具有色彩醒目和视认性好的特点,因而,在国内外各级公路上被普遍使用。统计资料显示，白色标线的反射性要比黄色标线高出 53%，在有雾的情况下，与白色标线相比，黄色标线可见性要降低 20%，黎明和黄昏时也会明显地降低可见性，因此，白色标线的实用性比黄色广泛。

有时，黄色、蓝色或橙色交通标线也出现在国内外各级公路上，它们改变了以往白色标线色彩单一的缺点，可以减少驾驶员长时间驾驶产生的视觉疲劳，对交通安全十分有利。

黄色标线主要用于分隔道路上对向行驶的交通流，一般在同方向有两条以上机动车道，且道路照明条件较好的情况下才使用。

橙色标线主要用于道路施工作业区。

蓝色标线作为非机动车专用道标线；其施划为停车位标线时，指示免费停车位。

2. 宽度选择

国外大量研究表明，纵向标线的宽度对交通状况和驾驶员心理影响不大。一般认为，宽的标线具有强调作用，但标线过宽会增加标线的费用，以及车轮在标线上打滑的危险，因此，《道路交通标志和标线 第 3 部分：道路交通标线》(GB 5768.3—2009)对纵向标线宽度范围进行了规定。纵向标线的宽度为 10～15 cm，高速公路边缘线宽度为 15～20 cm，一般采用下限值，在需要强调的地方可采用上限值。

横向标线宽度应比纵向标线宽，驾驶员在行车中发现横向标线往往是由远及近，尤其是在距横向标线较远的时候，其视角范围很小，加上远小近大的原理，因此，加宽横向标线是很有必要的，一般横向标线宽度为 20～40 cm，斑马线宽度为 40～45 cm。

交通标线宽度见表 4-1。

表 4-1 交通标线宽度

设计车速/(km·h^{-1})		车行道边缘线/cm	同向车行道分界线/cm	对向车行道分界线/cm
120、100		20	15	—
80、60	高速、一级公路	20	15	—
	二级公路	15	10	15
40、30		15	10	15
20	双车道	10	—	10
	单车道	10	—	—

3. 虚线的短线与间隔长度比例选择

根据心理学家的研究，虚线中实线段与间隔长度比例和车辆的行驶速度直接相关。实线段与间隔距离太近，会造成闪现率过高，而使虚线出现连续感，对驾驶员产生过分的刺激；若实线段间距距离太远，闪现率太低，使驾驶员在驾驶中获得的信息量太少，起不到标线应有的警示作用。

实线段与间隔长度的尺寸受到路上行车速度的影响，既要考虑驾驶员的心理、生理因素，也要考虑尽量减少每公里标线的面积(造价)。在郊外公路间隔闪现率不大于 4 次/s 被认为是可以接受的，闪现率为 2.8～3.0 次/s 时效果最好；在城市道路上闪现率不大于 8 次/s 被认为是可以接受的。根据透视原理，规定纵向标线的最小宽度为 10 cm，纵向标线虚线的最小长度为 2 m。

我国《道路交通标志和标线 第 3 部分：道路交通标线》(GB 5768.3—2009)中对道路交通标线虚线的线长作了规定：实线段和间隔的长度分别为 2 m 和 2 m、2 m 和 4 m、4 m 和 4 m、4 m 和 6 m、6 m 和 9 m。其中列举了各种情况下实线段和间隔的长度值。

《道路交通标志和标线 第 3 部分：道路交通标线》(GB 5768.3—2009)中线段及间隔规定如下：

(1)可跨越对向车行道分界线为单黄虚线，线段及间隔长度分别为 4 m 和 6 m，一般线宽为 15 cm，交通量非常小的农村公路、专属专用道路等特殊应用情况下，线宽可采用 10 cm。

(2)可跨越同向车行道分界线一般线宽为 10 cm 或 15 cm，交通量非常小的农村公路、专属专用道路等特殊应用情况下，线宽可采用 8 cm。设计速度不小于 60 km/h 的道路，可跨越同向车行道分界线的线段及间隔长度分别为 6 m 和 9 m；设计速度小于 60 km/h 的道路，可跨越同向车行道分界线线段及间隔长度分别为 2 m 和 4 m。

(3)高速公路、一级公路、城市快速道路线段及间隔长度用 6 m 实线和 9 m 间隔，其他道路线段及间隔长度用 2 m 实线和 4 m 间隔。如图 4-17 所示。

图 4-17 虚线的短线与间隔

4. 厚度要求

道路交通标线因其设计使用寿命不同，标线材料种类不同和应用场合不同，其厚度也有较大区别，见表 4-2。《道路交通标线质量要求和检测方法》(GB/T 16311—2009)指出：溶剂型涂料标线和水性涂料标线的湿膜厚度为 0.3~0.8 mm；热熔反光型和热熔普通型涂料标线的干膜厚度为 0.7~2.5 mm；热熔突起振动标线的突起部分高度为 3~7 mm，基线厚度为 1~2 mm；双组分涂料标线的干膜厚度为 0.4~2.5 mm；预成形标线带的干膜厚度为 0.3~2.5 mm。

表 4-2 标线的厚度范围　　mm

序号	标线种类	标线厚度范围	备注
1	热熔型涂料标线	0.7~2.5	干膜
2	突起振动标线	3~7	干膜
3	双组分涂料标线	0.4~2.5	干膜
4	水性涂料标线	0.3~0.8	湿膜
5	预成形标线带标线	0.3~2.5	—

5. 反光性

《道路交通标志和标线 第 3 部分：道路交通标线》(GB 5768.3—2009)明确规定：各等级公路和城市快速路，主干路应设置反光道路交通标线。反光道路交通标线是通过其标线材料中预混逆反射材料(如玻璃珠)或标线施工时在标线表面撒布逆反射材料而实现的。

《道路交通标线质量要求和检测方法》(GB/T 16311—2009)对于正常使用期间的反光标线的逆反射亮度系数均做出了规定。

6. 抗滑性

《道路交通标志和标线 第3部分：道路交通标线》(GB 5768.3—2009)明确规定：设置于路面的道路交通标线应使用抗滑材料，标线表面的抗滑性能一般不应低于所在路段路面的抗滑性能。《道路交通标线质量要求和检测方法》(GB/T 16311—2009)对防滑标线的抗滑值做出了相应的规定。

7. 导向箭头形式选择

驾驶员在驾驶过程中需要辨认路面上的导向箭头，由于受视线高度的限制，箭头平面形状应与观察距离成正比例拉长，所以施划在路面上的箭头形状同正常的箭头形状有很大区别。

为寻求导向箭头的最佳形式，需要对各种直行、转弯、直行与转弯组合的箭头进行比较，其形式根据认读速度和错误率试验的统计分析结果的平均值来确定。最佳的直线箭头的宽度约为箭杆宽度的3倍，箭头长度要比箭杆短；转弯箭头在不对称的行驶过程中显示方向，要求保持箭头的转弯部分清晰。

《道路交通标志和标线 第3部分：道路交通标线》(GB 5768.3—2009)中的 第4.15.4条对以下4种设计速度的导向箭头尺寸列出要求：设计速度不大于40 km/h 的道路；设计速度大于40 km/h 而小于100 km/h 的道路；设计速度大于等于100 km/h 的道路；城市道路设计速度大于40 km/h 而小于等于60 km/h 的道路。其中，第一种速度的导向箭头尺寸如图4-18所示。

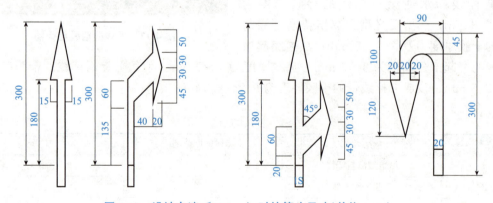

图4-18 设计车速≤40 km/h 时的箭头尺寸(单位：cm)

任务二 交通标线材料质量检测

交通标线材料主要包括标线涂料和玻璃珠两种。这里重点介绍标线涂料和玻璃珠的技术要求、质量检测、检测规则。

一、交通标线涂料的组成、分类及选用

路面标线使用的材料应具有下述性能：鲜明的确认效果；夜间反光性能好；附着力强；经久耐磨，使用寿命长；耐候性好，抗污染，抗变色；施工方便容易，施工时迅速干燥，安全性能好，无毒，无污染；安全防滑；经济合理。

(一)路面标线涂料的原材料组成成分

路面标线涂料是道路交通标线施划过程中使用量最大的材料。尽管其产品种类包括热熔型、溶剂型、水性和双组分四大类，但其原材料构成均主要包括成膜物、颜料、填料、助剂和分散介质等成分。反光型路面标线涂料成分还包括一定比例的预混玻璃珠或面撒玻璃珠成分。

1. 成膜物

成膜物也称为树脂，将涂料中各组分黏结在一起形成整体均匀的涂层或涂膜，同时要求其对底材或底涂层发挥润湿、渗透和相互作用而产生必要的附着力。因此成膜物是涂料的最基本，也是最重要的成分。

就路面标线涂料而言，其主要成膜物质种类包括石油树脂、松香树脂、醇酸树脂、改性醇酸树脂、环氧树脂、丙烯酸树脂、聚氨酯树脂和酯胶树脂等。热熔型路面标线涂料经常使用的成膜物是石油树脂。

石油树脂(图 4-19、图 4-20)因来源为石油衍生物而得名，它具有酸值低、混溶性好、耐水、耐乙醇和耐化学品等特性，对酸碱具有化学稳定性，并有调节黏性和热稳定性好的特点。

图 4-19 石油树脂(黄色)

图 4-20 石油树脂(白色)

2. 颜料

颜料是一种有色细颗粒粉状物质，一般不溶于水、油、溶剂和树脂等介质中，但能分散在这些介质中。颜料赋予涂层色彩、遮盖力和着色力，增加机械强度，具有耐介质、耐光、耐候和耐热等性能，常用于配制涂料、油墨及着色塑料和橡胶，因此又称为着色剂、着色颜料。

着色颜料从化学组成来分，可分为无机颜料和有机颜料两大类。有机颜料的着色力、鲜

艳度及装饰效果优于无机颜料，但其耐候、耐热和耐光性等不如无机颜料。路面标线涂料所涉及的主要有白色、黄色、橙色、蓝色和红色颜料。如钛白粉（又称为二氧化钛）等，如图 4-21 所示。

图 4-21　钛白粉

3. 填料

填料也称为体质颜料，大部分是天然产品和工业上的副产品，其价格相对低。在路面标线涂料中填料占较大质量比，如热熔型路面标线涂料中填料占涂料总质量的 50%～60%，溶剂型路面标线涂料中填料占涂料总质量的 30%～40%。体质颜料和前述的着色颜料不同，在颜色、着色力、遮盖力等方面和着色颜料不能相比，但在涂料中应用可以改善涂料的某些性能或消除涂料的某些缺陷，并可以降低涂料成本。

习惯上，体质颜料称作填料。但实际上不是所有体质颜料都等同于填料，因为体质颜料除增加涂料体系的颜料体积浓度（Pigment Volume Concentration，PVC）值外，还可改善涂料的施工性能，提高颜料的悬浮性和防止流挂的性能，又能提高涂膜的耐水性、耐磨性和耐温性等。因此，在涂料中应用填料已从单纯降低涂料成本的目的转向其他功能，这也是涂料科研工作的发展趋势和方向，应积极开发性能优异、价格低廉的新型填料，满足涂料行业的高速发展的需要。

常用的填料有重质碳酸钙、轻质碳酸钙、硫酸钡、滑石粉、石英粉、硅灰石、高岭土等。

4. 助剂

涂料的基本组成包括成膜物、颜料、填料、助剂和分散介质（溶剂）。其中，助剂作为涂料的辅助材料，用量极少，但对涂料的性能有极大的影响。不同种类的助剂分别在涂料生产、储存、施工和成膜等不同阶段发挥作用，现已成为涂料不可缺少的组成部分。各种典型的涂料助剂有防沉剂、润湿剂、分散剂、消泡剂、催干剂、流平剂、增塑剂、杀菌防腐剂、紫外线吸收剂和防结皮剂。

5. 分散介质

分散介质是能够稀释或溶解成膜树脂、改善涂料体系和涂膜性能的挥发性液体。分散介质的作用是确保涂料体系的稳定性、流变性，同时在施工和成膜过程中起着重要作用。

6. 玻璃珠

反光型道路交通标线的反光性能是通过反光介质对光线的逆反射来实现的。反光型道路交通标线材料最常用的反光介质即玻璃珠（图 4-22）。路面标线涂料用玻璃珠，根据不同的使用情况，可分为面撒玻璃珠（图 4-23）和预混玻璃珠两种。面撒玻璃珠是指涂料在路面划出标线后，将玻璃珠播撒在未干的标线涂料表面；预混玻璃珠是指在路面标线涂料划线以前，将玻璃珠均匀混合在该涂料中。玻璃珠应使用钠钙硅酸盐玻璃制造，不用含铅或含其他重金属元素的特种玻璃。

玻璃珠在标线或涂料中的应用目的是为道路交通标线提供反光或持续反光效果，这就要求玻璃珠本身要具有透明度好、成圆率高、折射率高的特性。此外，玻璃珠的施工方式、撒布量、嵌入标线表面程度、不同粒径玻璃珠的粒径级配、玻璃珠表面处理方式等也对其反光效果有很大影响。

图 4-22 玻璃珠

图 4-23 面撒玻璃珠

(二)路面标线涂料种类

目前,路面标线涂料的分类方法大体上包括按涂料的自身属性划分、按涂料的存在形态划分、按涂料的使用功能划分三种分类方法。

1. 按涂料的自身属性划分

按涂料自身属性划分,路面标线涂料可分为溶剂型路面标线涂料、热熔型路面标线涂料、水性路面标线涂料、双组分路面标线涂料四种。《路面标线涂料》(JT/T 280—2022)即按此法分类,见表 4-3。

表 4-3 路面标线涂料分类

类别	型号	涂料中预混玻璃珠含量 (质量百分比)	状态	形成标线后是否 具有振动功能
热熔	反光型	≥30%	固态	否
	突起型	≥30%		是
溶剂	普通型	0	液态	否
	反光型	≥30%		否
双组分	普通型	0	液态	否
	反光型	≥30%		否
	突起型	≥30%		是
水性	普通型	0	液态	否
	反光型	≥30%		否

(1)溶剂型路面标线涂料。溶剂型路面标线涂料以有机溶剂为分散介质,按施工温度划分为常温型和加热型两种。

①常温溶剂型路面标线涂料出现于 20 世纪 30 年代,是一种传统的液态标线涂料,含有大量的易挥发溶剂,严重污染环境,使用效果一般。其固体含量多在 60%~70%,常温条

件下采用喷涂方式施工，不粘胎，干燥时间小于 15 min，形成的涂膜较薄，干膜厚度一般在 0.3～0.4 mm。其主要成膜物质为丙烯酸树脂、醇酸树脂和氧化橡胶等，我国和欧洲普遍采用丙烯酸树脂制备该涂料，美国则多采用醇酸树脂。

②加热溶剂型路面标线涂料是对传统的常温溶剂型路面标线涂料的改进，改进的目的是提高固体含量，以便形成较厚的涂膜。加热溶剂型路面标线涂料的涂膜固体含量高达 85% 以上，施工温度在 50～80 ℃，加热使涂料的黏度变小、易于喷涂和干燥时间变短，因此，其干膜厚度可达 0.4～0.8 mm。由于加热溶剂型路面标线涂料的施工设备复杂，价格高，未在我国大量推广使用，在欧美等国家使用较多。

溶剂型路面标线涂料主要由合成树脂（也称为成膜物）、添加剂、着色颜料、体质材（充填料）和溶剂构成，如图 4-24、表 4-4 所示。

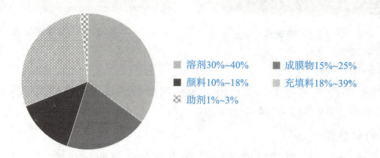

图 4-24　溶剂型涂料构成及比例图

表 4-4　溶剂型标志涂料构成成分

型号	所占百分比				
	合成树脂	添加剂	着色颜料	体质材	溶剂
常温溶剂型	15%～20%	2%～5%	15%～20%	15%～38%	30%～40%
加热溶剂型	15%～20%	2%～5%	15%～20%	25%～48%	20%～30%

其中，着色颜料（一般有白、黄两种）主要作用是着色及遮盖；体质材是充填料，作用是增加机械强度和耐磨耗性能；添加剂的作用是促进快干，防止沉降、结皮、分散，增加稳定性；溶剂的作用是稀释涂料，增加其流动性能，调整黏度，使其易于涂敷，涂敷后溶剂挥发。

(2)热熔型路面标线涂料。20 世纪 50 年代，美国和欧洲相继出现了热熔型路面标线涂料，具有干燥快、成膜厚、夜间反光、耐磨性好、耐候性好、使用寿命长等优点，得到广泛使用。

热熔型路面标线涂料常温下呈固体粉末状态，施工时加热至 180～220 ℃，使其熔融后涂敷于路面，3 min 内冷却凝固成固体附着于路面。热熔型路面标线涂料以热塑性树脂为主要成膜物质，故也称为热塑涂料（Thermoplastic Marking Materials）。目前，通常使用的热塑性树脂有松香树脂、C5 石油树脂和 C9 石油树脂等。

按使用功能划分，热熔型路面标线涂料包括普通型、反光型和突起型三种。

按施工方式，划分为刮涂型、喷涂型和振荡型三种。

①刮涂型是热熔型路面标线涂料最常见的施工方式，其施工工艺相对成熟，施工设备相对简单。干膜厚度一般控制在 0.7～2.5 mm。

②喷涂型是对热熔刮涂方式进行改进的一种施工方式，充分利用高温熔融状态下热熔型涂料黏度变小、易于喷涂的特性，施工设备相对复杂。干膜厚度一般控制在 0.7～1.2 mm。

③振荡型路面标线使用热熔突起型路面标线涂料，与热熔反光型路面标线涂料相比，两者配方组成不同。此外，前者在熔融状态下具有更好的触变性能。当采用挤出式专用设备施工时，可以在标线表面上形成规则的凸凹形状，从而具有振动和雨夜反光功能。

热熔型路面标线涂料主要由合成树脂、可塑剂、着色颜料、体质材（充填料，如滑石粉和玻璃珠）等构成，如图 4-25、表 4-5 所示。

其中，涂料中加可塑剂可赋予涂膜柔软度，提高耐寒性及与路面的黏结牢固度，使熔融的涂料黏度适宜。

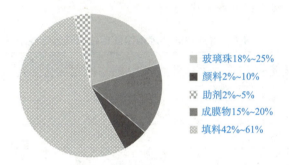

图 4-25　热熔型涂料构成及比例图

表 4-5　热熔型标志涂料构成成分

型号	规格	所占百分比				
		合成树脂	可塑剂	着色颜料	体质材	玻璃珠
热熔型	普通型	15%～20%	2%～5%	2%～10%	47%～66%	＜15%
	反光型	15%～20%	2%～5%	2%～10%	42%～61%	18%～25%

（3）双组分路面标线涂料。双组分路面标线涂料是一种化学反应型路面标线涂料，由主剂（A 组分）和固化剂（B 组分）组成。主剂的成膜物质包括环氧树脂、聚氨酯树脂和甲基丙烯酸甲酯（MMA）或聚甲基丙烯酸甲酯（PMMA）型树脂等几种类型。主剂常温下为液态，通过树脂与相配套的固化剂组成双组分涂料。施工时主剂与固化剂按一定比例混合均匀后涂敷于路面，要求混合后的涂料在一定时间内使用完，否则固化后无法使用并导致设备堵塞，难以清理。

双组分路面标线涂料与其他道路交通标线材料的最本质区别在于其固化方式为化学反应固化，而非物理固化。目前，我国和欧洲普遍采用 MMA（PMMA）型树脂制备该涂料，美国则多采用环氧树脂。

双组分路面标线涂料主要采用喷涂和刮涂两种施工方式，不粘胎干燥时间小于 35 min，干膜厚度一般控制在 0.4~2.5 mm。

(4)水性路面标线涂料。水性路面标线涂料是指以水为溶剂，乳液为主要成膜物质，并配以颜料、填料和助剂等，如图 4-26 所示。水性路面标线涂料是一种新型的环保涂料，该涂料具有固体含量高、挥发性有机化合物（Volatile Organic Compounds，VOC）含量低、对玻璃珠有很好的附着力、反光效果好、涂膜耐磨和抗滑性能好、重涂简单、施工效率高等优点。

水性路面标线涂料主要采用喷涂方式施工，不粘胎干燥时间小于 5 min，干膜厚度一般控制在 0.2~0.5 mm。

几种路面标线涂料的比较见表 4-6。

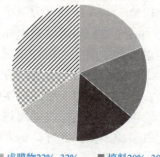

图 4-26 水性路面标线涂料构成及比例图

表 4-6 溶剂型与热熔型路面标线涂料的特性

特性	常温型	加热型	熔融型
涂料状态	液态	液态	粉块状
涂料温度	常温	加温(50~80 ℃)	加热熔融(180~220 ℃)
夜间反射性	良	优	优
干燥速度	慢	中	块
面磨耗性	弱	中	强
有效寿命	4~8 个月	8~15 个月	10~20 个月
妨碍交通程度	大	中	小
施工速度	中	快	快
厚度调整范围	0.12~0.2 mm	0.2~0.3 mm	1~2.5 mm

从表 4-6 中可以看出：

①常温溶剂型可在常温条件下施工作业，对环境的要求比较宽松，使用寿命为 4~8 个月，使用范围较广泛。

②加热溶剂型涂料加热温度较低，通过溶剂挥发和树脂在空气中氧化聚合而成膜。干燥速度较快，涂膜后使用寿命可达 8~15 个月，反光效果较好。

③热熔型涂料无溶剂，施工时需要加高温使粉块状涂料融化，利用专用设备涂敷于路面，冷凝后成标线。这种标线凝固快、耐磨性好，有效寿命长达 10~20 个月，反光效果好，适用于繁忙的城市道路和高速公路。

由于各个标线涂料的特性不同（表 4-7），因而导致其耐久性和养护时间也各不同，应根据道路条件、交通条件、气象、施工技术条件等因素合理选择。

表 4-7 标线涂料的适用性

道路分类	路面状况及路面标线的划分	温暖地带		寒冷地带	
		交通量大	交通量小	交通量大	交通量小
一般道路	一般路面	M	M	M	M
	临时路面	C	C	C	C
	龟裂路面	H、C	H、C	H、C	H、C
	石、砖路面	C	C	C	C
高速公路	一般路面	M	M	M	M
	立面标记	C	C	C	C

注：C—常温型；H—加热型；M—热熔型

④水性路面标线涂料与其他路面标线涂料相比较，热熔型涂料存在耗能量大、重新涂施工难度大、需要除掉旧线才能施工等不足，而溶剂型涂料存在严重污染环境的问题。水性路面标线涂料的施工成本介于溶剂型涂料和热熔型涂料之间，有很好的发展前景。

报道显示，美国、瑞典、芬兰、荷兰、德国、西班牙和澳大利亚等发达国家已普遍采用水性路面标线涂料和无溶剂常温双组分标线涂料施划道路标线。

2. 按涂料的存在形态划分

按涂料的存在形态划分，路面标线涂料可分为固态涂料和液态涂料两大类。

(1)路面标线涂料常温下呈固体粉末状态的主要是热熔型路面标线涂料。

(2)液态涂料包括溶剂型路面标线涂料、水性路面标线涂料和双组分路面标线涂料。

3. 按涂料的使用功能划分

按涂料的使用功能划分，路面标线涂料可分为普通型路面标线涂料、反光型路面标线涂料和突起型路面标线涂料三种。

(1)普通型路面标线涂料中不含玻璃珠，施工时也不撒布玻璃珠。

(2)反光型路面标线涂料中预混或不含玻璃珠，但施工时涂布涂层后立即撒布玻璃珠。

(3)突起型路面标线涂料是在普通热熔型的基础上发展而来的，可用于减速、振动、警示、雨线等，形式有排骨式、圆点式、雨槽式。目前，高速公路的减速线、边线已广泛应用这种涂料。

(三)路面标线涂料的成膜机理

路面标线涂料施划于道路表面形成交通标线，即由固态粉末涂料或液态水性、溶剂涂料通过物理或化学交联转变成固态涂膜，称之为成膜过程。不同种类的路面标线涂料的成膜过程不同，其成膜机理也不尽相同。

1. 溶剂型路面标线涂料的成膜过程

溶剂型路面标线涂料的成膜通过涂料中的溶剂挥发来实现。溶剂型路面标线涂料的成膜物主要有丙烯酸树脂、醇酸树脂、酯胶树脂、氯化橡胶等。该类涂料的树脂完全溶解在溶剂中形成溶液,高分子树脂分子在溶液中几乎完全伸展,在施工过程中,随着溶剂的挥发,聚合物浓度不断增大,高分子链间交错缠绕加大,通过分子间的相互作用,最终形成连续完整、致密的涂膜。

2. 热熔型路面标线涂料成膜过程

热熔型路面标线涂料常温下呈固体粉末状态,施工时加热至180~220 ℃,才能使成膜树脂颗粒熔合,树脂分子间相互交错缠绕进而冷却形成连续完整的涂膜。

热熔型路面标线涂料的成膜过程是一种物理变化,并没有发生化学交联。热熔型路面标线涂料涂膜性能的质量好坏取决于涂料中成膜树脂的种类和含量、施工方式、熔融温度、涂料配方是否合理、施工环境条件等。

3. 双组分路面标线涂料的成膜过程

双组分路面标线涂料是一种化学反应型路面标线涂料。其由主剂(A 组分)和固化剂(B 组分)组成。主剂的成膜物质包括环氧树脂、聚氨酯树脂和 MMA(PMMA)型树脂等几种类型,主剂常温下为液态,通过树脂与相配套的固化剂组成双组分涂料。

由两组不同的低黏度丙烯酸单体树脂制成不同组分(A、B 两组)的路标涂料。施工前将催化剂加入 B 组分并搅拌均匀,施划时 A、B 组分充分混合,在催化剂的作用下,迅速发生交联反应,形成坚固的涂膜(标线)。其成膜机理是成膜物分子质量较低的树脂与固化剂发生化学反应,通过缩合、加聚等方式交联成网状大分子结构。

施工时主剂与固化剂按一定比例混合均匀后涂敷于路面,要求混合后的涂料在一定时间内用完,否则固化后无法使用并导致设备堵塞,难以清理。

4. 水性路面标线涂料的成膜过程

与溶剂型路面标线涂料的成膜过程相似,水性路面标线涂料的成膜是通过涂料中的溶剂(水)挥发来实现的。但其成膜机理却完全不同,水性路面标线涂料的成膜物乳液粒子在分散介质水挥发后相互接近、挤压变形等过程聚集起来,最终由乳液颗粒状态的聚集体转变成分子状态的凝聚物而形成连续平整的涂膜。

溶剂型路面标线涂料、热熔型路面标线涂料和水性路面标线涂料的成膜过程发生的都是物理变化,也称非转变型成膜过程。突起路标、双组分涂料和水性涂料在我国使用的较少。

(四)交通标线材料的选择

交通标线涂料的技术要求应符合现行《路面标线涂料》(JT/T 280—2022)和《道路交通标线质量要求和检测方法》(GB/T 16311—2009)的要求。

在满足上述要求的前提下,选取标线材料时,一般可根据标线材料的逆反射值、防滑值、抗污染性能、环保性能、与路面的附着力、性价比等综合考虑。

《公路交通安全设施设计细则》(JTG/T D81—2017)具体要求如下:

(1)高速公路的车行道边缘线、斑马线处可采用热熔喷涂型交通标线涂料,其能满足反光要求,且性价比最高;高速公路的车行道分界线可采用耐久性标线涂料,如热熔刮涂型交通标线涂料。

(2)为提高车辆夜间行驶的安全性,包括普通公路在内的所有公路均需要采用反光标线,以预防交通事故的发生。

(3)公路事故多发路段可采用树脂防滑型涂料和热熔突起型涂料。

(4)水泥路面可采用热熔喷涂型涂料,以提高性价比。

(5)德国联邦公路研究所(BAST)的标线使用性能模拟试验表明,采用双组分涂料施划的标线,使用性能满意率最高。这种标线反光性能优良,使用寿命长,缺点是价格偏高,施工要求严格。

(6)对环保要求高的公路,水性涂料是最佳选择,同时该种标线性价比高,反光性能优良。

(7)考虑到在发生交通事故、火灾等紧急事件时,隧道内有可能变成逆向行车,应选用双面反光型突起路标与涂料标线配合使用,并使颜色一致。

二、交通标线涂料的技术要求及试验方法

不同种类的交通标线涂料各自的技术性能要求也有所不同,下面介绍各种标线涂料的技术性能指标及检测方法。

目前,路面标线涂料相关质量要求和评定标准的依据主要包括《路面标线涂料》(JT/T 280—2022)和《路面标线用玻璃珠》(GB/T 24722—2020)两个标准。

(一)通用技术要求

1. 容器中状态

打开包装容器,热熔型涂料应干燥、无结块、无杂质,搅拌后呈均匀松散状态;溶剂型、双组分和水性涂料应无结块、结皮,易于搅拌,搅拌后色泽均匀一致。

2. 预混玻璃珠

(1)预混玻璃珠含量。反光型和突起型涂料中预混玻璃珠含量应不低于30%,并符合现行《路面标线用玻璃珠》(GB/T 24722—2020)中预混玻璃珠的有关规定。

(2)预混玻璃珠成圆率。反光型和突起型涂料中预混玻璃珠成圆率应不低于现行《路面标线用玻璃珠》(GB/T 24722—2020)中的规定。

3. 有害物质含量

有害物质含量应符合《路面标线材料有害物质限量》(JT/T 1326—2020)的规定。

4. 施划性能

热熔型涂料在喷涂、刮涂、甩涂、成型时,施划性能应良好;溶剂型、双组分和水性涂料在有气或无气喷涂、刮涂、甩涂、滚涂、成型时,施划性能应良好。

5. 涂层性能

(1)涂层外观。干燥后,涂层应无皱纹、斑点、起泡、裂纹、脱落、粘胎等现象,颜色均匀一致。

(2)色度性能。色度性能应符合《安全色》(GB 2893—2008)和《视觉信号表面色》(GB/T 8416—2003)的要求,其色品坐标和亮度因数应符合表4-8和图4-27的规定。

表 4-8　涂层材料色色品坐标和亮度因数

颜色		色品区域顶点的色品坐标(标准照明体 D_{65}，照明观测条件 45°/0°，视场角 2°)					亮度因数
		坐标	1	2	3	4	
涂层材料色	白	x	0.350	0.305	0.295	0.340	≥0.80
		y	0.360	0.315	0.325	0.370	
	黄	x	0.545	0.494	0.444	0.481	≥0.48
		y	0.454	0.426	0.476	0.518	
	橙	x	0.610	0.535	0.506	0.570	≥0.20
		y	0.390	0.375	0.404	0.429	
	灰	x	0.350	0.300	0.290	0.340	≥0.16
		y	0.360	0.310	0.320	0.370	
	绿	x	0.201	0.285	0.170	0.026	≥0.12
		y	0.776	0.441	0.364	0.399	
	红	x	0.735	0.681	0.579	0.655	≥0.07
		y	0.265	0.239	0.341	0.345	
	蓝	x	0.049	0.172	0.210	0.137	≥0.05
		y	0.125	0.198	0.160	0.038	
	紫	x	0.302	0.307	0.374	0.457	≥0.05
		y	0.064	0.203	0.247	0.136	
	棕	x	0.510	0.427	0.407	0.475	≥0.04
		y	0.370	0.353	0.373	0.405	≤0.15
	黑	x	0.385	0.300	0.260	0.345	≤0.03
		y	0.355	0.270	0.310	0.395	

(3)耐水性。在水中浸泡 24 h 应无变色、起皱、起泡、开裂等现象。

(4)耐碱性。在氢氧化钙饱和溶液中浸泡 24 h 应无变色、起皱、起泡、开裂等现象。

(5)人工加速耐候性。试验前样品的色品坐标和亮度因数应符合表 4-8 和图 4-27 的规定。经人工加速耐候性试验后，试板涂层不产生龟裂、剥落；允许轻微粉化和变色，色品坐标应符合表 4-8 和图 4-27 的规定，涂层亮度因数变化范围应不大于表 4-8 中规定的亮度因数的 20%。

(二)路面标线用涂料技术性能要求

溶剂型涂料、热熔型涂料、双组分涂料、水性涂料四种交通标线涂料的技术性能要求见《路面标线涂料》(JT/T 280—2022)。

1. 溶剂型涂料技术要求

溶剂型涂料的性能应符合表 4-9 的规定。

2. 热熔型涂料技术要求

热熔型涂料的性能应符合表 4-10 的规定。

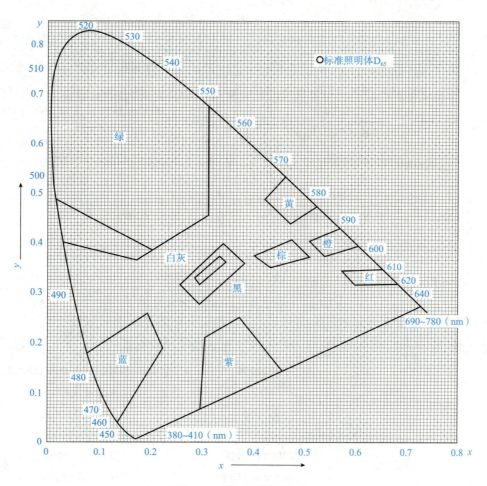

图 4-27 涂层材料色色品

表 4-9 溶剂型路面标线涂料技术性能

序号	项目		性能要求	
			普通型	反光型
1	容器中状态		按 5.1.1 的规定	
2	预混玻璃珠	预混玻璃珠含量	—	按 5.1.2.1 的规定
		预混玻璃珠成圆率	—	按 5.1.2.2 的规定
3	有害物质含量		按 5.1.3 的规定	
4	施划性能		按 5.1.4 的规定	
5	涂层性能	涂层外观	按 5.1.5.1 的规定	
		色度性能	按 5.1.5.2 的规定	
		耐水性	按 5.1.5.3 的规定	
		耐碱性	按 5.1.5.4 的规定	
		人工加速耐候性	按 5.1.5.5 的规定	

续表

序号	项目		性能要求	
			普通型	反光型
6	密度/(g·cm^{-3})		≥1.2	≥1.3
7	黏度(η)		100≤η≤150	80≤η≤120
8	不粘胎干燥时间/min		≤15	
9	遮盖率/%	白色	≥95	
		黄色	≥80	
10	耐磨性/mg		≤60	
11	附着性(划圈法)		≤4级	—
12	柔韧性/mm		≤5	—
13	固体含量/%		≥60	≥65

注：普通型黏度的单位为秒(s)，反光型黏度用 KU 值表示

表 4-10　热熔型路面标线涂料技术性能

序号	项目		性能要求	
			反光型	突起型
1	原材料	预混玻璃珠	按 GB/T 24722 中有关预混玻璃珠的规定	
		树脂	按附录 A 的规定	
		聚乙烯蜡	按附录 B 的规定	
2	容器中状态		按 5.1.1 的规定	
3	预混玻璃珠	预混玻璃珠含量	按 5.1.2.1 的规定	
		预混玻璃珠成圆率	按 5.1.2.2 的规定	
4	有害物质含量		按 5.1.3 的规定	
5	施划性能		按 5.1.4 的规定	
6	涂层性能	涂层外观	按 5.1.5.1 的规定	
		色度性能	按 5.1.5.2 的规定	
		耐水性	按 5.1.5.3 的规定	
		耐碱性	按 5.1.5.4 的规定	
		人工加速耐候性	按 5.1.5.5 的规定	
7	密度 D/(g·cm^{-3})		1.8≤D≤2.3	
8	软化点 ST/℃		100≤ST≤140	
9	不粘胎干燥时间/min		≤5	
10	抗压强度/MPa	(23±1)℃	≥12.0	
		(60±2)℃	≥2.0	
11	耐磨性/mg		≤80	—
12	涂层低温抗裂性		—10 ℃保持 4 h，室温放置 4 h 为一个周期，连续做 3 个周期后应无裂纹	

续表

序号	项目	性能要求	
		普通型	反光型
13	加热稳定性	(a)在(200±10)℃条件下持续保温 4 h，无明显泛黄、焦化、结块等现象；(b)加热 4 h 后，涂层色品坐标应符合表 4-8 和图 4-27 规定的范围，涂层亮度因数变化范围应不大于表 4-8 规定的亮度因数的 6.25%	
14	流动度/(mm²·g⁻¹)	90±5	50±5
15	耐热变形性/%[(60±2)℃，50 kPa，1 h]	≥90.0	
16	总有机物含量/%	≥19.0	
17	包装	按附录 C 的规定	

3. 双组分涂料技术要求

双组分涂料的性能应符合表 4-11 的规定。

表 4-11　双组分路面标线涂料技术性能

序号	项目		性能要求		
			普通型	反光型	突起型
1	容器中状态		按 5.1.1 的规定		
2	预混玻璃珠	预混玻璃珠含量	—	按 5.1.2.1 的规定	
		预混玻璃珠成圆率	—	按 5.1.2.2 的规定	
3	有害物质含量		按 5.1.3 的规定		
4	施划性能		按 5.1.4 的规定		
5	涂层性能	涂层外观	按 5.1.5.1 的规定		
		色度性能	按 5.1.5.2 的规定		
		耐水性	按 5.1.5.3 的规定		
		耐碱性	按 5.1.5.4 的规定		
		人工加速耐候性	按 5.1.5.5 的规定		
6	密度 ρ/(g·cm⁻³)		$1.5 \leq \rho \leq 2.0$		
7	凝胶时间/min		≥10		
8	不粘胎干燥时间/min		≤60		
9	遮盖率/%	白色	≥95		
		黄色	≥80		
10	耐磨性/mg		≤40		
11	涂层低温抗裂性		－10 ℃保持 4 h，室温放置 4 h 为一个周期，连续做 3 个周期后应无裂纹		
12	附着性(划圈法)		≤4 级		
13	柔韧性/mm		≤5		—

4. 水性涂料技术要求

水性涂料的性能应符合表 4-12 的规定。

表 4-12　水性路面标线涂料技术性能

序号	项目		性能要求	
			普通型	反光型
1	容器中涂料状态		按 5.1.1 的规定	
2	预混玻璃珠	预混玻璃珠含量	—	按 5.1.2.1 的规定
		预混玻璃珠成圆率	—	按 5.1.2.2 的规定
3	有害物质含量		按 5.1.3 的规定	
4	施划性能		按 5.1.4 的规定	
5	涂层性能	涂层外观	按 5.1.5.1 的规定	
		色度性能	按 5.1.5.2 的规定	
		耐水性	按 5.1.5.3 的规定	
		耐碱性	按 5.1.5.4 的规定	
		人工加速耐候性	按 5.1.5.5 的规定	
6	密度/(g·cm^{-3})		≥1.4	≥1.6
7	黏度 η/kV		≥70	80≤η≤120
8	不粘胎干燥时间/min		≤15	
9	遮盖率/%	白色	≥95	
		黄色	≥80	
10	耐磨性/mg		≤60	
11	冻融稳定性		在(−5±2)℃条件下放置 18 h 后，立即置于 (23±2)℃条件下放置 6 h，为一个周期，三个周期后，应无结块、结皮现象，易于搅匀	
12	早期耐水性		在温度为(23±2)℃、湿度为(90±3)%的条件下，指触干燥时间≤120 min	
13	附着性(划圈法)		≤5 级	—
14	固体含量/%		≥70	≥75

注：(1)表中所列项目为各种标线涂料技术性能指标。
(2)容器中涂料无结块，易于搅匀，是保证标志涂料质量的前提。
(3)耐磨性、热稳定性、耐水性等达到要求是保证标志涂料使用寿命的前提。
(4)遮盖率要求是为了保证标志涂料的鲜明的确认效果和反光性等。
遮盖率：路面标线涂料在相同条件下，分别涂覆于亮度因数不超过 5% 的黑色底板上和亮度因数不低于 80% 的白色底板上的遮盖力之比。
遮盖力：路面标线涂料所涂覆盖物体表面不能透过涂膜而显露出来的能力，用亮度因数来描述，遮盖力与亮度因数成正比。

(三)交通标线涂料技术性能要求的试验方法

1. 通用技术要求的试验方法

(1)试样状态调节和试验环境。试验工作应在温度为(23±2)℃、相对湿度为(50±5)%的环境中进行。

(2)取样。涂料取样应按《色漆、清漆和色漆与清漆用原材料 取样》(GB/T 3186—2006)规定的方法进行。

(3)容器中状态。打开包装容器,热熔型涂料用目视方法检查有无结块、杂质,搅拌后检查是否呈均匀松散状态;溶剂型、双组分、水性涂料用调刀检查有无结块、结皮现象,是否易于搅拌,搅拌后检查色泽是否均匀一致。

(4)预混玻璃珠含量。

①试验准备。

a. 试验材料。所用试剂均为化学纯或化学纯以上试剂,试验用水为去离子水。

试验所用试剂、溶剂和溶液如下:醋酸乙酯;二甲苯;丙酮;98%硫酸;37%盐酸;95%乙醇;醋酸乙酯和二甲苯混合溶剂(体积比为1:1);稀硫酸和稀盐酸混合溶液(体积比为1:1)。

b. 仪器设备。分析天平,精确至0.01 g;恒温水浴槽,精度±0.2 ℃;电热鼓风干燥箱,精度±2 ℃。

②试验步骤。

a. 称取约60 g的试样放在三角烧瓶中;

b. 加入醋酸乙酯和二甲苯混合溶剂约250 mL,在不断搅拌下溶解树脂等有机成分,玻璃珠沉淀后,将悬浮液倒出;

c. 加入500 mL上述混合溶剂,在不断搅拌下继续溶解树脂等有机成分,玻璃珠沉淀后,将悬浮液倒出,此操作反复进行3次后,加入100 mL丙酮清洗后倒出悬浮液;

d. 将三角烧瓶置于恒温水浴槽沸腾水浴中,加热约30 min,使剩余有机溶剂充分挥发,冷却至室温;

e. 加入约100 mL的稀硫酸或稀硫酸和稀盐酸混合溶液,用表面皿作盖,在恒温水浴槽沸腾水浴中加热约30 min,冷却至室温后倒出悬浮液;

f. 加入300 mL水充分搅拌,玻璃珠沉淀后,倒出洗液,再用水反复清洗5~6次;

g. 加入95%乙醇50 mL清洗,倒出洗液;

h. 将三角烧瓶置于恒温水浴槽沸腾水浴中,加热约30 min,使乙醇充分挥发,将玻璃珠移至质量已知的表面皿中,如烧瓶中有残留玻璃珠,可用少量水清洗后倒入表面皿中,并将表面皿中水倒出;

i. 将表面皿放置在温度为105~110 ℃的电热鼓风干燥箱中加热1 h,取出表面皿,放在干燥器中冷却至室温后称重,如原试样中有石英砂,应在称重前经玻璃珠选形器除去石英砂,同时做3个平行试验;

j. 按式(4-1)计算玻璃珠含量,取其算术平均值为测试结果。

$$G = M/M_0 \times 100\% \tag{4-1}$$

式中　G——玻璃珠含量；

　　　M——玻璃珠质量(g)；

　　　M_0——试样质量(g)。

(5)预混玻璃珠成圆率。将按(4)试验所得的玻璃珠作为试样，按现行《路面标线用玻璃珠》(GB/T 24722—2020)规定的方法进行。

(6)有害物质含量。按《路面标线材料有害物质限量》(JT/T 1326—2020)中第 5 章规定的方法进行。

(7)施划性能。采用刮涂或喷涂等施划方法在水泥石棉板上涂布涂料，观察测试涂料形成涂层过程中施划操作是否顺畅便捷、形成的涂层外观是否完好。

(8)涂层外观。

①热熔型涂料涂层外观的试验步骤如下：

a. 取一定量的试料放在金属容器内，在搅拌状态下加热至(200±10)℃，使试料完全熔融，且在金属容器内上下完全均匀一致、无气泡；

b. 将热熔涂料刮板器放置于 200 mm×150 mm×5 mm 水泥石棉板的长边中心处，并立即将完全熔融好的试料倒入热熔涂料刮板器中；

c. 平移刮板器，制成一条与水泥石棉板短边平行、厚度为 1.5～2.0 mm、宽度为 80 mm 的带状涂层，如图 4-28 所示；

d. 试板放置 1 h 后，在自然光下目测涂层有无皱纹、斑点、起泡、裂纹、脱落、粘胎等现象，颜色是否均匀一致。

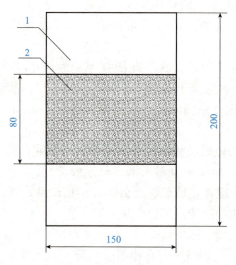

图 4-28　涂层外观制样示意

1—水泥石棉板；2—涂层

②溶剂型、双组分、水性涂料涂层外观的试验步骤如下：

a. 将溶剂型、双组分、水性涂料用 300 μm 的湿膜涂布器涂布于 200 mm×150 mm×5 mm 水泥石棉板长边中心处，涂成一条与水泥石棉板短边平行、宽度为 80 mm 的带状涂层，如图 4-28 所示；

b. 试板放置 24 h 后，在自然光下目测涂层有无皱纹、斑点、起泡、裂纹、脱落、粘胎等现象，颜色是否均匀一致。

(9) 色度性能。

①热熔型涂料色度性能的试验步骤如下：

a. 将热熔型涂料熔融后注入图 4-29 所示的材质为 Q235 钢的制样器中，使其自然流平，冷却至室温后，取出约 60 mm×60 mm×5 mm 的涂层作为试片，放置 24 h；

b. 在放置 24 h 后的涂层上任取 3 点，用 D_{65} 光源 45°/0°色度计测定其色品坐标和亮度因数，并取其算术平均值为测试结果。

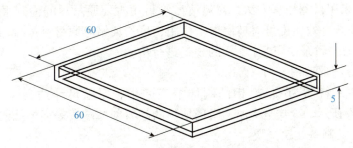

图 4-29 热熔型涂料色度性能制样器示意

②溶剂型、双组分、水性涂料色度性能的试验步骤如下：

a. 溶剂型、双组分、水性涂料按涂层外观试验步骤②中 a 项制样，放置 24 h；

b. 按①步骤中 b 项的方法进行。

(10) 耐水性。

①热熔型涂料耐水性的试验步骤如下：

a. 热熔型涂料按色度性能步骤①中 a 项的要求制样，放置 24 h；

b. 按《漆膜耐水性测定法》(GB/T 1733—1993)规定的方法进行。

②溶剂型、双组分、水性涂料耐水性的试验步骤如下：

a. 将溶剂型、双组分、水性涂料用 300 μm 的湿膜涂布器涂布于 100 mm×50 mm×5 mm 水泥石棉板上，制成约 100 mm×50 mm 的涂层，放置 24 h；

b. 按《漆膜耐水性测定法》(GB/T 1733—1993)规定的方法进行。

(11) 耐碱性。

①热熔型涂料耐碱性的试验步骤如下：

a. 热熔型涂料按色度性能步骤①中 a 项的要求制样，放置 24 h；

b. 按《建筑涂料 涂层耐碱性的测定》(GB/T 9265—2009)规定的方法进行。

②溶剂型、双组分、水性涂料耐碱性的试验步骤如下：

a. 溶剂型、双组分、水性涂料按(10)a 的要求制样；

b. 按《建筑涂料 涂层耐碱性的测定》(GB/T 9265—2009)规定的方法进行。

(12) 人工加速耐候性。

①制样。热熔型涂料按涂层外观步骤①中 a~b 项制样，溶剂型、双组分，水性涂料按

涂层外观步骤②中 a 项制样，按不同类型涂料分组，每组样品数量为 3 块，进行人工加速耐候性试验的样品，其色品坐标和亮度因数均应符合表 4-8 和图 4-27 规定。

②测试。

a. 试验按《色漆和清漆 人工气候老化和人工辐射曝露 滤过的氙弧辐射》(GB/T 1865—2009)中循环 A 的规定进行。热熔型、双组分涂料试验时间为 600 h，溶剂型、水性涂料试验时间为 300 h。

b. 按色度性能步骤①中 b 项规定的方法测定试验后样品的色品坐标和亮度因数，取其算术平均值为测试结果。

2. 热熔型涂料试验方法

(1) 原材料。采用目测核查方法，对热熔型涂料用主要原材料的检测报告、材质证明单等逐项核查是否齐全有效。也可对玻璃珠、树脂、聚乙烯蜡等原材料按《路面标线用玻璃珠》(GB/T 24722—2020)附录 A 和附录 B 的规定进行检验。

(2) 密度。试验步骤如下：

①熔融试样注入材质为 Q235 钢的制样器模腔中，模腔尺寸约为 20 mm×20 mm×20 mm，如图 4-30 所示，冷却至室温。用稍加热的刮刀削掉端头表面的凸出部分，用 100 号砂纸将各面磨平，共制备 3 块试块。

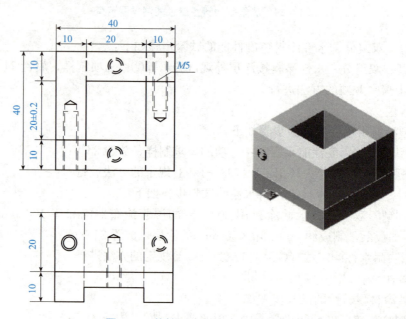

图 4-30 热熔型涂料密度制样器示意

②放置 24 h 后用游标卡尺测量(精确至 0.01 mm)试块长、宽、高，用天平称量试块质量(精确至 0.01 g)。

③按式(4-2)计算密度。

$$D = W/V \tag{4-2}$$

式中 D——密度(g/cm^3)；

W——试块质量(g);

V——体积(cm^3)。

④分别计算 3 块试块的 D 值,取其平均值。如其中任意两块试块的 D 值相对误差大于 0.1,则应重做试验。

(3)软化点。按《色漆和清漆用漆基 软化点的测定 第 1 部分:环球法》(GB/T 9284.1—2015) 规定的方法进行。

(4)不粘胎干燥时间。

①采用符合要求的道路标线用涂料不粘胎时间测定仪(以下简称"测定仪")进行试验。

②试验步骤如下:

a. 按涂层外层步骤①中 a～c 项制成涂层。

b. 制成涂层后,立即按下秒表开始计时,3 min 后把测定仪自试板短边一端中心处向另一端滚动 1 s。滚动仪器时,应两手轻轻持柄,避免测定仪自重以外的任何力加于涂膜上。测定仪滚动位置及方向如图 4-31 所示。

c. 目测测定仪的轮胎有无试料粘黏,若有试料粘黏,立即用丙酮或甲乙酮湿润过的棉布擦净轮胎,此后每 30 s 重复一次试验,直至轮胎不粘黏试料时,停止秒表计时。该时间即为不粘胎干燥时间。

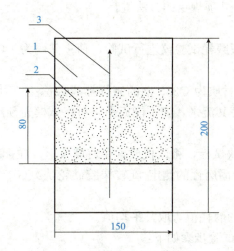

图 4-31 测定仪滚动方向示意

1—水泥石棉板;2—涂层;3—测定仪滚动位置及方向

(5)抗压强度。

①(23±1)℃抗压强度的试验步骤如下:

a. 按热熔型涂料密度试验步骤①的方法制备 3 块试块,在温度为(23±2)℃、相对湿度为(50±5)%的条件下放置 24 h 后,分别放置在精度不低于 0.5 级的电子万能材料试验机球形支座的基板上,调整试块位置及球形支座,使试块与压片的中心线在同一垂线上,并使试块面与加压面保持平行。

b. 启动试验机,设定试验机预负荷为 10 N,加载达到预负荷后,开始记录试验机压头位移,并以 30 mm/min 的速度加载,直至试块破坏时为止,记录抗压荷载。

a) 有明显屈服点的材料,取其屈服荷载为抗压荷载;

b) 无明显屈服点的脆性材料,取其出现破裂时的荷载为抗压荷载;

c) 无明显屈服点的柔性材料,取其压下试块高度的 20% 时的最大荷载为抗压荷载。

c. 按式(4-3)计算抗压强度。

$$R_t = P/A \tag{4-3}$$

式中 R_t——抗压强度(MPa);

P——抗压荷载(N);

A——加压前断面面积(mm^2)。

d. 分别计算 3 块试块的 R_t 值,取其平均值。

②(60±2)℃抗压强度的试验步骤如下:

a. 按热熔型涂料密度试验步骤①的方法制备 3 块试块,在温度为(23±2)℃、相对湿度为(50±5)%的条件下放置 24 h;将试块在(60±2)℃烘箱或小型高低温箱内恒温 4 h 后,立即取出;分别放置在精度不低于 0.5 级的电子万能材料试验机球形支座的基板上,调整试块位置及球形支座,使试块与压片的中心线在同一垂线上,并使试块面与加压面保持平行。

b. 按上述步骤①中 b~d 项规定的方法进行。

(6)耐磨性。

①采用符合要求的漆膜磨耗试验仪进行试验,荷重砝码为 1 000 g。

②试验步骤如下:

a. 在如图 4-32 所示的材质为 Q235 钢的制样器模腔涂上一薄层丙三醇,待干燥后,将涂料熔融试样注入内腔,使其流平,如不能流平,可将试模先预热,并趁热软时在中心处开一直径约为 7 mm 的试孔;

b. 同一试样应制成 3 块试板,将试板放置在玻璃板上,在标准试验条件下放置 24 h 后,将 3 块试板按《色漆和清漆 耐磨性的测定 旋转橡胶砂轮法》(GB/T 1768—2006)的规定进行试验,试验转数为 200 转;

c. 分别计算 3 块试板的磨耗值,取其平均值。

(7)涂层低温抗裂性。试验步骤如下:

①按热熔型涂料涂层外观试验步骤制备试板,并用 5 倍放大镜观测是否有裂纹,如有裂纹应重新制板;

②将制备好的试板平放于温度为(-10±2)℃的低温箱内并保持 4 h,取出后在室温下放置 4 h,完成一个周期,连续做 3 个周期;

③取出后用 5 倍放大镜观其有无裂纹。

(8)加热稳定性。试验步骤如下:

①取一定量的试料放在金属容器内,在搅拌状态下加热至 180~220 ℃,使试料完全熔融,且在金属容器内上下均匀一致,无气泡;

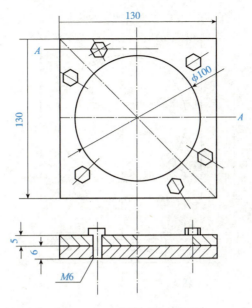

图 4-32 耐磨性制样示意图

②在(200±10)℃条件下持续保温 4 h，观察此过程中是否有明显泛黄、焦化、结块等现象；

③4 h 后，按热熔型涂料色度性能的试验步骤规定的方法制备试片，并测定其色品坐标和亮度因数。

(9)流动度。采用热熔型涂料流动度测试仪进行试验。试验步骤如下：

①在如图 4-33 所示的制样器的模腔涂上一薄层丙三醇，丙三醇干燥后，将加热至(200±10)℃的(120±10)g 涂料熔融试样注入内腔中心部位，在标准试验条件下使其自然流平，同一试样应制成 3 块试板。试板完全干燥后应除净其上黏附的丙三醇。

②将试板在标准试验条件下放置 24 h 后，使用热熔型涂料流动度测试仪进行流动度测试。测试仪的面积测量精度不应低于 0.1 mm²，质量测量精度不应低于 0.01 mg。同时做 3 个平行试验。

③按式(4-4)计算流动度。

$$S = B/m \tag{4-4}$$

式中　S——流动度(mm²/g)；

　　　B——试样面积(mm²)；

　　　m——试样质量(g)。

④分别计算 3 块试板的 S 值，取其平均值。

(10)耐热变形性。按《路面防滑涂料》(JT/T 712—2008)规定的方法进行。

(11)总有机物含量。试验步骤如下：

①按热熔型涂料密度试验步骤①的方法制备 3 块试块，在标准试验条件下放置 24 h 后，采用机械破碎方法将每块试块破碎成直径小于 2 mm 的小块。

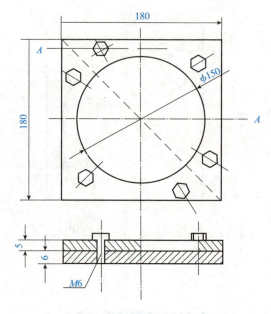

图 4-33 流动度制样器示意

②将破碎后的试块放入 30～50 mL 的瓷坩埚中,并置于干燥器中干燥,24 h 后称重(精确至 0.01 g)。

③称重后将含破碎试块的瓷坩埚放入最高使用温度不低于 1 000 ℃、温控精度±25 ℃以内的马弗炉中,在(500±25)℃试验条件下加热 2 h 后降至室温,取出后放置在干燥器中,24 h 后进行第一次称重(精确至 0.01 g)。

④将第一次称重后的样品按步骤③规定的方法进行重复试验,并进行第二次称重,直至两次称重后质量测量值之差不大于 0.02 g,则达到恒重状态,停止加热试验。同时做 3 个平行试验。

⑤按式(4-5)计算总有机物含量。

$$T=\frac{m_1-m_2}{m_1-m_0}\times100\% \tag{4-5}$$

式中 T——总有机物含量;

m_0——瓷坩埚质量(g);

m_1——瓷坩埚与破碎后试块质量(g);

m_2——瓷坩埚与破碎后试块(500±25)℃加热 2 h 后质量(g)。

⑥分别计算 3 个平行试验的 T 值,取其平均值。

(12)包装。采用目测核查方法,对涂料的外包装是否为热熔型涂料用 EVA(乙烯-醋酸乙烯共聚物)包装袋及包装袋的检测报告、材质证明单等是否齐全有效逐项核查,也可对 EVA 包装袋按《路面标线涂料》(JT/T 280—2022)附录 C 的规定进行检验。

3. 溶剂型涂料试验方法

(1)密度。按《色漆和清漆 密度的测定 比重瓶法》(GB/T 6750—2007)规定的方法进行,采用金属比重瓶进行测量。

(2)黏度。溶剂普通型按《涂料粘度测定法》(GB/T 1723—1993)规定的方法进行，采用涂-4黏度计进行测量。溶剂反光型按《涂料黏度的测定 斯托默黏度计法》(GB/T 9269—2009)规定的方法进行。

(3)不粘胎干燥时间。试验步骤如下：
①按溶剂型、双组分、水性涂料层外观试验步骤 a 项的方法制成涂层；
②涂后立刻按下秒表，等待 5 min 后使用不粘胎测定仪测试涂料不粘胎干燥时间；
③按热熔涂料耐磨性试验步骤 b 项和 c 项规定的方法进行。

(4)遮盖率。试验步骤如下：
①将原样品用 300 μm 的漆膜涂布器涂布在遮盖率测试纸上，沿长边方向在中央涂约 80 mm×200 mm 的膜，并使涂面与遮盖率测试纸的白面和黑面呈直角相交，相交处在遮盖率测试纸的中间；
②涂面向上放置 24 h 后，在涂面上任意取 3 点用 D_{65} 光源 45°/0°色度计测定遮盖率测试纸白面上和黑面上涂膜的亮度因数，取其平均值；
③遮盖率按式(4-6)计算。

$$H = B/W \times 100\% \qquad (4-6)$$

式中 H——遮盖率(反射对比率)；
B——黑面上涂膜亮度因数平均值；
W——白面上涂膜亮度因数平均值。

(5)耐磨性。试验步骤如下：
①试板的制备按《色漆和清漆 耐磨性的测定 旋转橡胶砂轮法》(GB/T 1768—2006)中第 7 章的规定进行；
②按热熔性涂料耐磨性试验步骤中 b 和 c 项规定的方法进行。

(6)附着性。按《漆膜划圈试验》(GB/T 1720—2020)规定的方法进行。

(7)柔韧性。按《漆膜、腻子膜柔韧性测定法》(GB/T 1731—2020)规定的方法进行。

(8)固体含量。按《色漆、清漆和塑料 不挥发物含量的测定》(GB/T 1725—2007)规定的方法进行。

4. 路面标线涂料产品检验规则

(1)检验分类。
①标线涂料产品检验规则包括出厂检验和型式检验两部分内容。
②型式检验的样品应在生产线终端或生产单位的成品库内抽取。
③型式检验为每年进行一次，如有下列情况之一时，也应进行型式检验：
a. 新试制的产品；
b. 正式生产过程中，如原材料、工艺有较大改变，可能影响产品性能时；
c. 产品停产达 6 个月后，恢复生产时；
d. 出厂检验结果与上次型式检验有较大差异时；
e. 国家质量监督机构提出型式检验时。
④产品需经生产单位质量检验部门检验合格并附产品质量合格证方可出厂。

(2)组批、抽样和判定规则。

①组批。每批应同时交货或同时生产的，使用同一批原材料、同一生产配方、同一生产工艺的产品组成。

②抽样。抽样应按照《公路交通安全设施质量检验抽样方法》(JT/T 495—2014)的规定。

③判定规则。型式检验如有任一项指标不符合要求，需重新抽取双倍试样，对该项指标进行复验。复验结果仍然不合格时，则判该型式检验为不合格。

5. 标志、包装、运输和储存

(1)标志。应符合《涂料产品包装标志》(GB/T 9750—1998)的规定。

(2)包装。

①热熔型涂料应包装在专用的热熔型涂料用EVA包装袋中，袋口封闭应严密。

②溶剂型、双组分、水性涂料应包装在清洁、干燥、施工方便的带盖大开口的塑料或金属容器中。

③应在包装袋、塑料或金属容器外标明涂料储存期。

④随行文件应包括产品合格证，使用说明书，国家权威检测机构出具的产品检验、检测合格报告及证书，其他有关技术资料。

(3)运输。涂料在运输时，应防止日晒雨淋；按照涂料性质的不同，运输时应符合相应的规定。

(4)储存。涂料存放时应保持通风、干燥，防止日光直接照射，并应隔绝火源。夏季温度过高时应设法降温，水性涂料产品存放的温度不应低于0 ℃。

6. 交通标线涂料检测项目

溶剂型涂料、热熔型涂料、双组分、水性涂料四种路面标线用涂料检测项目汇总见表4-13。

表4-13 交通标线涂料检测项目

序号	检测项目	标准、规范
1	热熔状态	《路面标线涂料》(JT/T 280—2022) 6.4.1
2	密度	《路面标线涂料》(JT/T 280—2022) 6.4.2 《色漆和清漆 密度的测定 比重瓶法》(GB/T 6750—2007) 8
3	软化点	《色漆和清漆用漆基 软化点的测定 第1部分：环球法》(GB/T 9284.1—2015) 7、8
4	涂膜外观	《路面标线涂料》(JT/T 280—2022) 6.3.6 6.4.4
5	不粘胎干燥时间	《路面标线涂料》(JT/T 280—2022) 6.3.7 6.4.5
6	色度性能	《路面标线涂料》(JT/T 280—2022) 6.3.9
7	抗压强度	《路面标线涂料》(JT/T 280—2022) 6.4.7
8	耐磨性	《色漆和清漆 耐磨性的测定 旋转橡胶砂轮法》(GB/T 1768—2006) 8
9	耐水性	《漆膜耐水性测定法》(GB/T 1733—1993) 9
10	耐碱性	《建筑涂料 涂层耐碱性的测定》(GB/T 9265—2009) 5
11	玻璃珠含量	《路面标线涂料》(JT/T 280—2022) 6.4.11

续表

序号	检测项目	标准、规范
12	流动度	《路面标线涂料》(JT/T 280—2022) 6.4.12
13	低温抗裂性	《路面标线涂料》(JT/T 280—2022) 6.4.13
14	加热稳定性	《路面标线涂料》(JT/T 280—2022) 6.4.14
15	人工加速耐候性	《路面标线涂料》(JT/T 280—2022) 6.5
16	容器中状态	《色漆、清漆和色漆与清漆用原材料取样》(GB/T 3186—2006) 6
17	黏度	《涂料黏度的测定 斯托默黏度计法》(GB/T 9269—2009) 6、7
18	施工性能与涂膜制备	《漆膜一般制法》(GB/T 1727—2021) 6
19	热稳定性	《路面标线涂料》(JT/T 280—2022) 6.3.5
20	遮盖率	《路面标线涂料》(JT/T 280—2022) 6.3.8
21	固体含量	《色漆、清漆和塑料 不挥发物含量的测定》(GB/T 1725—2007) 6
22	冻融稳定性	《路面标线涂料》(JT/T 280—2022) 6.3.16
23	早期耐水性	《路面标线涂料》(JT/T 280—2022) 6.3.17

三、玻璃珠品质要求及质量检测

玻璃珠可有效改善路面标线涂料逆反射性能，提高夜间标线的识别性，提高标线的亮度和耐久性。这里主要介绍玻璃珠分类、技术要求、试验检测方法及检验规则。涉及的标准为《路面标线用玻璃珠》(GB/T 24722—2020)。

(一)玻璃珠产品分类

1. 根据玻璃珠与路面标线涂料的结合方式不同分类

根据玻璃珠与路面标线涂料的结合方式不同，可分为面撒玻璃珠和预混玻璃珠两种。

(1)面撒玻璃珠是指涂料在路面划出标线后，撒布在未干标线涂料表面的玻璃珠。

(2)预混玻璃珠是指在路面标线涂料划线之前，均匀混合在该涂料中的玻璃珠。

2. 根据玻璃珠的折射率不同分类

根据玻璃珠的折射率不同，将玻璃珠分为低折射率玻璃珠、中折射率玻璃珠、高折射率玻璃珠三种。其折射率(RI)依次分别为 $1.50 \leqslant RI < 1.70$、$1.70 \leqslant RI < 1.90$、$RI \geqslant 1.90$。

3. 根据玻璃珠表面处理与否分类

根据玻璃珠表面处理与否，可分为镀膜玻璃珠和普通玻璃珠。

4. 根据玻璃珠粒径不同分类

路面标线用玻璃珠根据粒径分布不同，可分为1号、2号、3号、4号4个型号，见表4-14。

(二)路面标线用玻璃珠产品用途

根据玻璃珠粒径分布不同分为1号、2号、3号、4号4种型号。

(1)1号玻璃珠宜用作热熔型、双组分、水性路面标线涂料的面撒玻璃珠。

(2) 2号玻璃珠宜用作热熔型、双组分路面标线涂料的预混玻璃珠。

表 4-14 玻璃珠的粒径分布表

型号	玻璃珠粒径 S/μm	玻璃珠质量分数/%
1号	850 残留	0
	600~850	15~30
	300~600	30~75
	106~300	10~40
	106 通过	0~5
2号	600 残留	0
	300~600	50~90
	150~300	5~50
	150 通过	0~5
3号	212 残留	0
	90~212	96~100
	90 通过	0~4
4号	1 400 残留	0
	600~1 400	95~100
	600 通过	0~5

(3) 3号玻璃珠宜用作溶剂型路面标线涂料的面撒玻璃珠。

(4) 4号玻璃珠为雨夜玻璃珠，宜与非雨夜玻璃珠配合使用，用作热熔型、双组分路面标线涂料的面撒玻璃珠。

(三) 玻璃珠产品技术要求

1. 外观要求

玻璃珠应为无色、白色或淡黄色球体，清洁无明显杂物；在显微镜或投影仪下，非集合体形状玻璃珠应为无色透明的球体，光洁圆整，玻璃珠内无明显气泡或杂质；在显微镜下，集合体形状雨夜玻璃珠应表面清洁，无明显凸出物。

2. 粒径分布

玻璃珠粒径分布应符合表 4-14 中的相关规定。

3. 成圆率

对于低折射率玻璃珠，1号、2号玻璃珠有缺陷的玻璃珠，如椭圆形珠、卫星玻璃珠、撕裂玻璃珠、熔融玻璃珠、略圆玻璃珠、不透明玻璃珠、乳白色玻璃珠、含气泡玻璃珠、谷粒玻璃珠、外来颗粒等的质量应小于玻璃珠总质量的 20%，即玻璃珠成圆率不小于 80%，其中1号玻璃珠粒径在 850~600 μm 范围内玻璃珠的成圆率不应小于 70%。对于高、中折射率玻璃珠，有缺陷的玻璃珠质量分数不应大于 20%。

4. 密度

玻璃珠的密度应在 2.4～4.3 g/cm³ 的范围内。

5. 折射率

玻璃珠的折射率应符合《路面标线用玻璃珠》(GB/T 24722—2020)的相关规定。

6. 耐水性

在沸腾的水浴中加热后,玻璃珠表面不应呈现发雾现象。对 1 号和 2 号玻璃珠中和,0.01 mol/L 盐酸溶液的最终用量不应大于 10 mL;对 3 号玻璃珠中和,0.01 mol/L 盐酸溶液的最终用量不应大于 15 mL。

7. 磁性颗粒含量

玻璃珠中磁性颗粒的含量不得大于 0.1%。

8. 防湿涂层要求

所有玻璃珠应通过漏斗而无停滞现象。

9. 铅含量

玻璃珠中铅含量不应大于 200 mg/kg。

10. 砷含量

玻璃珠中砷含量不应大于 200 mg/kg。

11. 锑含量

玻璃珠中锑含量不应大于 200 mg/kg。

(四)玻璃珠产品试验方法

常规交通标线用玻璃珠检测项目采用标准《路面标线用玻璃珠》(GB/T 24722—2020)。

1. 试样的制备

随机抽取一整袋玻璃珠样品。将该袋玻璃珠倒入一干燥容器中,再从该容器倒入另一容器,如此重复 3 次,使整袋玻璃珠混合均匀。将混合均匀的玻璃珠倒入二分器中分割得到试样。

2. 试验条件

试验应在温度为 20～25 ℃、相对湿度为(50±5)%的环境条件中进行。

3. 外观

目测玻璃珠在容器中的状态,将少许玻璃珠样品放在载玻片上,用放大倍数不小于 10 倍的显微镜或投影仪进行外观检查。

4. 粒径分布

(1)筛分法。

①将若干玻璃珠试样在 105～110 ℃的温度下干燥 1 h。在干燥器中冷却至室温后,称取约 200 g 样品,精确到 0.1 g。倒入一组标准试验筛中。

②该组筛网的孔径应依次为 1 400 μm、850 μm、600 μm、300 μm、212 μm、150 μm、106 μm、90 μm,标准试验筛的质量应符合《试验筛 技术要求和检验 第 1 部分:金属丝编

织网试验筛》(GB/T 6003.1—2022)的有关规定。标准筛网孔尺寸与目数对应关系参见《路面标线用玻璃珠》(GB/T 24722—2020)附录 C。

③盖上试验筛网盖，开动振筛机，振筛机的摇动次数为 290 次/min，拍击次数为 156 次/min。振动 5 min，取下试验筛，分别称量各筛网上的样品质量及托盘上留存的样品质量，精确到 0.1 g。若网眼被玻璃珠堵住，可用刷子从筛网下面将其刷出，作为该筛网筛余的样品。如果筛后玻璃珠总质量少于最初所取样品的 98%，需重新取样测试。

④按下式分别计算出各筛网筛的累积质量分数，精确到小数点后一位。

$$Q = n/N \times 100\% \tag{4-7}$$

式中　Q——各试验筛网的累积质量分数；

　　　n——各试验筛网及孔径大于该筛网孔径的所有筛网上筛余样品的总质量(g)；

　　　N——筛后样品的总质量(g)。

⑤如此共进行 3 次试验，取 3 次试验结果的算术平均值为测试结果。

⑥根据各标准试验筛网和托盘上筛余样品的质量分数，对照表 4-14 的规定，检查玻璃珠的粒径分布。

⑦1 号、2 号、3 号、4 号玻璃珠以外的其他粒径分布的玻璃珠，可参照《路面标线用玻璃珠》(GB/T 24722—2020)附录 B 的试验方法进行粒径分布测试。

(2)粒径测试仪法。可使用粒径测试仪测量玻璃珠的粒径，并估算粒径分布。对试验结果有异议时，以筛分法试验结果为准。

5. 成圆率/缺陷玻璃珠百分数

(1)成圆率。

①使用玻璃珠选形器进行成圆率试验。玻璃珠选形器示意如图 4-34 所示。

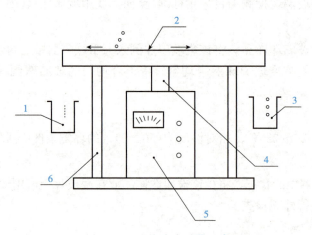

图 4-34　玻璃珠选形器示意

1—不圆珠收集器；2—玻璃平板；3—圆珠收集器；4—振动器；5—调节器；6—支撑架

②用蘸有少许工业酒精的脱脂棉球清洁玻璃珠选形器的玻璃平板及玻璃珠收集器。

③从玻璃珠试样中称取约 20 g 样品，精确到 0.1 g。

④开启玻璃珠选形器的电源开关，调节玻璃平板的斜度和振动器的振幅，使玻璃板上有

缺陷的玻璃珠慢慢向上移动，圆的玻璃珠向下滚动。

⑤用小勺慢慢向选形器玻璃平板喂料，使所有圆珠滚落到圆珠收集器中，有缺陷的玻璃珠进入不圆珠收集器内，直至玻璃珠样品全部分离完毕。喂料时，应避免出现玻璃珠在玻璃平板上堆积或大量滑落的现象。

⑥将收集到的圆玻璃珠和有缺陷的玻璃珠分别再次通过玻璃珠选形器进行分离，直至所有的圆玻璃珠通过选形器后不再分离出带缺陷的玻璃珠，且所有有缺陷玻璃珠通过选形器后，不再分离出圆玻璃珠。

⑦分别称出分离得到的所有圆玻璃珠的总质量 N 和有缺陷玻璃珠的总质量 C，精确到 0.1 g。

⑧按式(4-8)计算玻璃珠成圆率 P。

$$P = \frac{N}{N+C} \times 100\% \tag{4-8}$$

式中　P——成圆率；

　　　N——圆玻璃珠的总质量(g)；

　　　C——有缺陷的玻璃珠的总质量(g)。

⑨按粒径分布规定的方法，筛选粒径为 850～600 μm 范围的玻璃珠，从中称取约 20 g 样品，精确到 0.1 g。重复步骤④～⑧。得出该粒径范围玻璃珠的成圆率。

⑩如此共进行 3 次试验，取 3 次试验结果的算术平均值为测试结果。

(2)缺陷玻璃珠百分数。将玻璃珠样品单层布撒在载玻片上，制作 6 片。用放大倍数不小于 100 倍的显微镜进行观察，每片载玻片应至少观察 100 粒玻璃珠。记录玻璃珠的形态。每片观察区域内缺陷玻璃珠差值不超过 20 粒，取各片缺陷玻璃珠百分数的平均值。

6. 密度

玻璃珠密度试验步骤如下：

(1)将若干玻璃珠用蒸馏水或去离子水清洗干净，置于 110 ℃±5 ℃的烘箱内干燥 1 h，取出冷却至室温。称取约 100 g 玻璃珠样品的质量 W_1，精确到 1 g。

(2)把化学纯的二甲苯倒入 100 mL 量筒内，至刻度 100 mL 处。称其质量 W_2，精确到 1 g，然后将二甲苯倒出。

(3)把质量为 W_1 的玻璃珠样品倒入量筒内，加入二甲苯至 100 mL 刻度，称其质量 W_3，精确到 1 g。

(4)按式(4-9)计算玻璃珠密度，精确到小数点后两位。

$$D = W_1 \cdot d / (W_1 + W_2 - W_3) \tag{4-9}$$

式中　D——玻璃珠的密度(g/cm³)；

　　　W_1——玻璃珠样品的质量(g)；

　　　d——在该室温下二甲苯密度(g/cm³)；

　　　W_2——装有 100 mL 二甲苯后量筒的质量(g)；

　　　W_3——加入玻璃珠样品和二甲苯至刻度 100 mL 后量筒的质量(g)。

(5)如此共进行 3 次试验，取 3 次试验结果的算术平均值为测试结果。

7. 折射率

(1) 浸液法。

①取少许玻璃珠放入凹槽玻片上,将其浸没在已知折射率的液体中。

②将凹槽玻片放在显微镜载物台上,调节聚光器至最大设置,将显微镜光圈调至最大,打开显微镜光源。

③移动尺寸约为 10 cm×10 cm 的带直边的黑板至聚光器下,通过目镜可观察到可视区域一半阴暗,另一半明亮。

④对照图 4-35 进行观察,判定玻璃珠的折射率与液体折射率的大小。

⑤用折射率不同的液体,重复上述步骤,直到找到与玻璃珠具有相同折射率的液体,或找到两种具有相近折射率的液体,且玻璃珠的折射率介于两种液体折射率之间。液体的折射率可以用阿贝折射仪测量,并修正到 20 ℃。常用液体 20 ℃时的折射率见表 4-15。

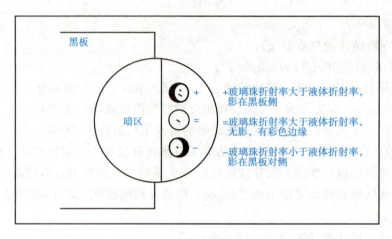

图 4-35 玻璃珠折射率测定

表 4-15　20 ℃时常用液体的折射率

名称	折射率	名称	折射率
凡士林油	1.470	溴苯	1.560
1-碘丙烷	1.505	1,1-二苯基乙烯	1.610
柏木油	1.510	1-溴萘	1.658
水杨酸甲酯	1.530	二碘甲烷	1.755

(2) 二次彩虹法。可用二次彩虹法测试高折射率玻璃珠的折射率,测试原理见《道路逆反射材料用玻璃珠 第 1 部分:通则》(JT/T 1035.1—2016)的附录 B。对试验结果有异议时,以浸液法试验结果为准。

8. 耐水性

玻璃珠的耐水性试验步骤如下:

(1)称取 10 g 玻璃珠,倒入 250 mL 的锥形瓶中,向瓶内注入 100 mL 的蒸馏水,将锥形瓶置于沸腾的水浴中加热 1 h。

(2)待瓶中的水冷却至室温,用酚酞作指示剂,用 0.01 mol/L 的盐酸溶液滴定至中性,盐酸溶液的用量为 V_1。

(3)用 100 mL 的蒸馏水进行空白试验,空白值为 V_2。

(4)按式(4-10)计算盐酸溶液的最终用量 V。

$$V = V_1 - V_2 \tag{4-10}$$

式中　V——盐酸溶液的最终用量(mL);

V_1——不扣除空白值时盐酸溶液的用量(mL);

V_2——空白值(mL)。

(5)如此共进行 3 次试验,取 3 次试验结果的算术平均值作为测试结果。

9. 磁性颗粒含量

(1)从玻璃珠试样中称取约 200 g 样品 m_1,精确到 0.01 g。

(2)将永久磁铁安装在一框架上,如图 4-36 所示。在磁铁上放一块玻璃板,组成磁性颗粒分选架。

(3)在玻璃板上放一张光滑的白纸,用手固定住白纸,慢慢将玻璃珠样品撒布到磁性区域中,使玻璃珠从纸上滑落至样品盘,磁性颗粒留在纸上。将纸从下边慢慢提起至水平位置,用毛刷将纸上的磁性颗粒刷到样品杯中。

(4)重复上述步骤(3),使玻璃珠反复通过磁性区,重复 3 次,或直至纸上无磁性颗粒。称取收集到的全部磁性颗粒的质量 m_2,精确至 0.01 g。

(5)按式(4-11)计算玻璃珠中磁性颗粒含量 C,精确到小数点后两位。

$$C = m_2 / m_1 \times 100\% \tag{4-11}$$

式中　C——磁性颗粒含量;

m_1——收集到的全部磁性颗粒的质量(g);

m_2——玻璃珠样品的质量(g)。

(6)如此共进行 3 次试验,取 3 次试验结果的算术平均值作为测试结果。

10. 防湿涂层性能

(1)从玻璃珠试样中称取约 400 g 样品,将其倒入支数为 48×48、尺寸约为 450 mm× 250 mm 的棉布袋中。将布袋浸入含有至少 4 L 干净水的容器中,至少保持 30 s,且布袋完全浸没。

(2)将布袋从水中取出,扭紧布袋上部将水挤出。保持布袋上部扭紧状态,将其悬挂,室温保持 2 h,使布袋滴干。

(3)2 h 后,立即松开并振动布袋,使玻璃珠与布袋松开。

(4)将玻璃珠倒入总长为 120 mm、顶端内径为 150 mm、细管内径为 6.25 mm 的干净、干燥漏斗中。刚倒入玻璃珠时,如果玻璃珠阻塞了漏斗,轻敲漏斗细管引导玻璃珠流动。观察玻璃珠流动状况。

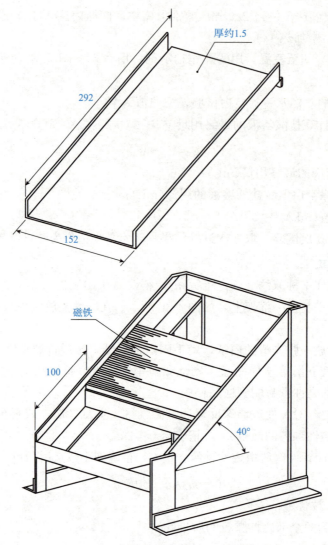

图 4-36 磁性颗粒分选器示意

11. 铅含量、砷含量、锑含量

按照《含铅玻璃化学成分分析方法》(GB/T 33503—2017)规定的方法测试。

(五)路面标线用玻璃珠产品检验规则

1. 检验分类

按《路面标线用玻璃珠》(GB/T 24722—2020)的规定,对玻璃珠质量的检验分出厂检验和型式检验两种形式。

2. 出厂检验

(1)在产品出厂前应随机抽取足够数量的样品,按要求进行检验,检验合格后方可出厂。

(2)出厂检验项目如有任何一项指标不符合本标准要求,则应从同一批产品中再抽取双倍试样,对该项指标进行复验。若复验合格,则判定该批产品合格;若复验不合格,则判定该批产品不合格。

3. 型式检验

(1)型式检验应在生产线终端或生产单位仓库内抽取样品。

(2)型式检验为每年进行1次。

如有下列情况之一时,也应进行型式检验:

a. 新设计试制的产品;

b. 正式生产过程中,如原材料、工艺有较大改变,可能影响产品性能时;

c. 出厂检验结果与上次型式检验有较大差异时;

d. 国家质量监督机构提出型式检验时。

(3)型式检验时,如有任何一项指标不符合本标准要求时,则需重新抽取双倍试样,对该项指标进行复验,复验结果仍然不合格时,则判定该次型式检验为不合格。

(六)路面标线用玻璃珠的包装、运输和储存

1. 包装

(1)路面标线用玻璃珠应使用双层包装。内包装为聚乙烯袋,热压封口。外包装为塑料编织袋或具有防潮功能的纸桶或其他桶状物。每袋(桶)包装中,应有产品质量检验合格证。塑料编织袋包装时,每袋质量为25 kg±0.2 kg;桶装玻璃珠的每桶净质量不大于25 kg。

(2)每批路面标线用玻璃珠,厂方应提供使用说明。

2. 运输

运输中应防止雨淋和碰撞硬物,避免路面标线用玻璃珠受潮或包装袋(桶)破损。

3. 储存

储存路面标线用玻璃珠应储存在干燥通风的仓库内。应按类堆码,不应与强酸、强碱等对玻璃有腐蚀作用的物品混放。

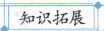

水性道路标线漆的性能特点及其应用

道路交通标线的主要功能是引导管制车辆在道路上安全地行驶。道路标线的全天候视认性、防滑性是衡量道路标线涂料性能的重要指标。环保型的道路水性交通标线材料安全,不燃,无毒,对环境无害,对生产和施工人员无害,使用寿命长,性价比高,低碳节能,是符合当今环境保护要求的新型绿色交通标线产品。

随着生态环保、低碳节能要求的提高,环保型水性道路标线材料成为行业应用发展的趋势。美国从1988年起有5个州采用道路水性漆,发展至1998年有47个州采用道路水性漆,至1999年美国道路水性漆用量在道路标线漆中超过了80%。在欧洲各国,1996年道路水性漆仅占欧洲市场的3%,1998年已达到12%,现瑞典和芬兰道路水性漆用量比例达到了95%,德国、法国和奥地利道路标线漆也已开始全面转向水性漆。在亚太地区,日本、韩国、马来西亚、泰国等道路标线漆也开始转向环保型的水性漆。

1. 水性道路标线漆的性能特点

(1)全天候(白天、夜间、雨夜)视认性强。全天候视认性是指无论白天、夜晚、雨天都能清晰地识别和认清标线。标线逆反射亮度系数($mcd \cdot m^{-2} \cdot lx^{-1}$)是衡量标线夜间可视性的一个重要的指标。根据《道路交通标线质量要求和检测方法》(GB/T 16311—2009)及《新划路面标线初始逆反射亮度系数及测试方法》(GB/T 21383—2008),我国对于路面标线的光度性能测试参照了欧洲标准化委员会所确定的几何条件,即被观察点与车辆中观察者水平距离30 m,观察者眼睛距离地面1.2 m,车前灯在同一垂直平面内的高度为0.65 m,路面标线位于车前灯的正前方。

路面标线的夜间可视性主要依据发光源(车灯)光线射入标线中玻璃珠而产生反射光回馈至司机眼睛的视觉效果。玻璃珠的状态直接影响反射效果。要求标线玻璃珠应有30%～50%暴露在涂膜表面,以达到最佳的反射效果,且玻璃珠直径越大,反射效果越佳,在雨夜条件下越为明显。如果玻璃珠裸露部分少则会导致折射。

水性道路标线漆比其他标线漆具有更薄的涂膜,可使更多的玻璃珠裸露于涂膜表面,从而产生更好的反射效果;同时其采用独特技术,使水基涂料与玻璃珠具有超强的结合力,并使这种结合力保持持久。凭借这一特殊性能,"水基涂料 + 玻璃珠"体系具有优良的反光性能、耐磨性能,无论在白天、夜间和雨夜都具有高度的视认性,从而为行车者提供全天候的安全保障。

(2)涂膜稳定性强,与玻璃珠黏结性好。水性漆采用丙烯酸聚合物作为关键的黏结材料,与热熔涂料采用的马来酸树脂相比,其涂膜中分子之间拉力大。当涂膜水分挥发后,聚合物、玻璃珠等交联成一体,玻璃珠与涂膜黏结性能好;同时,涂膜稳定性好,不受温度变化的影响,玻璃珠不易脱离或整体压入涂膜之中。

(3)防滑安全性、耐磨性好。水性漆涂膜面均匀粗糙,涂膜与表面突出的玻璃珠牢固地结合,使水性漆具有优良的抗滑安全性能和耐磨性能。

(4)施工便捷,可直接重涂水性漆。施工便捷,施工速度是热熔涂料的6倍,最大施工速度可达14～16 km/h。采用Fastrack(快速)技术的道路水性漆的不粘胎时间,在正常条件下为5～10 min,干透时间为20～30 min,大大缩短了开放交通的时间。同时由于涂膜厚度薄,无须铲除旧线,可直接重涂,避免了铲除旧线时对路面造成的损坏,施工效率高。

(5)使用寿命长。《道路交通标线质量要求和检测方法》(GB/T 16311—2009)要求,道路交通标线在正常使用期间,反光标线的逆反射亮度系数应满足夜间视认要求,白色反光标线的逆反射亮度系数不应低于$80 \ mcd \cdot m^{-2} \cdot lx^{-1}$,黄色反光标线的逆反射亮度系数不应低于$50 \ mcd \cdot m^{-2} \cdot lx^{-1}$。根据上述规范要求,道路标线的正常使用寿命,不仅仅是以白天可视性为标准,夜间的可视性同样也被列为可视性标准。此项标线逆反射亮度系数要求,虽略低于欧美等发达国家的标准,但在国内属首次提出,与欧美国家标准基本接轨,提高了道路标线夜间的可视性和安全性。水性漆涂膜薄,玻璃珠外露大,反射效果好,涂膜与玻璃珠黏结强度高、稳定性好、不受温度变化影响。玻璃珠不易脱落或压涂膜,涂膜与突出的玻璃珠牢固黏结形成的表面纹理抗滑性和耐磨性优等特点,为水性漆的反光夜视性及耐久性提供了保障。因此,其使用寿命长。据检测分析比较,水性漆满足夜视性能要求的使用寿命比热熔涂料高2～3倍。

(6)绿色、环保。水性道路标线漆用水替代溶剂，用水性乳液替代溶剂型树脂。溶剂型涂料中溶剂含量达 650 g/L，水性涂料的溶剂含量低于 70 g/L。水性漆产品安全、不燃、无毒，对环境、生产和施工人员无害，低碳节能，符合当今环境保护要求。

(7)价格适中，综合成本低。从单价成本分析，水性道路标线漆价格略低于常用的热熔漆，具有较好的经济性。

2. 水性道路标线漆与热熔漆的现场对比测试

水性标线漆与热熔标线漆的白天与夜间视觉效果，从现场测试的数据分析，水性漆的逆反射亮度系数明显高于热熔漆。道路运营后，水性漆 7 个测点的逆反射亮度系数平均值仍达到 82 mcd·m^{-2}·lx^{-1}，满足规范规定的道路交通标线在正常使用期间反光标线的逆反射亮度系数应满足夜间视认要求及白色反光标线的逆反射亮度系数不应低于 80 mcd·m^{-2}·lx^{-1} 的要求；而热熔漆逆反射亮度系数仅为 10 mcd·m^{-2}·lx^{-1}，大大低于规范规定的要求，几乎不反光，不满足标线夜间视认要求。从标线白天与夜间的视认对比效果看，水性漆与热熔漆白天的视认效果基本相当，但夜间的视认效果道路水性漆明显优于热熔漆。

3. 水性道路标线漆对施工设备的要求

(1)喷涂设备(包括无气型和空气型两种)内凡接触到涂料部分的部件必须为 304 级或更高级的不锈钢材质。

(2)喷涂设备包含两个独立喷涂系统：一个为涂料喷涂系统；另一个为玻璃珠喷涂系统，且两个系统均带压力喷涂。

(3)涂料储罐同样要求不锈钢材质，储罐上配置低剪力隔膜泵或活塞泵以传送涂料至喷涂设备。

(4)严禁空气进入管线、阀门等处，要求使用气密性好的设备以防止涂料结皮、出现颗粒或成团块，而导致涂料性能不稳定。

4. 水性道路标线漆对环境气候的要求

(1)水性道路标线漆施工环境温度应大于 5 ℃，环境湿度应小于 80%。当环境温度低于 5 ℃或环境湿度超过 80%时，不得施工。

(2)不得在雨天或露水着湿的路面上施工。

(3)施工前应查核天气预报，如果 2 h 内可能下雨，或者 2 h 内有露水切勿施工。

5. 水性道路标线漆施工步骤

(1)检查路面状况，区分路面类别，保证路面洁净、干燥、无松散聚集体、粉尘、油脂和灰尘附着物。

(2)喷涂前准备工作：设定涂料泵压，喷嘴尺寸；关闭玻璃珠喷洒开关；在样板上试喷，通过调节车速以达到所要求的湿膜厚度；按规定要求，通过调整喷枪高度以达到标线宽度标准；确认涂膜厚度、标线宽度后，打开玻璃珠喷洒开关，调整玻璃珠喷洒的流量、喷洒弧度以达到玻璃珠喷洒最佳效果。建议玻璃珠用量为涂料用量的一半。

(3)正式喷涂时要求车上配备专门人员负责涂料的添加和玻璃珠的添加，确保喷涂的连续操作。

(4)正式喷涂时要求路面配备专门人员跟车检查标线喷涂质量(标线的厚度、宽度、线形质量、玻璃珠喷洒的均匀性等)同时检查干燥速度。

6. 涂料和设备的清洗及废弃物的处理

水性道路标线漆属于水分散型快速干燥的产品。在涂膜没有干燥前，可以用水直接清洗设备。一旦涂膜成型，不再水溶。因此，建议施工人员严格按下述要求对喷涂设备做好清洗保养工作，以延长设备使用寿命。

(1)一旦停喷，喷枪喷嘴要立即进行清洗，尤其是当天施工结束，喷枪要每天拆开清洗，用尼龙刷子刷，不要用金属刷子，否则碳化钨零件会被金属刷子损坏。

(2)用洁净水冲洗设备，冲洗时要一直冲到冲洗水不再有乳浊现象，否则漆会固化在管道里产生堵塞。

(3)如果水冲洗不能使设备完全洁净，建议使用下述强清洗液：50/50 工业酒精和水；稀氨水，由 50 mL 浓氨水放到 20 mL 水中兑成。注意：一定要将浓氨水加入水中，如果反过来，将水加入浓氨水，则会产生热，使氨气挥发而出。另外，浓氨水有强碱性，会烧伤皮肤和眼睛。一定要遵循供应商的安全使用规定，要佩戴安全眼镜和面罩及经批准的橡胶手套。

(4)在整个冲洗过程中，将含涂料的废水倒入废水集水池沉淀处理或定期将浓度高的冲洗水集中倒入储罐内送有关废水处理厂家处理，不能擅自倒入地下水沟。

7. 道路水性交通标线材料发展前景

环保型的道路水性交通标线材料在欧美等发达国家得以普遍推广应用，是符合当今环境保护要求的新型绿色交通标线产品。随着我国生态环保、低碳节能要求的提高，环保型水性道路标线材料以其优异的材料性能，以及良好的经济性将成为行业应用发展的趋势。

任务三　交通标线质量要求和检测方法

交通标线的质量检测一般包括标线材料检测(路面标线涂料和玻璃珠检测)和施划后的交通标线质量检测两部分。标线材料满足要求是保证交通标线产品质量的基础，保证交通标线的质量，使其达到应有的功能。这里主要介绍施划后的交通标线质量检测。

一、道路交通标线相关标准

目前，对于道路交通标线相关技术要求、质量要求和评定标准的依据主要包括以下三个标准：

(1)《道路交通标志和标线　第 3 部分：道路交通标线》(GB 5768.3—2009)。

(2)《道路交通标线质量要求和检测方法》(GB/T 16311—2009)于 2010 年 4 月 1 日起实施，该标准制定了包括基本要求、外观质量、外形尺寸、标线厚度、色度性能、光度性能和抗滑性能七项质量要求。

(3)《公路工程质量检验评定标准　第一册　土建工程》(JTG F80/1—2017)。

由于三个标准的编制年代和编制目的不同，其相关技术要求、质量要求和评定标准也有所区别。因此，充分理解三项标准间的区别将有利于合理使用各标准及控制道路交通标线质量。

二、相关术语和定义

1. 逆反射

逆反射是指反射光从接近入射光的反方向返回的一种反射。当入射光方向在较大范围内变化时，仍能保持这种性质。

2. 逆反射材料

逆反射材料是指在暴露的表面或接近表面有一薄层连续的微小逆反射元的材料（如反光膜，含玻璃珠的涂料、路面标线或标线带）。

3. 逆反射色

逆反射色是指逆反射材料或逆反射体在夜间条件下，采用标准 A 光源照射时，从接近入射光方向所观测到的逆反射光的颜色。

4. 光亮度因数

光亮度因数是在规定的照明和观察条件下，在给定方向上的物体表面光亮度与相同照明条件下理想漫反射（或透射）体的光亮度之比。

5. 逆反射亮度系数

逆反射亮度系数是观测方向的（光）亮度与垂直于入射光方向的平面上的法向照度之比，以坎德拉每平方米每勒克斯表示（$mcd \cdot m^{-2} \cdot lx^{-1}$）。

6. 抗滑值

抗滑值是指用摆式摩擦系数仪测定的表面抗滑能力，单位是英式抗滑摆值 British Pendulum(tester)Number，简称 BPN。

三、交通标线的质量检测

这里主要介绍施划后的交通标线质量检测。

(一)交通标线的质量要求

1. 基本要求和外观质量要求

(1)《道路交通标线质量要求和检测方法》(GB/T 16311—2009)中对交通标线的规定。

①基本要求。

a. 标线设计应符合《道路交通标志和标线 第 3 部分：道路交通标线》(GB 5768.3—2009)的规定。

b. 使用的标线材料应符合《道路预成形标线带》(GB/T 24717—2009)、《路面标线涂料》(JT/T 280—2022)、《路面防滑涂料》(JT/T 712—2008)等相关标准的要求。

②外观质量要求。

a. 标线应具有良好的视认性，颜色均匀，边缘整齐，线形规则，线条流畅。

b. 标线涂层厚度应均匀，无明显起泡、皱纹、斑点、开裂、发黏、脱落、泛花等缺陷。

c. 反光标线的面撒玻璃珠应均匀，其性能和粒径分布符合《路面标线用玻璃珠》(GB/T

24722—2020)的要求。

(2)《公路工程质量检验评定标准 第一册 土建工程》(JTG F80/1—2017)中对交通标线的规定。

①基本要求。

a. 交通标线施划前路面应清洁,干燥,无起灰。

b. 交通标线用涂料产品应符合现行《路面标线涂料》(JT/T 280—2022)及《路面标线用玻璃珠》(GB/T 24722—2020)的规定;防滑涂料产品应符合现行《路面防滑涂料》(JT/T 712—2008)的规定。

c. 交通标线的颜色、形状和位置应符合现行《道路交通标志和标线 第3部分:道路交通标线》(GB 5768.3—2009)的规定,并应满足设计要求。

d. 反光标线玻璃珠应撒布均匀,施划后标线无起泡、剥落现象。

②外观质量要求。交通标线线形不得出现设计要求以外的弯折。

2. 标线形状、位置允许偏差

(1)《道路交通标线质量要求和检测方法》(GB/T 16311—2009)中规定的标线尺寸允许偏差见表4-16。

表4-16 标线尺寸允许偏差　　　　　　　　　　　　　　　　　　　　mm

项目	尺寸	允许误差
长度	6 000	±30
	5 000	±25
	4 000	±20
	3 000	±15
	2 000	±10
	1 000	±10
间断线的纵向间距	9 000	±45
	6 000	±30
	4 000	±20
	3 000	±15
	2 000	±10
	1 000	±10

注:①长度误差为正负范围(2005版允许有正误差,不允许有负误差);
②标线宽度不允许有负误差

①标线实际位置与设计位置的横向允许误差为±30 mm。

②标线的宽度允许误差为0~5 mm。

③标线长度及间断线纵向间距的允许误差见表 4-17。
④其他标线尺寸的允许误差不超过±5%。
⑤标线设置角度的允许误差为±3°。
(2)《公路工程质量检验评定标准 第一册 土建工程》(JTG F80/1—2017)中规定的标线允许偏差见表 4-17。

表 4-17 标线尺寸允许偏差 　　　　　　　　　　　　　　　　　mm

检查项目	尺寸	允许偏差
标线线段长度	6 000	±30
	4 000	±20
	3 000	±15
	2 000	±10
	1 000	±10
标线纵向间距	9 000	±45
	6 000	±30
	4 000	±20
	3 000	±15
标线横向偏移		≤30
标线宽度		0～5

3. 标线涂层厚度

(1)《道路交通标线质量要求和检测方法》(GB/T 16311—2009)中规定：
①一般标线的厚度范围见表 4-18。
②突起振动标线的突起部分高度为 3～7 mm。若有基线，基线的厚度为 1～2 mm。

表 4-18 标线厚度范围　　　　　　　　　　　　　　　　　　　　　mm

序号	标线种类	标线厚度范围	备注
1	溶剂型涂料标线	0.3～0.8	湿膜
2	热熔型涂料标线	0.7～2.5	干膜
3	水性涂料标线	0.3～0.8	湿膜
4	双组分涂料标线	0.4～2.5	干膜
5	预成形标线带标线	0.3～2.5	干膜

(2)《公路工程质量检验评定标准 第一册 土建工程》(JTG F80/1—2017)的相关实测项目见表 4-19。

表 4-19　标线厚度范围　　　　　　　　　　　　　　　　　　　　　　　mm

检查项目		规定值或允许偏差
标线厚度（干膜）	溶剂型	不小于设计值
	热熔型	+0.5，−0.10
	水性	不小于设计值
	双组分	不小于设计值
	预成形标线带	不小于设计值
	突起型　突起高度	不小于设计值
	基线厚度	不小于设计值

4. 标线涂层的色度性能

《道路交通标线质量要求和检测方法》(GB/T 16311—2009)规定如下：

(1)标线的颜色包括白色、黄色、橙色、红色和蓝色。在规定的使用期限内，标线不应出现明显的变色。

(2)标线各种颜色的表面色(昼间色)，其色品坐标和亮度因数宜在图 4-37 和表 4-20 规定范围内。

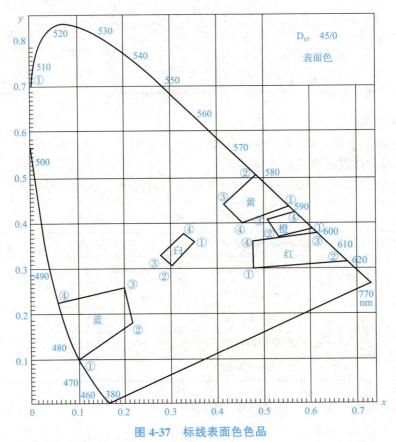

图 4-37　标线表面色色品

表 4-20　标线表面色色品

颜色	色品坐标（标准照明体 D_{65}，照明观测条件 45°/0°，视场角 2°）								亮度因数
	x	y	x	y	x	y	x	y	
白	0.355	0.355	0.305	0.305	0.285	0.325	0.335	0.375	≥0.35
黄	0.560	0.440	0.490	0.510	0.420	0.440	0.460	0.400	≥0.27
橙	0.610	0.390	0.535	0.375	0.506	0.404	0.570	0.429	≥0.14
红	0.480	0.300	0.690	0.315	0.620	0.380	0.480	0.360	≥0.07
蓝	0.105	0.100	0.220	0.180	0.200	0.260	0.060	0.220	≥0.05

(3) 反光标线各种颜色逆反射色(夜间色)，其色品坐标宜在表 4-21 和图 4-38 规定范围内。

表 4-21　反光标线逆反射色色品

颜色		色品坐标（标准 A 光源）							
		x	y	x	y	x	y	x	y
反光标线	白	0.480	0.410	0.430	0.380	0.405	0.405	0.455	0.435
	黄	0.575	0.425	0.508	0.415	0.473	0.453	0.510	0.490

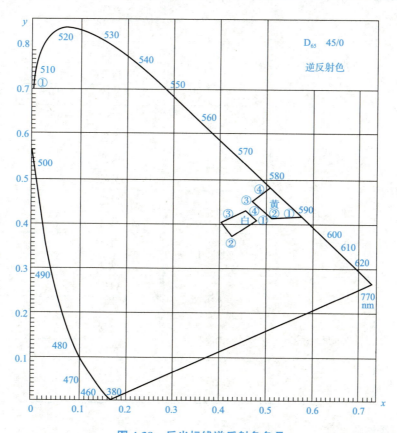

图 4-38　反光标线逆反射色色品

5. 光度性能(反光标线)

(1)《道路交通标线质量要求和检测方法》(GB/T 16311—2009)中规定的逆反射亮度系数值的规定如下:

①正常使用期间,反光标线的逆反射亮度系数应满足夜间视认要求。一般情况下,白色反光标线的逆反射亮度系数不应低于 80 mcd·m^{-2}·lx^{-1},黄色反光标线的逆反射亮度系数不应低于 50 mcd·m^{-2}·lx^{-1}。

②新划标线的初始逆反射亮度系数应符合《新划路面标线初始逆反射亮度系数及测试方法》(GB/T 21383—2008)的规定,白色反光标线的逆反射亮度系数不应低于 150 mcd·m^{-2}·lx^{-1},黄色反光标线的逆反射亮度系数不应低于 100 mcd·m^{-2}·lx^{-1}。

③雨夜标线应具备潮湿状态下的逆反射性能,在雨夜具有良好的视认效果。

(2)《公路工程质量检验评定标准 第一册 土建工程》(JTG F80/1—2017)中规定的相关实测项目见表 4-22。

表 4-22 逆反射亮度系数要求　　　　　　　　　　　mcd·m^{-2}·lx^{-1}

检查项目				规定值或允许偏差
逆反射亮度系数	非雨夜反光标线	Ⅰ级	白色	≥150
			黄色	≥100
		Ⅱ级	白色	≥250
			黄色	≥125
		Ⅲ级	白色	≥350
			黄色	≥150
		Ⅳ级	白色	≥450
			黄色	≥175
	雨夜反光标线	干燥	白色	≥350
			黄色	≥200
		潮湿	白色	≥175
			黄色	≥100
		连续降雨	白色	≥75
			黄色	≥75
	立面反光标记	干燥	白色	≥400
			黄色	≥350
		潮湿	白色	≥200
			黄色	≥175
		连续降雨	白色	≥100
			黄色	≥100

6. 标线抗滑性能

(1)《道路交通标线质量要求和检测方法》(GB/T 16311—2009)中明确防滑标线的抗滑值

应不小于 45BPN。

(2)《公路工程质量检验评定标准 第一册 土建工程》(JTG F80/1—2017)中规定抗滑标线抗滑值应不小于 45BPN，彩色防滑标线抗滑值应满足设计要求。

7. 交通标线质量检测项目及采用标准汇总表(表 4-23)

表 4-23　交通标线检测项目及采用标准

序号	检测项目	标准、规范
1	外观质量	《道路交通标线质量要求和检测方法》(GB/T 16311—2009)　6.2
2	外形尺寸	《道路交通标线质量要求和检测方法》(GB/T 16311—2009)　6.3
3	标线厚度	《道路交通标线质量要求和检测方法》(GB/T 16311—2009)　6.4
4	色度性能(表面色)	《道路交通标线质量要求和检测方法》(GB/T 16311—2009)　6.5.1
5	光度性能	《逆反射体光度性能测量方法》(JT/T 690—2022)　6
5	光度性能	《新划路面标线初始逆反射亮度系数及测试方法》(GB/T 21383—2008)　6
6	抗滑性能	《道路预成形标线带》(GB/T 24717—2009)　附录 B
7	交通标线施工质量及性能测试	《公路工程质量检验评定标准 第一册 土建工程》(JTG F80/1—2017)　11.3.2

(二)检测方法

交通标线的检测方法涉及标准有《道路交通标线质量要求和检测方法》(GB/T 16311—2009)和《公路工程质量检验评定标准 第一册 土建工程》(JTG F80/1—2017)。

1. 路面标线

(1)取样。

①纵向实线或间段线。测量范围小于或等于 10 km 时，以整个测量范围为一个检测单位，在标线的起点、终点及中间位置，选取 3 个 100 m 为核查区域，再从每个核查区域中随机连续选取 10 个测试点；测量范围大于 10 km 时，取每 10 km 为一个检测单位，分别选取核查区域和测试点。

②图形、字符或人行横道线。以每 1 500 m² 标线面积为一个检测单位，从每个检测单位中选取 3 个有代表性的图形、字符或人行横道线为核查区域，再从每个核查区域中随机选取 5 个测试点。

③新划路面标线初始逆反射亮度系数的取样应执行《新划路面标线初始逆反射亮度系数及测试方法》(GB/T 21383—2008)。

(2)外观质量要求(目测)。

①标线线形应流畅，与道路线形相协调，曲线圆滑，不允许出现折线。

②反光标线玻璃珠应撒布均匀，附着牢固，反光均匀。

③标线表面不应出现网状裂缝、断裂裂缝、起泡现象。

(3)检查项目及频率。《公路工程质量检验评定标准 第一册 土建工程》(JTG F80/1—2017)中规定的路面标线实测项目的抽样频率要求见表 4-24。

表 4-24 路面标线检查项目

项次	检查项目		规定值或允许偏差	检查方法和频率
1	标线线段长度/mm	6 000	±30	钢卷尺,每千米测3处,每处测3个线段
		4 000	±20	
		3 000	±15	
		1 000~2 000	±10	
2	标线宽度/mm	400~450	+15, 0	钢尺,每千米测3处,每处测3点
		150~200	+8, 0	
		100	+5, 0	
3	标线厚度/mm	常温型(0.12~0.2)	−0.03, +0.10	湿膜厚度计;干膜用水平尺、塞尺或卡尺,每千米测3处,每处测6点
		加热型(0.20~0.4)	−0.05, +0.15	
		热熔型(1.0~4.50)	−0.10, +0.50	
4	标线横向偏移/mm		±30	钢卷尺,每千米测3处,每处测3点
5	标线纵向间距/mm	9 000	±45	钢卷尺,每千米测3处,每处测3个线段
		6 000	±30	
		4 000	±20	
		3 000	±15	
6	反光标线逆反射亮度系数/(mcd·m^{-2}·lx^{-1})		白色标线≥150 黄色标线≥100	反光标线逆反射系数测量仪,每千米测3处,每处测9点
7	抗滑值			每千米测3处

注:抗滑标线、彩色防滑标线测量抗滑值

(4)外形尺寸。用分度值不大于0.5 mm的钢卷尺测量抽样检测点上的标线所在位置、标线宽度及间断线的实线段长度、纵向间距以及其他标线的尺寸,取其算术平均值,其误差应符合《道路交通标线质量要求和检测方法》(GB/T 16311—2009)和《公路工程质量检验评定标准 第一册 土建工程》(JTG F80/1—2017)的规定。

用测量精度为±0.5°的量角器测量标线的角度,取其算术平均值,其误差应符合相关标准的规定。

(5)标线厚度。

①湿膜厚度。在标线施工时,把一块厚度0.3 mm以上、面积为300 mm×500 mm光亮平整的金属片或厚度2 mm以上、面积为300 mm×500 mm玻璃片放置在路面将要划制标线的始端或终端处,待划线机划过后,立即将符合规定的湿膜厚度梳规垂直插入涂在金属片或玻璃片上的标线湿膜中,稳定地保持3 s,然后垂直提出,观察涂料覆盖湿膜厚度梳规齿格的位置,读出相应数值。在每片涂层的四角距涂层边缘20 mm处读出4个数,取其算术平均值,结果应符合《道路交通标线质量要求和检测方法》(GB/T 16311—2009)的要求。

②干膜厚度。标线施工时,先准备好厚度0.3 mm以上、面积为300 mm×500 mm且光亮平整的金属片,预先测量其厚度,然后将金属片放置在将要划制标线的始端或终端,待划线机划过后,把已覆盖有标线涂料的金属片取出,过5~10 min后,用分度值不大于0.01 mm的游标卡尺

测量金属片上四角距涂层边缘 20 mm 处 4 点的厚度，减去已测量的金属片厚度，即得图层厚度，取其算术平均值，结果应符合《道路交通标线质量要求和检测方法》(GB/T 16311—2009)要求。

③已成形标线的厚度。已成形标线的厚度可按《道路交通标线质量要求和检测方法》(GB/T 16311—2009)附录 A 的方法进行测量，也可使用符合要求的数显卡尺或涂层测厚仪进行测量。结果应符合标准要求。

(6)色度性能。

①标线的表面色，采用标准照明体 D_{65}、45/0 照明观测条件的测色仪，测取每个抽样检测点的色品坐标和亮度因数，求算术平均值。结果应符合相关规定。

②反光标线的逆反射色，采用观测角 1.05°、入射角 88.76°的照明观测条件，按《逆反射材料色度性能测试方法》(JT/T 692—2022)规定的方法进行测试。结果应符合相关规定。

(7)光度性能。标线逆反射亮度系数用逆反射亮度系数测定仪测定。

①正常使用期间，标线逆反射亮度系数的测试应在干燥状态下进行。按照《逆反射体光度性能测量方法》(JT/T 690—2022)规定的方法，在观测角为 1.05°、入射角为 88.76°的条件下，将符合要求的测试仪器，沿行车方向平放在按取样要求选取的测试点进行测试，并取其算术平均值为测试结果。结果应符合相关规定。

②新划标线初始逆反射亮度系数的测试应执行《新划路面标线初始逆反射亮度系数及测试方法》(GB/T 21383—2008)，结果应符合标准规定。

③在雨夜或路面标线浸于水中的夜间，用汽车前照灯远光照射雨夜标线，目测其逆反射效果。结果符合《道路交通标线质量要求和检测方法》(GB/T 16311—2009)的规定。

(8)抗滑值。BPN 按《道路预成形标线带》(GB/T 24717—2009)规定的方法进行测试，结果应符合《道路交通标线质量要求和检测方法》(GB/T 16311—2009)规定。

2. 突起路标

突起路标的技术指标应符合现行《突起路标》(GB/T 24725—2024)的要求，具体见表 4-25。

(1)突起路标外观应美观，尺寸符合有关规范要求，表面光滑，不得有尖角、毛刺存在，表面无明显的划伤、裂纹。

(2)突起路标纵向安装应成直线，不得出现折线。曲线段的突起路标应与道路曲线相吻合，线形圆滑、顺畅。

(3)突起路标粘结剂不得造成路面污染。

表 4-25 突起路标检查项目

项次	检查项目	规定值或允许偏差	检查方法和频率
1	安装角度/(°)	±5	角尺：抽检 10%
2	纵向间距/mm	±50	钢卷尺：抽检 10%
3	损坏及脱落个数	<0.5%	损坏及脱落个数，抽检 30%
4	横向偏位/mm	±50	钢卷尺：抽检 10%
5	承受压力/kN	>160	检查测试记录
6	光度性能	在规定范围内	检查测试报告

四、交通标线施工

(一)施工准备

1. 原材料准备

标线所用的热熔涂料、玻璃珠、振荡式热熔标线涂料等路面标线所用材料应符合《路面标线涂料》(JT/T 280—2022)、《路面防滑涂料》(JT/T 712—2008)。玻璃珠为适用于热熔型涂料反光材料,并符合《路面标线用玻璃珠》(GB/T 24722—2020)的规定。

原材料应按规定频率进行检验,原材料需委托第三方做试验,标线原材料(包括标线、涂料及玻璃珠)进场后,通知第三方及监理单位按照检测数量和检测频率现场抽样,第三方出具检验合格试验报告后方可进行施工。

产品在运输时,应防止雨淋;产品在存放时应保持通风、干燥,防止日光直接照射,并应隔绝火源,夏季温度过高时应设法降温。

2. 机械设备及试验检测设备准备

(1)标线施工所用的机械设备有小型汽车、液压双缸传动热熔斧、手推式划线机、手扶自走式振荡标线划线机等。

(2)试验检测设备有标线逆反射系数测定仪、标线测厚仪等。

(3)试验段选定在主线道路平整顺畅施工车辆较少的路段来安排划线工作,并保证其他施工车辆顺利通行。试验段施工长度为300~500 m。

(二)热熔型路面标线施工工艺

1. 路面标线

在喷涂热熔标线前先清除道路表面的污物、松散物或其他杂质;如果下过雨,应先用水冲刷路面,冲刷路面空隙内的泥、砂等杂物,道路表面清洗干净,待路面干燥后方可施工。喷涂施工应在白天进行,雨天、沙尘大、风大、温度低于10 ℃时应暂时停止施工。

(1)等路面摊铺后5~10 d,根据设计图纸的设计位置进行汽车溜水线放样,确定标线位置。

先测出道路中心点,然后按10~20 m间隔确定中心线;在曲线路段,沿曲率半径5~15 m设定中心点;在道路的纵断方向以50 m长度作为校正单位。在确认设定的中心点连接线与曲率半径相符时,则连接各中心点划出道路中心样线(用白色乳胶漆标出),这样按顺序向前校核,在向前不断延伸中心线的同时,也需要不断地与已设定的中心线位置进行校核。根据道路中心线位置,标出标线一半的宽度(例如,标线宽为15 cm,中心线一半的宽度为7.5 cm)并画出标线宽度的轮廓线,以便进行喷涂作业。在曲线路段,其标线位置沿半径方向量出。在曲线半径小的曲线路段,要确认道路线形设计与施工的情况,力求与道路线形协调一致。

车道分界线、边缘线可据中心线量出,一般情况也需标出标线宽度。人行横道线、导流标线、文字记号等的放样,以施工图设计为原则。考虑到道路的特殊条件和进出口等的位置需要总体协调,要根据道路实际情况得到监理工程师认可后重新设计,并放样定位。

(2)在水泥路面或旧的沥青路面施加标线需要预涂底油时,先喷涂热熔底油下涂剂,按试验决定的间隔时间喷涂热熔涂料,以提高其黏结力。

底漆的涂抹量过多或不足都会降低路面与涂膜间的黏结力。根据路面状况和底漆特性,一般每平方米涂抹 65~230 g 底漆为好。使用底漆喷洒机涂抹。将底漆调至浓淡均匀后涂洒,底漆涂洒宽度应比标线放样宽度稍宽一些。底漆涂洒后,要进行适当时间的养护,当底漆不粘车胎,也不黏附灰尘、砂土时,才可进行标线涂布作业。养护时间根据大气温度、路面温度、湿度、风强度、底漆组成、涂洒量、涂洒方法、路面吸水性等不同而异。

涂底漆时,要仔细,防止遗漏,特别是路面凹凸明显的地方,在凹陷处适当涂厚一点。

(3)检查机械设备运行状况,调试玻璃珠撒布器(均匀性和撒布量),至符合标准为止。

预先用油毛毡和白铁皮进行实地试划,检查色泽、厚度、宽度、玻璃珠撒布量等,必要时还要进行参数调整。

(4)涂料在容器内加热时,温度应控制在涂料生产商的使用说明规定值内,在使用热熔涂料之前,将涂料投入热熔釜中少许,一般 5 袋左右,点火加热,待其融化后,用搅拌器进行搅拌,同时向热熔釜内投入涂料至允许的数量,每缸约 300 kg,加热至涂料厂推荐的温度(170~220 ℃)待用。加热温度根据施工现场及路面温度的情况进行增减。然后放入划线车的小釜中。在底漆干燥后,方能涂布标线。

(5)喷涂的标线要均匀、平顺,曲线处圆滑顺适,标线边缘整齐。

标线涂敷在底漆溶剂干燥后进行。在底漆还未干燥前就划标线,溶剂会穿透未硬化的涂膜,造成气泡。

为保证夜间的识别性,在标线涂敷的同时要撒布玻璃珠。涂料温度高,玻璃珠撒布快,玻璃珠会沉入涂层中;涂料温度低,玻璃珠撒布慢,涂层已接近固化,玻璃珠不能在涂层上很好固着,容易脱落,反光效果很差。玻璃珠受到涂料温度、厚度、气候条件等的影响,因此在施工时要严格控制撒布时间。注意撒布玻璃珠的装备情况,以及划线时的风力和风向(天然风及从划线车旁边通过车辆所引起的风)对玻璃珠撒布的影响,避免玻璃珠拥成堆。撒布要均匀、全面。通常最适当的撒布量是,宽 15 cm 的标线,每画 100 cm 长度时,撒布 20~30 g。玻璃珠撒布过多,使白天的色调变差,并产生高低不平,也易使灰尘沾黏而降低识别性。

熔融的涂料经划线车的小釜放入料斗,根据放样线,均匀地将涂料刮涂在底层胶漆干燥的路面上,标线厚度为 1.8~2.0 mm。对于斑马线,要求在划线前用粉笔按设计图在路面放大样图,方可进行施工。在划斑马线前,所使用的模具应平整,保证模具与路面紧紧粘住,使划出的线边缘整齐。在划虚线时,保证划线车行走匀速、直顺,划出的线美观。

(6)为避免其他车辆对路面标线的污染、破坏,喷涂标线前应有交通安全措施,设置适当警告标志,阻止车辆及行人在作业区内通行,防止将涂料带出或形成车辙,标线充分降至常温干硬后再开放交通。

施工结束后,由专人负责统一撤除用以保护施工人员和行车的安全标志、信号和路标。

(7)振荡式热熔标线采用专用的手扶自走式振荡标线划线机施划,用专用振荡式热熔标线涂料。

①根据设计要求进行现场放样,在施划位置进行底漆喷涂。

②材料熔融过程注意掌握温度,充分搅拌、混合,使其无块状物。

其施工方法同普通热熔标线施工方法。

(8)彩色路面薄层铺装标线的标准施工方式。

①地面处理(清除附着在地面的泥土、灰尘、水分和油污);

②涂底漆(用底漆撒布机或滚轮涂敷);

③涂防滑材料;

④撒布玻璃微珠(用安装在施工机上的撒布器,划线后立即撒布)。

2. 突起路标

(1)突起路标应按图纸要求或监理工程师的指示地点设置。设置时路面面层应干燥清洁、无杂屑,将环氧树脂均匀涂覆于突起路标的底部,涂覆厚度约为 8 mm,将突起路标压在路面的正确位置上,轻微转动,直到四周出现挤浆并及时清除其溢出部分,在凝固前突起路标不得扰动。

(2)在水泥混凝土路面设置突起路标时,先用硬刷和 10% 盐酸溶液洗刷混凝土表面,用清水冲洗干净,待路面清洁干燥后安装突起路标。

(3)突起路标设置高度,顶部不得高出路面 25 mm。

(4)突起路标反光玻璃体有白色、红色或黄色,白色设在一般路段,红色或黄色设在危险路段。

(5)设置间距及其他规定应按图纸要求和监理工程师的指示进行。

(6)在降雨、风速过大或温度过高过低时,不进行设置。

3. 立面标记

(1)立面标记的颜色为黄黑相间的倾斜线条,斜线倾角为 45°,线宽及其间距均为 150 mm,设置时应把向下倾斜的一边朝向行车道,如图 4-39 所示。

(2)在门架标志立柱、护栏端头等处加设反光标记,便于夜间车辆识别,进一步确保行车安全,如图 4-40 所示。

图 4-39 立面标记

图 4-40 收费站立面标记

(3)路面上配合车道指示标志、出口预告标志及出口标志设置路面文字标记,颜色为白色。

(4)路面上配合限速标志设置车辆最高或最低行驶速度,最高限速用数字的颜色为黄色,最低限速用数字的颜色为白色。

(5)在大、中、小桥及通道等被交路两端柱及墙上设置立面标记。

> 知识拓展

标线涂膜的主要缺陷及对策

1. 纵向有长的起筋和拉槽

原因：烧焦的涂料或小石子等粒状物堵在划线斗槽出口处，划线时出现拉槽；涂料的熔融温度不够，流动性差，或划线车斗加热不够，也会造成涂料流动性差，画线时出现起筋。

对策：清除堵在划线机斗槽出口处的粒状物；提高涂料熔融温度，增加流动性或对斗槽继续加热，使熔融涂料通过斗槽不致降温太多；彻底清理斗槽口。

2. 涂膜表面有气泡或小孔

原因：路面微小空隙内空气的膨胀冲破未硬化涂膜成孔；路面未干。

对策：待路面充分干燥。

3. 沥青渗入涂膜使线变色

原因：在简易沥青路面上涂敷标线后，软化并溶解下部沥青，造成沥青与涂料交融；当底漆过剩且未干时，底漆中溶解有大量沥青，涂上涂料时就渗入沥青。

对策：使用不侵害沥青的稀释剂，用量不超过制造商的规定，严格执行有关涂料加温控制的规定。

4. 裂纹

原因：路面产生裂纹，致使涂膜产生裂纹，漆膜厚度不均匀时，固化速度不同，产生温度应力而开裂；涂料和玻璃珠散布不当，涂膜表面再现细微裂纹。

对策：新铺筑的沥青路面保养2周以上；涂料一定要搅拌均匀，控制好温度，厚度要均匀；玻璃珠撒布应适当、均匀且不过量。

5. 膜上出现凹坑

原因：涂料黏度与划线机不匹配造成凹坑，不连续进行涂敷作业造成漆膜局部突起。

对策：涂料黏度与划线机不匹配时，要控制涂料温度，使黏度符合要求；修整斗槽口。

6. 条痕

原因：涂料流动性不好，划线机半槽口有涂料屑；半槽口边缘不平，有碰伤、毛刺等；划线机在粗糙的路面上上下跳动。

对策：调整涂料黏度；清理半槽口的涂料屑；清理半槽口。

7. 反光不好

原因：玻璃珠撒布不均匀或撒布量不足，涂料熔融温度过高，玻璃珠下沉于漆膜内。

对策：玻璃珠撒布应均匀、量足，控制涂料熔融温度及玻璃珠撒布时间。

8. 剥落

原因：底部处理不好，路面不清洁，路面上有水，低温时施工等。

对策：彻底清洁路面，待路面干燥后再涂标线，避免在5℃以下施工。

任务实施

本部分为学生试验环节,学生根据前面的介绍自己动手对部分交通标线涂料及玻璃珠技术要求进行试验检测,对这些指标进行数据计算和结果判定。

对热熔型交通标线涂料检测项目中的如下项目进行检测:涂层外观、色度性能、密度、抗压强度、耐磨性等。

对玻璃珠检测项目中的如下项目进行检测:外观要求、粒径分布、磁性颗粒含量、成圆率、密度等。

能力测试题

1. 交通标线是如何分类的?
2. 交通标线的施划原则是什么?
3. 路面标线涂料产品质量检验项目和技术要求是什么?
4. 道路交通标线质量要求有哪些?如何检测?
5. 玻璃珠产品技术要求有哪些?
6. 交通标线涂料有哪几类?
7. 简述路面标线的检测方法。

项目五

隔离设施质量检测

学习内容

任务一介绍隔离设施基础知识，包括隔离设施的作用、分类、设置原则、设计参数；任务二介绍隔离设施构造、技术要求、产品质量检测、施工质量检测等。

学习目标

专业知识目标
(1) 了解隔离设施的作用、分类、设置原则。
(2) 熟悉隔离设施构造、技术要求。
(3) 掌握隔离设施产品质量检测内容和方法、施工质量要求和检验方法。

专业能力目标
(1) 具有探究学习、终身学习、分析问题和解决问题的能力。
(2) 具有基本的材料试验与检测能力，能够独立完成隔离设施的产品质量检测工作。
(3) 具有基本的隔离设施验收与评定能力，能够完成现场质量检测、竣工验收等工作。
(4) 具有试验数据分析、处理的能力；能够撰写相关试验报告及结论评定。

职业素养目标
具有良好的职业道德和职业素养；具有质量意识、环保意识、安全意识。

任务一　隔离设施基础知识

隔离设施是对高等级公路进行隔离封闭的人工构造物的统称。隔离设施按用途不同可分为隔离栅和防落网，其中防落网包括防落物网和防落石网。

隔离设施可有效排除横向干扰，避免由此产生的交通延误或交通事故，从而保障高等级公路快速、舒适、安全地运行。

一、隔离设施定义

1. 隔离栅

隔离栅是一种用于划分区域、限制人员或车辆通行的物理设施。设置于公路路基两侧用地界限边缘上的隔离栅,其作用在于阻止无关人员、牲畜以及野生动物进入、穿越高等级公路,防止非法侵占公路用地的现象发生。

2. 防落网

(1)防落物网。防落物网是指设置于公路桥梁两侧防止抛扔的物品、杂物或运输散落物进入桥梁下铁路、通航河流或交通量较大的公路的设施。

①设置于上跨公路主线分离式立交桥及人行天桥两侧的防护网。

②主线上跨其他公路的分离式立交桥的防落物网,包括桥梁外侧和内侧的防落物网。

(2)防落石网。防落石网是指设置于公路路堑边坡防止落石进入公路建筑界限内的柔性防护设施,如图5-1所示。

图 5-1 防落石网

二、一般规定(隔离设施设计总体要求)

(1)以交通安全为原则,有效地阻止人、畜或物进入公路用地范围和公路建筑界限以内。

(2)隔离栅的高度应以成人高度为参考值,以距地面高 1.5～1.8 m 为宜;桥梁防落网以距桥面高 1.8～2.1 m 为宜。

隔离设施的设计应该根据公路两侧范围的地形、沿线的桥梁涵洞、沿线城镇村庄分布等确定合理、有效、美观、经济的设计方案。

三、隔离设施的分类和选择

隔离设施按用途不同可分为隔离栅和防落网两类。

(一)隔离栅的分类

(1)隔离栅按构造形式可分为焊接网、刺钢丝网、编纹网、钢板网、绿篱、隔离墙、刺钢丝网和绿篱相结合等。

(2)依据隔离栅网片成型工艺的不同,隔离栅网片产品可分为钢板网、电焊网、刺钢丝网、编织网(图5-2至图5-6)。

图5-2 钢板网隔离栅

图5-3 钢板网大样

图5-4 电焊网隔离栅

图5-5 编织网隔离栅

(3)依据防腐处理形式的不同,隔离栅产品可分为热浸镀锌隔离栅、锌铝合金涂层隔离栅、浸塑隔离栅和双涂层隔离栅4类。

(4)隔离栅立柱(含斜撑和门柱)产品可分为直焊缝焊接钢管立柱、冷弯等边槽钢和冷弯内卷边槽钢立柱、方管和矩形管立柱、燕尾立柱及混凝土立柱5类。

图5-6 刺线隔离栅

(二)防落网分类

防落物网按网片形式可分为钢板网、编织网、焊接网、实体板等。

防落石网按网片形式可分为钢丝绳网和环形网。

(三)隔离栅的选择

1. 隔离栅结构形式的比较

根据隔离封闭的功能要求,对其性能、造价、美观度、与公路周围景观的协调性、施工条件及养护维修难易度和成本等因素进行综合比较。

(1)造价比较。按单位造价由高到低进行排列,顺序为钢板网、电焊片网、电焊卷网、编织网、刺钢丝网。

(2)后期养护维修的比较。钢板网、电焊网、刺钢丝网在网面及局部破坏后易修补,维修费用低;编织网在局部破坏后,将影响整张网,不易修补,维修费用高。

(3)适应地形的性能比较。钢板网爬坡性能差,一般用于平坦路段,在起伏较大的路段,施工困难;刺钢丝网适应地形能力强,爬坡能力优,在地形起伏较大的条件下,无须特殊的施工机具,施工比较方便。

(4)外观比较。钢板网、电焊网、编织网结构合理,美观大方,是城镇沿线、互通区、服务区、风景旅游区等首选的隔离栅形式;刺钢丝单独使用美观性能较差,一般用于地形起伏较大地区和人烟稀少地区。

2. 隔离栅结构形式的选择

(1)下列路段可选择钢板网、编织网、电焊网的形式:
①靠近城镇人口稠密地区的路段;
②沿线经过风景区、旅游区、著名地点等的路段;
③互通式立体交叉、服务区、停车区、管理养护机构两侧。

(2)下列路段可选择刺钢丝网的形式:
①人口稀少的路段;
②公路预留地;
③跨越沟渠而需要封闭的路段;
④在小型动物出没较多的路段,可设置变孔的刺钢丝网;变孔的刺钢丝网可采用上部的刺钢丝间距较大而下部刺钢丝间距较小的形式。

(3)下列路段可选择隔离墙的形式:
①焊接网和刺钢丝网等形式隔离栅经常遭到破坏的路段;
②需要采用隔离墙作为景观设计的路段;
③公路外侧存在较大不安全影响因素的路段;
④金属网隔离栅可与常青小乔木或灌木配合使用。

(4)根据需要和当地条件,可采用常青绿篱等其他形式的隔离栅。

(四)防落网结构形式选择

选择桥梁防落网形式时,必须考虑其强度、美观性、与公路周围环境的协调性、施工养护的方便性等因素,如图5-7~图5-9所示。

图5-7 防落网锈蚀

图 5-8 桥梁防落网

图 5-9 中央分隔带防落网

(五)隔离栅和防护网的设计代号及示例

1. 隔离栅设计代号及示例

隔离设施的代号由隔离栅代号、构造型式代号、埋设条件代号三部分组成。各种代号规定如下：

(1)隔离栅代号：F——隔离栅。

(2)构造型式代号：Wn——编织网；Ww——焊接网；Em——钢板网；Bw——刺钢丝；W_b——砌墙。

(3)埋设条件代号：E——埋设于土中；C——埋设于混凝土中。

(4)标注方法如图 5-10 所示。

图 5-10 通式、示例
(a)通式；(b)示例

2. 桥梁防护网设计代号及示例

桥梁防护网的代号由桥梁护网代号、构造型式代号、埋设条件代号三部分组成。各种代号规定如下：

(1)桥梁护网代号：Bf——桥梁护网。

(2)构造型式代号：Wn——编织网；Ww——焊接网；Em——钢板网；Mp——金属板。

(3)埋设条件代号：B——埋设或附着于上跨构造物上。

(4)标注方法如图 5-11 所示。

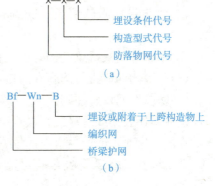

图 5-11 通式、示例
(a)通式；(b)示例

四、隔离设施设置原则

(一)隔离栅的设置原则

(1)除特殊路段外,高速公路、需要控制出入的一级公路沿线两侧必须连续设置隔离栅,其他公路可根据要求设置。

(2)凡符合下列条件之一者可不设置隔离栅。

①高速公路、需要控制出入的一级公路的路侧有水渠、池塘、湖泊等天然屏障的路段;

②高速公路、需要控制出入的一级公路的路侧有高度大于1.5 m的挡土墙或砌石等陡坎的路段;

③桥梁、隧道等构造物,除桥头、洞口需与路基隔离栅连接以外路段;

④挖方高度超过20 m且坡度大于70°的路段。

(3)隔离栅遇桥梁、通道时应在桥头锥坡或端墙处围封。对于行人通过较多的路段,可选择强度高的结构进行围封。

(4)隔离栅遇尺寸较小、流量不大的涵洞时可直接跨越。

(5)隔离栅的中心线应沿公路用地范围界限以内20~50 cm处设置。

(6)为满足公路、桥梁和通道等养护管理的需要,可在进出高速公路、需要控制出入的一级公路的适当位置设置便于开启以满足车辆或人员进出的隔离栅活动门,隔离栅的立柱需要根据活动门的大小和开启情况进行加强。

(7)在行人、动物无法误入分离式路基内侧中间区域的条件下,可仅在分离式路基外侧设置隔离栅;在行人、动物可以误入分离式路基内侧中间区域的条件下,宜在分离式路基内侧行人和动物误入的位置设置隔离栅。

(二)防落网设置原则

(1)上跨铁路、饮用水水源保护区、高速公路、需要控制出入的一级公路的车行或人行构造物两侧均应设置防落物网。其设置范围为下穿公路宽度并各向路外延长10 m。

(2)公路跨越通航河流、交通量较大的其他公路时,应根据铁路部门需要设置防落物网。

(3)采用分离式桥梁结构时,应在桥梁内侧设置防落物网。

(4)防落物网应进行防腐和防雷接地处理,接地电阻应小于10 Ω。

(5)防落石网设置原则。

①在高速公路或一级公路建筑限界内有可能落石,经落石安全性评价对公路行车构成影响的路段,应对可能产生落石的危岩进行处理或设置防落石网。

②二级及二级以下公路有可能落石并影响交通安全的路段,宜处理危岩或设置防落石网。

③防落石网应充分考虑地形条件、地质条件、危岩分布范围、落石运动途径及与公路工程的相互关系等因素后加以设置,宜设置在缓坡平台或紧邻公路的坡脚宽缓场地附近。

五、隔离设施结构设计参数的确定

隔离设施的结构设计参数包括隔离设施的高度、隔离设施的稳定性和隔离设施网孔的尺寸三个方面。

(一)隔离栅的结构参数确定

1. 隔离栅的高度

隔离栅的高度是结构设计的一个重要指标,该指标的取值高低直接影响工程的单位造价和使用性能。隔离栅高度需结合实际的地域地形、道路两侧的人口稠密程度及人口的流动分布情况等因素综合分析确定。

隔离栅的高度主要以成人高度为参考标准,其取值范围在 1.5~2 m。在城市及郊区人口密度较大的路段,处隔离栅高度应该取上限,并且根据实际需要,可从高度和结构设计上做到使人无法攀越的程度。在人迹稀少的路段,山岭地区和公路保留用地隔离栅的高度可适当降低。

2. 隔离栅的稳定性

隔离栅的稳定性直接关系到其使用效果和使用年限,其设计荷载主要考虑风力,同时要考虑人、畜的破坏作用。

风力可按下式计算:

$$P = \rho \cdot W_0 \cdot S$$

式中　P——设计风力(N);
　　　W_0——基本风压(Pa),按公路桥涵设计规范取值;
　　　S——迎风面积(m^2),每片隔离栅的外轮廓面积;
　　　ρ——隔离栅为网格结构的折减系数,一般为 0.5~0.85。

首先主要考虑隔离栅网面网孔率的大小;其次考虑隔离栅设置后,一般均有野外牵藤植物依附,维护清除又有困难,故在南方枝叶常青地区宜取上限,甚至取最大值,而在北方地区则可取中值或下限值。

根据计算的风力,可进行稳定性验算,由此确定立柱的截面尺寸,见表 5-1。

表 5-1　隔离栅支柱截面要求

支柱类型	截面要素
钢支柱	截面面积≥3.3 cm^2
钢筋混凝土支柱	截面尺寸 10 cm×10 cm
烧制圆木	截面直径≥9 cm

3. 隔离栅网孔的尺寸

隔离栅网孔规格应考虑不利于人为攀越、结构整体的配合要求、网面的强度(绷紧程度)三方面,同时按《隔离栅》(GB/T 26941—2011)规定选取。

在保证封闭功能的要求下,在保证隔离栅自身强度和刚度的条件下,网孔应尽量取大值,以减少工程费用,提高隔离栅的性价比。

隔离栅具有多种形式和材料,采用的网孔尺寸可根据公路沿线动物的体型进行选择,电焊网和编织网常用的网孔尺寸包括 100 mm×50 mm 和 150 mm×75 mm 等,最小网孔不宜小于 50 mm×50 mm。隔离栅网孔规格的选取应考虑以下因素:

(1)不利于人和小动物攀爬并进入高速公路;
(2)在小型动物出没较多的路段,可设置变孔的刺钢丝网;
(3)结构整体和网面的强度;
(4)与公路沿线景观的协调性;
(5)性能价格比。

一般情况下,刺钢丝上下两道间距不宜大于 250 mm。

4. 隔离栅的其他结构设计参数

除隔离栅高度、隔离栅稳定性和隔离栅网孔的尺寸三个方面以外,还应注意如下三个方面:

(1)隔离栅改变方向处应做好拐角设计;
(2)一定间隔的普通立柱应设计加强柱(基础加大);
(3)隔离栅前后不能连续设置时可自然断开,以该处作为隔离栅端部,做好端部设计。

(二)防落物网的结构参数

防落物网的构造应符合下列规定:

(1)防落物网高度。一情况下,桥梁防落物网以距桥面高 1.8~2.1 m 为宜。跨越一般铁路的立交桥防落物网距桥面的高度应不低于 2.0 m。跨越高速铁路的立交桥防落物网距桥面的高度应不低于 2.5 m。
(2)防落物网所采用的金属网的形式可与隔离栅相同,其网孔规格不宜大于 50 mm×100 mm,公路跨越铁路时网孔规格不宜大于 20 mm×20 mm。
(3)公路跨越铁路电气化区段的上跨立交桥防落物网应设置"高压危险"警示标志。

(三)防落石网结构参数

防落石网的结构设计应包括下列内容:

(1)根据落石的计算动能选择防落石网的型号。
(2)根据计算落石的弹跳高度确定防落石网的高度。
(3)确定防落石网的布置方式,即确定防落石网的长度与走向。
(4)选择合适的钢柱、柔性锚杆、基座、连接件等构件,计算确定钢柱间距。
(5)通过分析确定基座及系统的铅直方位,必要时应采用防倾倒螺杆。
(6)拉锚系统的设计。
(7)选择和确定合适的支撑绳、减压环、钢丝绳网、缝合绳、格栅等相应配套设施型号及规格。
(8)防落石网的网孔规格宜根据其防护的落石频率和规格合理确定。
(9)防落石网应具有易铺展性和高防冲击能力,并便于工厂化生产。

(10)所有钢构件均应按现行《公路交通工程钢构件防腐技术条件》(GB/T 18226—2015)的规定进行防腐处理。

(11)防落石网的结构要求要根据实际情况具体分析，参考现行《铁路沿线斜坡柔性安全防护网》(TB/T 3089—2004)的规定。

(12)防落石网的结构形式要根据其防护能量进行确定。防落石网一般采用边坡柔性被动防护系统。该系统由钢丝绳网或环行网(需拦截小块落石时附加一层钢丝格栅)、固定系统(锚杆、拉锚绳、基座和支撑绳)、减压环和钢柱四个主要部分构成。被动防护网防护能力是有限的。资料表明，常用的三种型号 RX-025、RX-050、RX-075，其防护能量分别为 250 kJ、500 kJ、750 kJ，理论上防护能力可以更高。

任务二　隔离设施的构造、材料、质量检测

隔离设施所用的各种材料，为了便于采购和加工，其型号、规格、尺寸尽可能选用标准产品。材料的技术要求应符合国家和部颁标准，除特殊需要不选用非标准产品。

一、隔离设施产品的质量标准

1. 隔离栅

隔离栅产品的质量评定主要包括《隔离栅 第 1 部分：通则》(GB/T 26941.1—2011)、《隔离栅 第 2 部分：立柱、斜撑和门》(GB/T 26041.2—2011)、《隔离栅 第 3 部分：焊接网》(GB/T 26941.3—2011)、《隔离栅 第 4 部分：刺钢丝网》(GB/T 26941.4—2011)、《隔离栅 第 5 部分：编织网》(GB/T 20941.5—2011)、《隔离栅 第 6 部分：钢板网》(GB/T 26941.6—2011)。

2. 防落网

防落物网产品的质量评定可参考上述标准实施；防落石网产品的质量评定可参考《铁路沿线斜坡柔性安全防护网》(TB/T 3089—2004)实施。

二、隔离设施的构造、材料

隔离栅构造包括网片、立柱、斜撑材料和连接材料及混凝土基础。防落物网一般安装在桥梁防撞墙预埋件上，构造包括网片、立柱和连接材料；防落石网构造要求可参照《铁路沿线斜坡柔性安全防护网》(TB/T 3089—2004)。

(一)网片

1. 材料要求

(1)钢板网：用普通低碳退火薄钢板经专用机床的切削和拉伸一次成型的产品。应符合《碳素结构钢和低合金结构钢热轧钢板和钢带》(GB/T 3274—2017)、《碳素结构钢冷轧钢板及钢带》(GB/T 11253—2019)的要求。

(2)电焊网：由低碳钢丝机械编织或机械点焊加工而成。钢丝力学性能应符合《一般用途

低碳钢丝》(YB/T 5294—2009)规定。

(3)编织网、刺钢丝网：采用低碳钢丝制作。钢丝力学性能应符合现行《一般用途低碳钢丝》(YB/T 5294—2009)规定。

2. 网片尺寸要求

(1)焊接网隔离栅网片的构造尺寸应符合《隔离栅 第3部分：焊接网》(GB/T 26941.3—2011)的相关规定。

(2)刺钢丝网隔离栅网片的构造尺寸应符合《隔离栅 第4部分：刺钢丝网》(GB/26941.4—2011)的相关规定。

(3)编织网隔离栅网片的构造尺寸应符合《隔离栅 第5部分：编织网》(GB/T 20941.5—2011)的相关规定。

(4)钢板网隔离栅网片的构造尺寸应符合《隔离栅 第6部分：钢板网》(GB/T 26941.6—2011)的相关规定。

(二)立柱、斜撑

立柱和斜撑一般采用型钢或混凝土等材料制作。刺钢丝网隔离采用混凝土立柱，其他隔离设施采用燕尾柱(图 5-12)或型钢立柱。

燕尾柱是一种金属网的附属立柱。通常燕尾柱呈四分之三圆柱状，类似于木头削平了一面。因其外观类似燕子的尾巴，故多称燕尾柱。

燕尾柱较早流行于欧美等发达国家，这几年我国也开始广泛的生产和出口燕尾柱产品。

燕尾柱生产简单，操作方便，安装时不用上螺钉，只需要一把专用的卡扣钳和铁丝做成的金属卡扣即可进行安装使用，可节省时间。

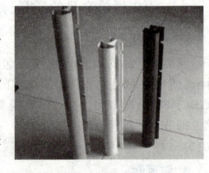

图 5-12　燕尾柱

1. 材料要求

型钢立柱采用普通碳素钢生产加工，应符合《碳素结构钢》(GB/T 700—2006)的规定。

2. 构造尺寸要求

立柱、斜撑构造尺寸应符合质量评定标准《隔离栅 第2部分：立柱、斜撑和门》(GB/T 26041.2—2011)的规定。

(三)连接件

隔离设施连接件一般包括螺丝、螺母、垫片和条形钢片等，采用普通低碳钢制作，其机械性能应符合《紧固件机械性能　螺栓、螺钉和螺柱》(GB/T 3098.1—2010)的规定。

(四)混凝土基础

基础的设计与施工，主要包括原材料、配合比等。应该符合现行《公路桥涵设计通用规范》《公路桥涵基础设计规范》《公路桥梁施工规范》等的规定。

(五)表面处理(防腐层处理)

隔离设施的所有金属构件原则上都应进行表面处理,其目的是增强材料的抗腐蚀能力,延长隔离设施的使用寿命。其防腐性能不低于《隔离栅 第 1 部分:通则》(GB/T 26941.1—2011)中 4.2 规定的相关要求。表面防腐处理一般采用把热浸镀锌、镀铝、镀锌(铝)后涂塑、涂塑四种。

(1)热浸镀锌、镀铝是一种成熟的专业技术,因技术简单、成本低、防腐性能好而广泛应用于公路交通隔离设施(图 5-13)。

(2)镀锌(铝)后涂塑是先镀锌后涂塑(聚乙烯、聚氯乙烯)的方式,涂塑颜色为绿色。从美观的角度考虑,一般为绿色,又称为环保色。

(3)涂塑。涂塑层老化会降低使用寿命,防腐能力不如热浸镀锌。

图 5-13 热浸镀锌、镀铝

三、隔离设施的产品质量检测

(一)隔离设施产品质量检测内容

隔离设施产品质量检测内容包括 5 个方面:外观质量、镀层质量、几何形状与尺寸、材料性能(钢材的抗拉强度、延伸率等)、混凝土质量(外观、强度)。

1. 隔离设施外观质量

外观质量通常用目测、手感来判断,必要时可用卡尺来测量外观缺陷的大小。

(1)整张网面,要求平整、无断丝、网格无明显歪斜。

(2)防腐处理前的金属构件质量应在生产前进行检查。

具体要求如下:

①钢丝防腐处理前表面不应有裂纹、斑痕、折叠、竹节及明显的纵面拉痕,且钢丝表面不应有锈蚀。

②钢管防腐处理前不应有裂缝、结疤、折叠、分层和搭焊等缺陷存在。使用连续热镀锌钢板和钢带成型的立柱,应在焊缝处进行补锌或整体表面电泳等防腐形式处理。

③型钢防腐处理前表面不应有气泡、裂纹、结疤、折叠、夹杂和端面分层;允许有不大于公称厚度 10%的轻微凹坑、突起、压痕、发纹、擦伤和压入的氧化铁皮。

(3)进入施工现场的隔离设施一般为防腐处理后的产品。隔离设施的所有金属构件进行防腐处理后的表面应具有均匀完整的镀层,颜色一致,表面具有实用性的光滑,不允许有流挂、滴瘤或多余结块;镀件表面应无漏镀、露铁等缺陷。

(4)混凝土的质量应符合设计和规范要求。混凝土立柱表面应密实、平整,无裂缝、翘曲,如有蜂窝、麻面,其面积之和不应超过同侧面积的 10%。

2. 镀层质量

隔离栅的镀层质量检测内容主要包括镀层附着量、镀层均匀性、镀层附着性。

除网片以外,其他构件的镀层检测同波形梁钢护栏。目前,隔离栅网片主要采用热浸镀锌进行防腐处理。

3. 尺寸的技术要求（偏差要求）

隔离栅由网片、立柱、斜撑、连接件、立柱、混凝土基础组成。

（1）网片产品主要有钢板网、焊接网、刺钢丝网、编织网。

① 钢板网的质量检测包括网片的长度和宽度、网片的平整度、板厚、线梗宽度的量测。

a. 网面尺寸。网面长度的极限偏差为±60 mm，宽度的极限偏差为±12.5 mm。网面长短差不超过网面长度的1.3‰，如图5-14所示。

b. 钢板网厚度符合表5-2规定。

c. 丝梗宽度的允许偏差应不超过基本尺寸的±10%，整张网面丝梗宽度超偏差的根数不应超过4根（连续不应超过2根），其最大宽度应小于相邻丝梗宽度的125%。具体如图5-15所示。

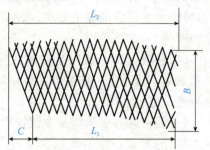

图 5-14 网面长短差

B—网面宽度；C—网面长短差；
$C=L_2-L_1$

表 5-2 钢板网厚度及允许偏差　　　　　　　　　　　　　　mm

钢板厚度	2.0	2.5	3.0	4.0	5.0
允许偏差	±0.19	±0.21	±0.22	±0.24	±0.26

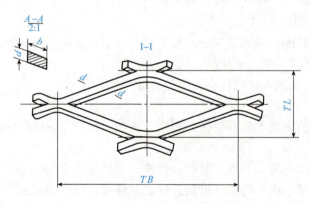

图 5-15 钢板网大样图

d. 钢板网规格。长节距 TB：12.5～200 mm；短节距 TL：5～80 mm（表5-3）。

表 5-3 短节距（TL）的允许偏差（部分）　　　　　　　　　　mm

TL	允许偏差	TL	允许偏差	TL	允许偏差
18	−1.0，+1.1	29	−1.6，+1.8	44	−2.0，+2.2
22	−1.3，+1.3	36	−1.6，+2.0	55	−2.2，+2.7

e. 钢板厚度 d 不大于3.0 mm，网面平整度应符合表5-4规定，如图5-16所示。

表 5-4　网面平整度　　　　　　　　　　　　　　　　　　　　　　　　　　　　　　　　mm

d	TL	TB方向平整度 h	TL方向平整度 h₁（两边）	TL方向平整度 h₂（中间）	d	TL	TB方向平整度 h
2.0	18	75	46	30	4.0	24	60
	22	75				32	80
	29	63				40	100
	36	63				40	100
	44	60					
2.5	29	63	35	25	5.0	24	50
	36	63				32	60
	44	63				40	80
3.0	36	57				56	100
	44	57					
	55	50					

② 焊接网质量检测。检测钢丝直径、网格尺寸、网格的长度和宽度。其力学性能应符合《一般用途低碳钢丝》（YB/T 5294—2009）的规定。

a. 网孔尺寸的允许偏差为网孔尺寸的±4%。片网网面长度、宽度允许偏差为±5 mm。

b. 对于片网，焊点脱落数应小于焊点总数的4%。

c. 钢丝直径允许偏差符合表5-5规定。

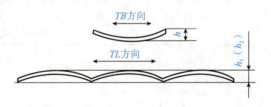

图 5-16　网面平整度

h—长节距方向平整度；h_1—网面两边短节距方向平整度；h_2—网面中间短节距方向平整度

表 5-5　焊接网钢丝直径的允许偏差　　　　　　　　　　　　　　mm

钢丝直径 ϕ	$1.60 < \phi \leqslant 3.00$	$3.00 < \phi \leqslant 6.00$
允许偏差	±0.04	±0.05

d. 焊接网结构尺寸检测方法具体见表5-6。

表 5-6　焊接网结构尺寸的试验方法

序号	项目	试验方法
1	钢丝直径	用分辨率不低于0.02 mm的游标卡尺在网面的上、中、下三个部位的横丝和纵丝上进行量取，每根钢丝量取两个相互垂直方向的钢丝直径，分别计算横丝钢丝直径和纵丝钢丝直径的平均值

续表

序号	项目	试验方法
2	网面长度	用分辨率不低于 1 mm 的钢卷尺在网面的左、中、右三个部位各量取一个网面长度,计算平均值
3	网面宽度	用分辨率不低于 1 mm 的钢卷尺在网面的上、中、下三个部位各量取一个网面宽度,计算平均值
4	网孔纵向长度	用分辨率不低于 0.5 mm 的量尺在网面的上、中、下三个部位各量取一个网孔的纵向长度,计算平均值
5	网孔横向宽度	用分辨率不低于 0.5 mm 的量尺在网面的左、中、右三个部位各量取一个网孔的横向宽度,计算平均值

注:此表为单一网面结构尺寸的试验方法。

③刺钢丝网的质量检测。检测钢丝的直径、刺丝的间距、刺线的接头数量等是否符合有关规定,见表 5-7。

其力学性能应符合《一般用途低碳钢丝》(YB/T 5294—2009)的规定。

表 5-7 刺钢丝网钢丝直径的允许偏差　　　　　　　　　　　　　　　mm

钢丝直径	1.7	2.2	2.5	2.8
允许偏差	±0.04	±0.04	±0.04	±0.04

a. 刺距的允许偏差为±13 mm。

b. 刺钢丝每个结有 4 个刺,刺形应规整,刺长为 16 mm,刺线缠绕股线不应少于 1.5 圈,捻扎应牢固,刺型应均匀。

c. 刺钢丝每捆质量应为 25 kg 或 50 kg。

d. 每捆质量允许误差为 0~2 kg。每捆质量 25 kg 的刺钢丝股线不可超过一个接头,每捆质量 50 kg 的刺钢丝股线不可超过两个接头。接头应平行对绕在拧花处,不应挂钩,如图 5-17 所示。

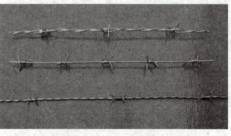

图 5-17　刺钢丝捆及大样

e. 刺钢丝网结构尺寸试验方法,具体见表 5-8。

表 5-8 刺钢丝网结构尺寸的试验方法

序号	项目	试验方法
1	钢丝直径	用分辨率不低于 0.02 mm 的游标卡尺在 3 段 1 m 长刺钢丝的股线和刺线上量取，每段刺钢丝量取两根股线和两根刺线钢丝，每根钢丝量取两个相互垂直方向的钢丝直径，分别计算股线钢丝直径和刺线钢丝直径的平均值
2	刺距	用分辨率不低于 0.5 mm 的量尺在 3 段 1 m 长刺钢丝上各量取一个刺距，计算平均值
3	刺长	用分辨率不低于 0.5 mm 的量尺在 3 段 1 m 长的钢丝上各量取一个刺节的两个刺长，计算平均值
4	捻数	目测
5	刺线缠绕股线圈数	目测
6	每结刺数	目测
7	捆重	用分辨率不低于 0.2 kg 的衡器对刺钢丝称重 3 次，计算平均值
8	每捆接头数	目测

④编织网质量检测。检测钢丝直径、网格尺寸、网格的长度和宽度，见表 5-9 和表 5-10。其力学性能应符合《一般用途低碳钢丝》(YB/T 5294—2009)的规定。

表 5-9 编织网钢丝直径的允许偏差　　　　　　　　　　　　　　　　　　　mm

钢丝直径	2.2	2.8	3.5	4.0
允许偏差	±0.04	±0.04	±0.05	±0.05

表 5-10 编织网网孔尺寸的允许偏差　　　　　　　　　　　　　　　　　　mm

网孔尺寸	允许偏差	网孔尺寸	允许偏差	网孔尺寸	允许偏差
50	±3	80	±4	150	±8
75	±3	100	±5	160	±8

a. 网面长度、宽度的允许偏差为网面长度、宽度的±1%。

b. 张力钢丝直径不小于 3.0 mm，允许偏差应符合《一般用途低碳钢丝》(YB/T 5294—2009)的规定。

(2)立柱、斜撑构造尺寸应符合质量评定标准《隔离栅 第 2 部分：立柱、斜撑和门》(GB/T 26041.2—2011)的规定。

4. 混凝土基础

混凝土基础的强度、尺寸、标高等指标要符合设计要求。

(二)隔离栅检测项目汇总

隔离栅检测项目见表 5-11。

表 5-11 隔离栅检测项目

序号	检查项目	标准、规范
1	外观质量及几何尺寸	《隔离栅 第1部分：通则》(GB/T 26941.1—2011) 5.4.1
2	钢材料强度	《金属材料 拉伸试验 第1部分：室温试验方法》(GB/T 228.1—2021) 14
3	钢材料机械性能	《金属材料 弯曲试验方法》(GB/T 232—2024) 7
4	紧固件机械性能	《紧固件机械性能 螺栓、螺钉和螺柱》(GB/T 3098.1—2010) 9
5	镀锌层附着量	《隔离栅 第1部分：通则》(GB/T 26941.1—2011) 5.4.2.1 附录C
6	镀锌层均匀性	《隔离栅 第1部分：通则》(GB/T 26941.1—2011) 附录A
7	镀锌层附着性	《隔离栅 第1部分：通则》(GB/T 26941.1—2011) 附录B
8	镀锌层耐盐雾试验	《人造气氛腐蚀试验 盐雾试验》(GB/T 10125—2021) 5
9	涂塑层厚度	《磁性基体上非磁性覆盖层 覆盖层厚度测量 磁性法》(GB/T 4956—2003) 6
10	涂塑层附着性能	《隔离栅 第1部分：通则》(GB/T 26941.1—2011) 5.4.2.6
11	涂塑层抗弯曲试验	《隔离栅 第1部分：通则》(GB/T 26941.1—2011) 5.4.2.7
12	涂塑层耐冲击试验	《漆膜耐冲击测定法》(GB/T 1732—2020) 6
13	涂塑层耐盐雾腐蚀性能	《隔离栅 第1部分：通则》(GB/T 26941.1—2011) 5.4.2.9
14	涂塑层耐湿热性能	《隔离栅 第1部分：通则》(GB/T 26941.1—2011) 5.4.2.10 《漆膜耐湿热测定法》(GB/T 1740—2007) 8
15	涂塑层耐化学药品性能	《公路用防腐蚀粉末涂料及涂层 第1部分：通则》(JT/T 600.1—2004) 5
16	涂塑层耐候性能	《塑料 实验室光源暴露试验方法 第2部分：氙弧灯》(GB/T 16422.2—2022) 7
17	涂塑层耐低温脆化性能	《隔离栅 第1部分：通则》(GB/T 26941.1—2011) 5.4.2.13
18	隔离设施安装质量及性能测试	《公路工程质量检验评定标准 第一分册 土建工程》(JTG F80/1—2017) 11.10.2

四、隔离设施施工质量检测

隔离设施施工安装一般在路基施工完成以后，在不影响主体工程施工的情况下尽早开工。

施工前，隔离栅所在的位置应进行场地清理，软基应进行处理，桥梁护网施工前应对所有预埋件的设置位置、强度、腐蚀程度进行检查，不符合要求的应要求相关单位进行整改。

(一)基本要求

(1)隔离栅和桥梁护网用的材料规格及防腐处理应符合《隔离栅 第1部分：通则》(GB/T 26941.1—2011)及设计和施工规范的要求；

(2)安装后要求金属网网面平整、绷紧，网面构造牢固，围封严实；

(3)立柱无翘曲，埋深符合设计要求，混凝土基础强度不小于设计要求；

(4)隔离栅起终点应符合端头围封的设计要求；

(5)隔离栅安装位置准确，安装线形顺畅并与地形相协调。

(二)施工工艺

刺铁线或焊接网隔离栅的施工顺序如下：

施工放样→基坑开挖→埋设立柱(浇筑基础)→刺铁线或焊接网安装。

(1)施工放样。全线采用直埋法进行隔离栅施工。

(2)基坑开挖。根据施工图并以桥梁、通道、涵洞、通道、立体交叉处等为控制点，按照图纸的尺寸开挖基坑。

(3)埋设立柱。分段埋设，在一段埋设距离内确定两端的立柱位置、标高等，遇到地形起伏较大时，采用顺势埋设，顶端标高圆滑。

(4)刺线网安装。待基础混凝土强度达到设计强度的80%以上，人工安装刺铁线及网片。安装刺铁线时，刺铁线从立柱端部开始牢固安装到立柱的挂钩上，刺钢线与立柱连接紧固，保证刺线网整体平顺性良好，然后用圆丝紧固交叉点。

(5)焊接网安装。基础混凝土强度达到强度的80%以上方可进行人工安装网片；安装时，从端头立柱开始，连接件、螺栓与立柱连接紧固，保证网面整体平顺性良好。

(三)施工质量检查实测项目

隔离栅施工过程质量控制具体内容见表5-12。

表5-12 隔离栅及其成品尺寸检验项目

项次	检查项目	规定值或允许误差	检查方法
1	高度/mm	±15	钢卷尺：每100根测2根
2	镀(涂)层厚度/μm	符合设计	测厚仪：抽检5%
3	网面平整度/(mm·m^{-1})	±2	直尺、塞尺：抽检5%
4	立柱埋深	符合设计	直尺：过程检查，抽检10%
5	立柱中距/mm	±30	钢卷尺：每100根测2根
6	混凝土强度/MPa	在合格标准内	基础施工时做试件，每工作班做1组(3件)，检查试件的强度，抽检10%
7	立柱竖直度/(mm·m^{-1})	±8	直尺、垂线：每100根测2根

(1)通过对原材料(焊接网、立柱等)的质量检验与控制、隔离栅施工全过程各工序的质量检验与控制及成品合格性检验控制来保证隔离栅项目的工程质量达到优良。

(2)施工过程中随时进行质量检测，应用各种质量管理工具和方法来控制整个施工期间的工作质量。

(3)按既定计划配备充足的人员、设备及健全的质量管理制度。

(4)注意控制立柱的埋深、标高、竖直度、纵向顺直度、安装的牢固性、顺直度及端头处的处理效果。

任务实施

1.根据前面内容，学生自己分别列表汇总钢板网、编织网等隔离栅网片结构尺寸检测项目。

2. 根据已经介绍的内容查阅相关标准，补充说明电焊网、编织网片结构尺寸检测项目的试验方法及计算。

能力测试题

1. 试述隔离设施的作用。
2. 隔离栅形式有哪些？如何选择？
3. 隔离栅产品检测主要有哪些方面内容？
4. 隔离栅的施工质量检测内容有哪些？

项目六

防眩设施质量检测

学习内容

任务一介绍防眩设施基础知识,包括防眩设施的作用、分类、设置原则、设计参数;任务二介绍防眩设施构造、技术要求、产品质量检测、施工质量检测等。

学习目标

专业知识目标
(1)了解防眩设施的作用、设置原则、分类。
(2)熟悉防眩设施结构设计参数、材料和技术要求。
(3)掌握防眩设施产品质量检测内容和方法、施工质量要求和检验方法。

专业能力目标
(1)具有探究学习、终身学习、分析问题和解决问题的能力。
(2)具有基本的材料试验与检测能力,能够独立完成防眩设施产品质量检测工作。
(3)具有基本的防眩验收与评定能力,能够完成现场质量检测、参与竣工验收等工作。
(4)具有试验数据分析、处理的能力,能够编制相关试验报告及结论评定。

职业素养目标
具有良好的职业道德和职业素养;具有质量意识、环保意识、安全意识。

任务一 防眩设施基础知识

一、与防眩设施有关术语的定义

(一)眩光

眩光是指在视野范围内,由于亮度的分布或范围不适宜,在空间或时间上存在极端的亮度对比,导致驾驶员的视觉机能或视距降低的现象。眩光使人的视力下降并迅速疲劳,容易引发交通事故。

根据对于视觉的影响程度,眩光可分为不舒适眩光和失能眩光。

视觉仅有不舒适感,会分散注意力,但短时间内并不一定降低视觉对象的可见度,这样的眩光为不舒适眩光。

由于眩光源的位置靠近视线,使视网膜像的边缘出现模糊,从而妨碍了对附近物体的观察,降低视觉对象的可见度,同时,如果侧向抑制它,还会使这些物体的可见度变得更差,这样的眩光为失能眩光。

日常生活中的眩光污染有很多,在道路交通中产生眩光的光源主要有对向来车的前照灯(图6-1)、太阳光(图6-2)、道路照明光源、广告或标志照明、路面反光或其他物体表面的反射光。

图6-1 夜间对向车辆车灯引起的眩光

图6-2 白天太阳光产生的眩光

对太阳光,可在驾驶员座位前安装可折叠的遮阳板,在早晨或傍晚正向太阳方向的行驶时,将其打开,或者是佩戴太阳镜(图6-3)。

对道路照明光源,采用截光型灯具来调整光源光线的分布,以减少眩光的影响。

对于广告或标志照明,可采用发光表面柔和的低压荧光灯,外部投光照明或内部照明;而对于对向车辆前照灯带来的眩光影响,就需要设置专门的防眩设施。

图6-3 防眩措施之戴太阳镜

(二)防眩设施

防眩设施是设置在道路中央分隔带上,用于消除汽车前照灯夜间眩光影响的道路交通安全设施。

1. 防眩设施的作用

防眩设施可防止对向车前照灯对驾驶员产生的眩光,改善夜间行车条件,消除驾驶员夜间行车的紧张感,减少交通事故。良好的防眩设施还可改善高速公路的景观。

2. 防眩原理

防眩设施既要有效地遮挡对向车辆前照灯产生的眩光,也应使横向通视良好,能看到斜前方,以减少对驾驶员的心理影响。

如果采用完全遮光,反而缩小了驾驶员的视野,且对行车驾驶员有压迫感,也影响巡逻管理车辆对对向车道的通视。无论白天或黑夜,对向车道的交通情况是行车的重要参照系,其中很重要的是驾驶员在夜间能通过对向车辆前照灯的光线判断两车的纵向距离，使其注意调整行驶状态。

夜间行车，在相向行驶的车前照灯强光或闪光照射下，会产生眩光，如图 6-4 所示。眩光将给驾驶员带来强烈的不适，会使受到光刺激的驾驶员和行人控制力降低，给行车安全带来非常不利的影响，是造成夜间行车交通事故的主要因素之一。

从国外试验结果得知，相会两车非常接近（纵向距离小于 50 m）时，对向车辆前照灯的光线不会影响视距，当两侧纵向距离达到某一数值时，眩光会对视距产生较大的影响。

平直路段感觉不到眩光的两车最小纵距为 120 m 左右，汽车远射灯光的照距一般也在 120 m 左右，因此，《公路交通安全设施设计规范》（JTG D81—2017）中规定计算防眩设施的眩光距离采用 120 m。

防眩设施不需要全部遮挡对向车辆前照灯的光线，采用部分遮光原理即可，允许部分车灯光穿过防眩设施，透光量不应使驾驶员感到不舒适。要做到部分遮光，需要根据不同的防眩设施从不同的角度来考虑。

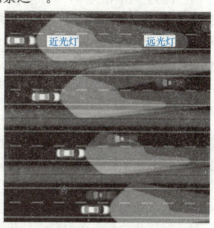

图 6-4　夜间相向行车产生眩光过程

（三）遮光角

遮光角是指防眩设施遮挡对向车辆前照灯入射光线的角度，如图 6-5 所示。

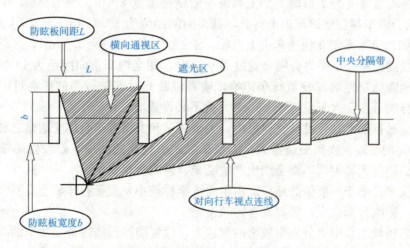

图 6-5　防眩设施部分遮光原理图

为消除对向车辆前照灯带来的眩光影响而专门设置的防眩设施，特别适用于高速公路、一级公路，由于其交通量大、行车速度快，极易造成交通事故。太阳光或其他原因引起的眩光只能通过车辆的遮光板或防眩眼镜等来防护。

二、防眩设施的设置原则

(1)高速公路、一级公路凡符合下列条件之一者应设置防眩设施。

①中央分隔带宽度小于 9 m 的路段。原因分析如下。

在公路上两车相会时,驾驶员受眩光影响的程度与两车的横向距离有很大的关系。英国道路交通研究所(TRRL)《相对两车前照灯对视距的影响》研究表明：当两车横距较大($S=15$ m)时,两车纵距越小,视距越大,特别是两车很接近时,视距显著增加。当横距 $S=40$ m 时,视距几乎与纵距无关。

交通部公路科学研究院进行了防眩试验。结果表明：当相会两车横向距离达到 14 m 以上时,相会两车灯光不会使驾驶员眩目,这一结果和英国试验结果一致。

国内外的研究者普遍认为：提供足够的横向距离以消除对向车前照灯眩目是理想的防眩设计。国外 6 车道的高速公路,除满足日间的交通量需求外,夜间左侧车道(靠近中央分隔带的车道)上几乎没有或很少有车辆行驶,甚至中间车行道的车辆也不多。这样,两车相会时有足够的横向距离,消除了对向车行道前照灯的眩目影响。

英国、德国高速公路车辆行驶规则规定：不是为了超车或边车道无空时,不得使用右侧车道(英国正常行车规则为左行,右侧超车),这样,对向车流间有足够的横向距离,因而无眩目影响,或影响甚微,可不设置防眩设施。

我国 2004 年 5 月 1 日施行的《中华人民共和国道路交通安全法实施条例》规定：在道路同方向划有两条以上机动车道的,左侧为快速车道,右侧为慢速车道。

以 4 车道高速公路两车横距计算示例。

当中央分隔带宽度为 7 m 时,加上两条左侧路缘带宽 $2\times0.75=1.5$ m,中间带宽度为 8.5 m。如相会两车都在慢速车道上行驶,其横向间距值为 12.25 m($S=8.5+2\times3.75/2=12.25$ m);如相会两车都在快速车道上行驶,$S=8.5+2\times0.5=9.5$(m),0.5 m 为驾驶员距快车道边线的距离。当中央分隔带宽度为 9 m 时,相会两车横向间距为 14.25 m$>$14 m,一般能有效地降低眩光对驾驶员行车影响,或者说眩光对驾驶行为的影响可以不考虑。因而,在中央分隔带宽度大于或等于 9 m 时,就不必设置防眩设施了。

②夜间交通量较大,且设计交通量中,大型货车和大型客车自然交通量之和所占比例大于或等于 15%的路段。夜间交通量大,大型车混入率较高的路段,是设置防眩设施的主要条件。因为交通量大和大型车都会产生严重眩光,影响行车安全。

③圆曲线半径小于一般值的路段。由于曲线半径较小,上下行车辆会车时会相互产生严重眩光影响,影响行车安全,需要设置防眩设施。

在曲线半径较小且中央分隔带较窄的弯道上,设置防眩设施可能会影响曲线外侧车行道的视距。因此,在设置防眩设施之前需要进行停车视距的分析,保证设置防眩设施后不会减小停车视距。对停车视距的影响随中央分隔带宽度和曲线半径的减小而趋于严重,故对在弯道上设置防眩设施可能引起的视距问题要予以足够的重视。

弯道上设置的防眩设施如果经检验影响了视距,则可考虑降低防眩设施的高度。降低高度后的防眩设施可阻挡对向车前照灯的大部分眩光,且驾驶员能看见本车道前方车流中最后一辆车的顶部,这个高度值一般在 1.2 m 左右。

另外，也可考虑将防眩设施的设置位置偏向曲线内侧，但此方法对于较小半径的弯道来说，效果并不明显，景观效果也不好，因而主要在较大半径的曲线路段采用。

如采取上述方法仍不能得到较好的防眩效果和景观效果，则不宜在中央分隔带上设置防眩设施。如确需设置，则可采取加宽中央分隔带的方法，使车行道边缘至防眩设施之间有足够的余宽，以保证停车视距。日本东名高速公路就采取了加宽中央分隔带的方法，取得了明显的成效，使东名高速公路成为绿茵连续的优美舒适公路。

④凹形竖曲线半径小于一般值的路段。在凹形竖曲线路段，驾驶员可从较高的角度看到对向车前照灯的灯光，会相互产生严重眩光影响，影响行车安全，需要设置防眩设施，同时要适当增加凹形竖曲线路段的防眩设施的高度。

⑤公路路基横断面为分离式断面，上下行车行道高差$\leqslant 2$ m 时。当公路路基的横断面为分离式断面，上下车行道不在同一水平面时，理论计算和实践经验均表明，若上下车行道的高差小于或等于 2 m，会车时眩光对驾驶员的影响较大，需要设置防眩设施。在高差大于 2 m 时，眩光影响较小，且在这种情况下，一般要在较高的车行道旁设置路侧护栏（除缆索护栏外），也能起到部分遮光的作用，因此就不必设置专门的防眩设施。

⑥与相邻公路或交叉公路有严重眩光影响的路段。交通量大和大型车往往会对相邻公路、铁路等有严重眩光影响，影响交通安全。

⑦连拱隧道进出口附近。由于连拱隧道是上下行车在一个隧道内行车，在进出口附近上下行道路会车时容易产生眩光而影响行车安全。

(2)非控制出入的一级公路平面交叉、中央分隔带开口两侧各 100 m（设计车速$\geqslant 80$ km/h）或 60 m（设计车速为 60 km/h）范围内可逐渐降低防眩设施的高度，由正常高度降至开口处的 0 高度，否则不宜设置防眩设施。

这个要求是从行车安全考虑的，要保证驾驶员横向通视，如遇行人穿越等突发情况，驾驶员能及时反应，采取措施。

在无封闭设施的路段上设置防眩设施，如有人翻越防眩设施或从中跳出，往往使驾驶员猝不及防。尤其在夜间，以一定间距栽植的树木在灯光的照射下就像人站立在路旁一样，使驾驶员感到紧张，而更加谨慎地行车。即使道路条件好，驾驶员也不敢将车速提高，而且本能地使车辆轨迹偏离车道，即离中央分隔带远些。

统计资料表明：在无封闭设施的路段设置防眩设施后，反而使该路段的事故率增加，尤其是恶性事故率上升，这与侧向通视不好致使驾驶员对前方的突发事件反应不及有关。

因此，在无封闭设施的路段是否设置防眩设施、选择什么类型的防眩设施要慎重考虑。如确需设置，则要选择好防眩设施的形式和高度，既尽量不给人、动物随意横穿的可能，又要有利于驾驶员横向通视。

非控制出入的一级公路平面交叉和中央分隔带开口处有行人及车辆穿越，若连续设置防眩设施，驾驶员在突发情况下往往反应不及，防眩设施需要在路口一定范围内断开或逐渐降低防眩设施高度加以提醒。

根据停车视距的要求，设计速度不小于 80 km/h 时，靠近中央分隔带车行道行驶的车辆发现行人到完全停止的防眩设施开口长度要求为 100 m 左右，设计速度为 60 km/h 时，防眩设施开口长度要求为 60 m 左右，故建议一级公路平面交叉、中央分隔带开口两侧一定范围内不宜设置防眩设施。

考虑到车辆驾驶员遇到平面交叉、中央分隔带开口的减速心理及外侧车道行驶等其他因素，平交路口的防眩设施断开长度可适当缩小。为安全考虑，不封闭公路在穿村镇路段一般不设置防眩设施。

(3)公路沿线有连续照明设施的路段，可不设置防眩设施。在有连续照明设施的路段，车辆夜间一般以近光灯行驶，会车时眩目影响甚微，显然在这种情况下可以不考虑设置防眩设施。

(4)在干旱地区，且中央分隔带小于3 m的路段不宜采用植树防眩。在干旱地区，即年降水量在200 mm以下的地区，且中央分隔带小于3 m的路段，植树不容易成活，且养护困难。

(5)防眩设施连续设置时，应符合下列规定：

①应避免在两段防眩设施中间留有短距离间隙。这个短距离间隙会给毫无思想准备的驾驶员造成很大的潜在的眩目危险，易诱发交通事故。同时视觉效果不好。

②各构造段应相互独立，每个构造段的长度不宜大于12 m。每一构造段的长度视采用材料、工艺情况而定。防眩设施设置在道路上，免不了要遭受车辆的冲撞而损坏。为减轻损坏的严重程度，方便更换维修，设计时需要每隔一定距离使前后相互分离，使各段互不相连。这样做有利于加工制作和运输安装，而且从防止温度应力破坏的角度来说也是必需的。防眩设施每一独立段的长度可与护栏的设置间距相协调，选择4 m、6 m、8 m、12 m或稍长一些都是可以的。

③防眩设施的设置高度原则上要全线统一。不同防眩构造的连接要注意高度的平滑过渡，不要出现突然的高低变化。设置在凹形竖曲线路段的防眩设施，其设置高度需要根据竖曲线半径及纵坡情况由计算确定，并在一定长度范围(渐变段)内逐步过渡，以符合人的视觉特性。该渐变段的长度与人的视觉特性、构造尺寸和变化幅度和车辆的行驶速度(公路等级)等有关，该渐变段的长度一般宜大于50 m。但在设计中，要根据具体情况确定合适的渐变段长度。

三、防眩设施的种类

常用的防眩设施有防眩板、防眩网和植树防眩三种形式。

1. 防眩板

防眩板是通过一定的遮光角、防眩高度、板宽和间距实现部分阻挡对向车前照灯的光束，达到防眩的目的。

防眩板(图6-6)按其原材料材质性能可分为金属材料防眩板、塑料防眩板、玻璃纤维增强塑料防眩板等。

2. 防眩网

防眩网(图6-7)是通过网股的宽度和厚度阻挡光线穿过，同时将光束分散反射，通过减少光束强度而达到防止对向车前照灯眩目的目的。

图6-6 防眩板

图6-7 防眩网

3. 植树防眩

植树防眩(图6-8)的遮光原理与防眩板相同,主要是以树木的横向宽度部分遮挡对向车前照灯的大部分光束以达到防眩的目的。

图6-8 植物防眩

四、防眩板的构造设计要素

防眩板构造设计要素有遮光角、防眩高度、板宽、板的间距等。其中,遮光角和防眩高度是重要指标。

(一)遮光角

遮光角是指防眩板遮挡对向车辆前照灯入射光线的角度。

如图6-9所示,即在中央分隔带连续设置一定间距(L)、一定宽度(b)的防眩板后,与前照灯主光轴成一定水平夹角的光线照射到防眩板上时,刚好被相邻两块板条所阻挡。

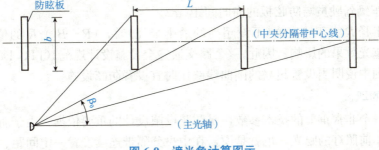
图6-9 遮光角计算图示

1. 直线路段遮光角

直线路段遮光角 β_0 需要按式(6-1)计算：

$$\beta_0 = \tan^{-1}\left(\frac{b}{L}\right) \tag{6-1}$$

式中　b——防眩板的宽度(m)；

　　　L——防眩板的纵向间距(m)。

式(6-1)从理论上分析了给定条件下遮光角的计算，也加深了对遮光角的理解。在工程实际设计中，《公路交通安全设施设计规范》(JTG D81—2017)中给出了遮光角要求值。防眩板的宽度值根据遮光角 β 来计算确定。

如图 6-10 所示，与前照灯主光轴的水平夹角呈 β_2 的光线照射到防眩板上，当 $\beta_2 < \beta_0$ 时光线将全部被遮挡，当水平夹角 $\beta > \beta_1 > \beta_0$ 时部分光线将穿过防眩板。

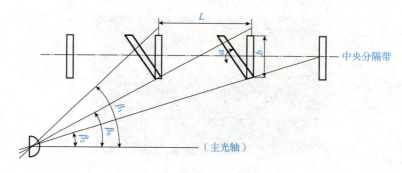

图 6-10　防眩板的防眩遮光原理

2. 平曲线路段的遮光角

在平曲线路段，车辆前照灯的光线沿曲线切线方向射出，因而，内侧车道车辆的前照灯光线将直接射向外侧车道，对外侧车道上的驾驶员产生严重的眩光现象。一般情况下，照射到外侧车道上驾驶员眼睛的光量与平曲线的曲度成正比，为了在弯道上获得和直线路段一样的遮光效果，应增大弯道上的防眩设施的遮光角。

平曲线路段遮光角 β 按式(6-2)计算：

$$\beta = \cos^{-1}\left(\frac{R-B_3}{R}\cos\beta_0\right) \tag{6-2}$$

式中　R——平曲线半径(m)；

　　　B_3——车辆驾驶员与防眩板的横向间距(m)。

当平曲线半径 R 大于一定值(不设超高的最小半径)时，$(R-B_3)/R$ 的值趋近于 1，可不考虑曲线对遮光效果的影响。因此，《公路交通安全设施设计规范》(JTG D81—2017)中防眩设施设置原则中说明当设置超高的圆曲线路段时宜设置防眩设施。

3. 遮光角的取值

遮光角是一个非常重要的技术参数，是防眩设施设计的重要依据。由于防眩板的宽度部分阻挡了对向车前照灯的眩光，也就是说，在中央分隔带连续设置一定间距、一定宽度的防眩板后，当与前照灯主光轴水平夹角(遮光角 β)的光线照射到防眩板上，它刚好被相邻两块板条所阻挡。防眩板的宽度值根据遮光角 β 来计算确定。

《公路交通安全设施设计规范》(JTG D81—2017)中规定直线段上防眩设施的遮光角宜采用 8°,平曲线路段遮光角宜采用 8～15°,采用植树防眩时遮光角以 10°为宜。

(二)防眩板安装高度

防眩板的高度是防眩板设计的另一个重要参数,防眩板高了、低了,都达不到应有的防眩效果。

防眩板的高度与驾驶员的视线高度、前照灯的高度、道路纵断面曲线等有直接关系。在公路线形设计中,我国采用驾驶员视线高度标准值为 1.2 m,而在实际行驶的车辆群体中,由于车辆构造和驾驶员个体等因素的差别,驾驶员的视线高度变化很大。根据调查,我国汽车驾驶员视线高度(h_2)建议值和汽车前照灯高度(h_1)建议值见表 6-1。

表 6-1 h_1 和 h_2 的建议值

车种	视线高度 h_2/m	前灯高度 h_1/m
大型车	2.0(大客车为 2.2)	1.0
小型车	1.30	0.8

防眩板的高度公式计算如图 6-11 所示。

1. 直线路段防眩板的高度

直线路段防眩板高度计算如图 6-11 所示,计算公式见式(6-3)。

$$H = h_1 + (h_2 - h_1)B_1/B \tag{6-3}$$

或

$$H = h_2 + (h_1 - h_2)B_2/(B_1 + B_2)$$

式中 h_1——汽车前照灯高度(m);

h_2——司机视线高度(m);

B_1,B_2——分别为行车道上车辆距防眩设施中心线的距离(m),$B = B_1 + B_2$。

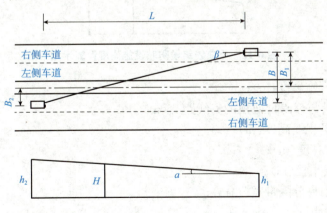

图 6-11 防眩设施最小高度计算图式

【计算示例】

道路状况为:中央分隔带 2 m,车道宽 3.75 m。

依据上式即得：

$B_1 = 6.625$ m，$B_2 = 2.875$ m，$B = B_1 + B_2 = 9.5$ m

对于大型车有：

$H = h_1 + (h_2 - h_1)B_1/B = 1 + 1 \times (6.625/9.5) = 1.697(\text{m})$

对于小型车有：

$H = h_1 + (h_2 - h_1)B_1/B = 0.8 + 0.5 \times (6.625/9.5) = 1.149(\text{m})$

极限情况下，假设车辆处于路边最外侧，车辆处于路边最内侧，则有：

$B_1 = 9.25$ m，$B_2 = 1.75$ m，$B = B_1 + B_2 = 11$ m

对于大型车有：

$H = h_1 + (h_2 - h_1)B_1/B = 1 + 1 \times (9.25/11) = 1.841(\text{m})$

对于小型车有：

$H = h_1 + (h_2 - h_1)B_1/B = 0.8 + 0.5 \times (9.25/11) = 1.220(\text{m})$

2. 曲线路段防眩板的高度

(1)平曲线路段。按式(6-4)验算防眩板高度对停车视距的影响，平曲线路段防眩设施高度验算图示如图 6-12 所示，停车视距 S 按《公路路线设计规范》(JTG D20—2017)中取值。

$$H < \frac{D - \left(R + \frac{m}{2}\right)\cos v}{D}(h_2 - h) + h \quad D = 2R\sin\frac{S}{2R} \tag{6-4}$$

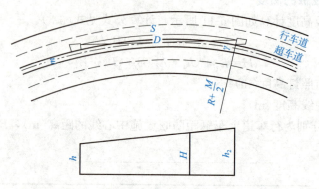

图 6-12 平曲线路段防眩设施高度计算示意

式中　H——防眩设施高度(m)；
　　　D——驾驶员与障碍物通视的直线距离(m)；
　　　h_2——驾驶员视线高度(m)；
　　　h——障碍物高度(m)；
　　　R——平曲线半径(m)；
　　　M——道路中央分隔带宽度(m)；
　　　S——停车视距(m)。

(2)竖曲线路段。当竖曲线半径小于一般最小半径时，竖曲线路段应考虑防眩板的高度是否满足遮光要求(与正常路段相比)，有以下两种情况：

① 凸曲线路段防眩设施高度：在凸曲线路段上，驾驶员可在一定范围内从较低的位置

看到对向车辆前照灯的灯光,随着两车的接近,视线上移,眩光才会被防眩设施的遮光部分所遮挡,如图 6-13 所示。防眩设施遮光部分的下缘将成为控制指标,应使其接近或接触地面,以防止下缘漏光,可采用以下几种方法:

a. 防眩设施和混凝土护栏配合使用时,其下缘和护栏顶面接触可完全遮光;
b. 防眩设施和护栏高度不变,在中央分隔带上种植密集式灌木;
c. 降低防眩设施下缘高度。

② 凹曲线路段防眩板高度:在凹形竖曲线路段,驾驶员可从较高的位置看到对向车前照灯的灯光,因而应该适当增加凹形竖曲线路段的防眩设施的高度,如图 6-14 所示。

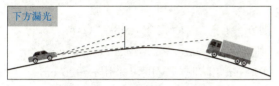

图 6-13 凸曲线下方漏光

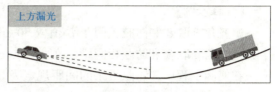

图 6-14 凹曲线上方漏光

综上所述,防眩板的高度除与驾驶员的视线高度和前照灯的高度有关外,还与道路状况和车型组合等因素有关。在确定防眩板高度时,一般只要使组合频率较高的小车与小车、小车与大车相遇时具有良好的遮光效果即可。

根据交通部公路科学研究所研究,平直路段上防眩板的高度一般为 1.60~1.70 m。为使防眩设施的高度能与道路的横断面比例协调,不使防眩设施受冲撞后倒伏到行车道上,以及减少行驶的压迫感,防眩设施的高度一般不超过 2 m。

(三)防眩板宽度

防眩板宽度的计算如图 6-15 所示。

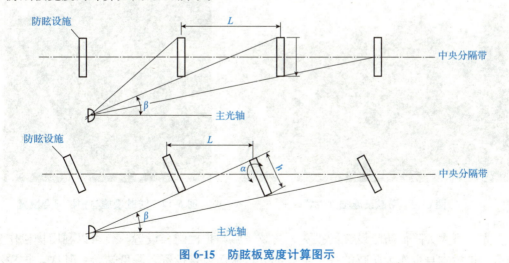

图 6-15 防眩板宽度计算图示

当防眩板与设置中线垂直时,按式(6-5)计算:

$$b = L \cdot \tan\beta \tag{6-5}$$

当防眩板与设置中线偏转 α 角时,按式(6-6)计算:

$$b = L \cdot \tan\beta / (\sin\alpha + \tan\beta) \tag{6-6}$$

式中　b——防眩板的宽度(cm)；

　　　β——防眩遮光角(°)；

　　　L——防眩板间距(cm)；

　　　α——防眩板的偏转角(°)。

注：如果给定防眩遮光角 β 和防眩板间距 L 值，即可计算出防眩板的宽度值。

《公路交通安全设施设计规范》(JTG D81—2017)中规定直线段上防眩设施的遮光角宜采用 8°，平曲线路段遮光角宜采用 8°～15°。

【计算示例】

遮光角 β 取 8°和防眩板间距 L 值取 50 cm，则 $b = L \cdot \tan\beta = 50 \times \tan8 = 7$(cm)。

遮光角 β 取 8°和防眩板间距 L 值取 100 cm，则 $b = L \cdot \tan\beta = 100 \times \tan8 = 15$(cm)。

在实际工程中，防眩板条的间距规定为 50～100 cm，防眩板宽度可采用 8～25 cm。

(四)防眩板间距

在实际工程中，防眩板条的间距规定为 50～100 cm，主要是为了与护栏的设置间距相吻合，同时，也有利于加工制作。另外，还在于按此间距计算出的板宽，能很好地与护栏顶部宽度尺寸相配合。

一般情况下，防眩设施宜独立设置(图 6-16)。

设置防眩设施的路段，基本上也需要设置中央分隔带护栏，有时需要防眩设施与护栏配合设置，而且防眩设施与护栏配合设置(图 6-17)具有一定的优越性。

图 6-16　防眩设施独立设置

图 6-17　防眩设施与护栏配合设置

首先，可大大降低防眩设施的投资，防眩设施与护栏配合设置，就可以利用护栏作为支撑构造，护栏本身也作为防眩的一个组成部分，从而节省投资，降低造价；其次，护栏对防眩设施可起到保护作用，由于防眩设施本身并不具备防撞功能，因而与护栏配合使用时，护栏就起到了保护的作用，从而节省大量的维护费用。实践证明，防眩设施与护栏可以互为补充，能起到增强道路景观的作用。

防眩板与中央分隔带护栏配合设置，在构造处理上可以有两种办法：防眩板与混凝土护栏相结合，主要依赖于混凝土护栏顶的预埋件来实现，一般采用预埋地脚螺栓连接；防眩板与波形梁钢护栏相结合，可在分设型护栏立柱上设置型钢横梁，防眩板固定在槽钢上，或通过立柱将防眩板埋设于中央分隔带上。

当防眩板与护栏组合设置时，不应影响护栏的阻挡、缓冲、导向等正常使用功能。

五、防眩设施形式选择和材料

(一)防眩设施形式选择

防眩设施形式选择有以下几项规定：

(1)选择防眩设施形式时，应针对公路的平纵线形、气候条件，充分比较各种防眩设施的性能，分析行驶安全感、压迫感、景观要求，并考虑与公路周围环境的协调，结合经济性、施工条件及养护维修等因素综合确定。

(2)高速公路、一级公路宜采用防眩板和植树防眩两种方式交替设置进行防眩。这主要是从经济、景观、养护和克服单调性等方面考虑。

(3)当中央分隔带宽度较小时，应以防眩板为主进行防眩；而在中央分隔带较宽，地形变化较大，需要自然保护景观，并且气候条件也适宜植树时，可采用植树防眩。这主要是考虑中央分隔带的间距与树冠直径的比较，以及中分带通信管道的影响。

采用防眩板时中央分隔带在雨季会成为一个存水容器，雨水只能下渗到路基中，对路基的稳定性造成很大的影响。如果路基的填筑材料是很好的山皮土，压实度满足要求后下渗的水对其水稳性影响较小；如果路基填料是其他或为石方填筑，则下渗的水对路基的稳定性是会产生影响的，可能短期体现不出，将来会有不确定性的影响。

采用中分带植树，由于树冠可以遮挡一定数量的雨水，同时，中分带的土由于植树有一定的密实度，雨水不易下渗或者说下渗很少。

研究结果表明，防眩板是一种经济、美观、对风阻挡小、积雪少、对驾驶员心理影响小的防眩设施，尤其是适当板宽的防眩板与混凝土护栏配合，使用效果更佳，从而确定防眩板是最佳的构造形式。故《公路交通安全设施设计细则》(JTG/T D81—2017)主要推荐防眩板和植树防眩两种形式，作为我国公路上防眩设施的基本形式。不同防眩设施的综合性能比较见表6-2。

表6-2 不同防眩设施的综合性能比较

特点	植树(灌木)		防眩板	防眩网
	密集型	间距型		
美观	好	好	好	较差
对驾驶员心理影响	小	大	小	较小
对风阻力	大	大	小	大
积雪	严重	严重	好	严重
自然景观配合	好	好	好	不好

续表

特点	植树(灌木)		防眩板	防眩网
	密集型	间距型		
防眩效果	较好	较好	好	较差
经济性	差	好	好	较差
施工难易	较难	较难	易	难
养护工作量	大	大	小	小
横向通视	差	较好	好	好
阻止行人跨越	较好	差	较好	好
景观效果	好	好	好	差

(二)防眩设施材料

我国公路上防眩设施主要推荐防眩板和植树防眩两种基本形式。

1. 防眩板

(1)防眩板产品分类与名称。根据《防眩板》(GB/T 24718—2023)中防眩板产品分类与命名的规定，按板体材料划分：

①P——塑料板体型；

②F——玻璃纤维增强塑料(玻璃钢)板体型；

③M——钢质金属板体型；

④O——其他材质板体型。

(2)防眩板原材料技术要求。防眩板部件包括防眩板条、防眩板纵向构件、支架、螺栓、螺母、垫圈等。防眩板各部件可采用钢材、塑料或其他不易变形的耐久性材料加工制作。

①若采用薄钢板制造，其性能应符合《碳素结构钢》(GB/T 700—2006)中相关型号钢板的规定；涂塑层应用的粉末涂料应符合《公路用防腐蚀粉末涂料及涂层 第1部分：通则》(JT/T 600.1—2004)的规定。表面防腐可采用镀锌、镀铝后涂塑等方法处理，同波形梁相关要求。

②塑料防眩板树脂原材料应符合相应的国家标准对于各类树脂的相关规定。

③玻璃纤维增强塑料(玻璃钢)防眩板的原材料性能应符合《公路用玻璃纤维增强塑料产品 第1部分：通则》(GB/T 24721.1—2023)的规定。

④防眩板纵向构件可采用型钢制造，应符合现行国家有关规定。

⑤防眩板其他构件基本采用钢质材料，必须做好表面的防腐处理。

⑥支架、螺栓、螺母、垫圈采用热浸镀锌处理，支架镀锌量600 g/m²，螺栓、螺母、垫圈镀锌量350 g/m²。工艺按《公路交通工程钢构件防腐技术条件》(GB/T 18226—2015)的规定执行。

2. 植树防眩

采用植树防眩时，应根据当地气候条件，选择易成活、根系发达且埋土深度较浅、枝叶茂密、落叶少、养护工作量小的树种。

任务二　防眩设施的质量检测

防眩设施的质量检测包括产品质量检测和施工质量检测两部分。

一、防眩设施的产品质量检测

(一)防眩设施质量标准
防眩设施质量依据的标准如下：
(1)《防眩板》(GB/T 24718—2023)；
(2)《碳素结构钢》(GB/T 700—2006)；
(3)《公路用防腐蚀粉末涂料及涂层　第1部分：通则》(JT/T 600.1—2004)；
(4)《公路用玻璃纤维增强塑料产品　第1部分：通则》(GB/T 24721.1—2023)；
(5)《公路交通工程钢构件防腐技术条件》(GB/T 18226—2015)。

(二)技术要求及试验方法
防眩设施的产品质量与护栏、隔离设施一样，其检测项目包括4个方面，即外观质量、镀层质量、几何形状与尺寸及材料性能。

1. 外观质量
在正常光线下，目测观察的外观要求如下。
(1)板条材质为钢质材料：构件表面不得有裂纹、气泡、折叠等缺陷，镀锌构件表面应具有均匀完整的涂层，颜色一致，表面具有实用性光滑，不允许有流挂、滴流或多余结块。镀件表面无漏镀、露铁等缺陷。
(2)板条材质为聚乙烯等塑料材料：产品表面颜色均匀一致，无明显的反光现象，边缘圆滑，无毛刺、无飞边，表面无裂纹、气泡等缺陷；整体成型完整，无明显歪斜。
(3)板条材质为玻璃钢材料：产品表面应平整光滑、色泽均匀，不得有起皱、裂纹、颗粒、表面发黏等缺陷，表面无气泡。

2. 镀层质量
防眩板条镀层质量检测方法同波形梁钢护栏，采用磁性测厚仪具体要求如下：
(1)防眩板条采用钢质材料的，其镀层质量检测内容主要包括镀层附着量、镀层均匀性、镀层附着性。
(2)防眩板条采用非钢质材料的，其他构件基本采用钢质材料，其他构件的镀层检测同波形梁钢护栏。目前，防眩板主要采用热浸镀锌进行防腐处理。

3. 几何形状与尺寸
防眩板的构造尺寸包括高度、宽度、厚度。其中，高度和宽度是对试样作水平投影，用钢尺在投影上量取；厚度用千分尺量取。
除特殊造型防眩板产品外，产品主要构造尺寸见表6-3。

钢质金属板体型等规则厚度防眩板的厚度允许偏差为±0.3 mm，其他非规则厚度板体的厚度允许偏差应满足规范中的上下限要求，见表 6-4。

表 6-3　防眩板主要结构尺寸

高度 H/mm	宽度 W/mm	厚度 t/mm		固定螺孔直径 φ/mm
700~1 000	80~250	中空塑料板体型	≥1.5	8~10
		钢质金属板体型	2~4	
		玻璃钢及其他实体板	2.5~4	

表 6-4　结构尺寸的允许偏差

项次	项目	允许偏差	项次	项目	允许偏差
1	高度 H	0~+5 mm	4	固定螺孔直径	0~0.5 mm
2	宽度 W	±2 mm	5	纵向直线度	2 mm/m
3	厚度 t	±0.3 mm			

(1)高度 H 试验方法：将试样做平面投影，用分度值 1 mm 的钢卷尺，在试样投影的最大长度位置量取 3 个数值，取算术平均值作为测量结果。

(2)宽度 W 试验方法：将试样做平面投影，用分度值 1 mm 的钢板尺，在试样投影的上、中、下 3 个部位分别量取 3 个测量值，取算术平均值作为测量结果。

(3)厚度 t 试验方法：

①对板材厚度均匀的试样，用分度值 0.02 mm 的千分尺分别在板的中部及边缘部分量取 3 个测量值，取算术平均值作为测量结果。

②对厚度不均匀的试样，对其板面的极限厚度值各量取 3 个测量值，取算术平均值作为厚度区间的测量结果。对于中空型防眩板，厚度(t)为材料实壁单层厚度。

(4)固定螺孔直径。用分度值 0.01 mm 的游标卡尺在不同方向量取 3 个测量值，取算术平均值作为测量结果。

(5)纵向直线度。在试验平台上，用分度值为 0.01 mm 的塞尺，量取板侧与试验平台间的 3 个最大缝隙值(d)，取算术平均值，则纵向直线度按式(6-7)计算：

$$纵向直线度 = d/H \times 100\% \tag{6-7}$$

式中　d——最大缝隙值算术平均值(mm)；

　　　H——防眩板高度(mm)。

(6)端部不垂直度。对于规则方形防眩板，以万能角度尺在其板端量取 3 个测量值，取算术平均值作为测量结果。对于非规则方形防眩板，不作要求。

4. 材料性能

防眩板根据板条材质进行抽样检测。防眩板各性能指标及采用的标准、规范见表 6-5。

表 6-5　防眩板检测项目

序号	检测项目	标准、规范
1	外观质量及几何尺寸	《防眩板》(GB/T 24718—2023)　5.5.1　5.5.2
2	抗风荷载 F	《防眩板》(GB/T 24718—2023)　5.5.3.1
3	抗变形量 R	《防眩板》(GB/T 24718—2023)　5.5.3.2
4	抗冲击性能	《防眩板》(GB/T 24718—2023)　5.5.3.3
5	防眩板耐溶剂性能	《塑料 耐液体化学试剂性能的测定》(GB/T 11547—2008)　5　6 《公路用玻璃纤维增强塑料产品 第1部分：通则》(GB/T 24721.1—2023)　5
6	玻璃钢防眩板耐水性能	《玻璃纤维增强塑料老化性能试验方法》(GB/T 2573—2008)　4
7	耐低温坠落性能	《防眩板》(GB/T 24718—2023)　5.5.6.1
8	耐候性能	《公路沿线设施塑料制品耐候性要求及测试方法》(GB/T 22040—2008)　6.9 《塑料 实验室光源暴露试验方法 第2部分 氙弧灯》(GBT 16422.2—2022)　7
9	玻璃钢防眩板密度	《纤维增强塑料密度和相对密度试验方法》(GB/T 1463—2005)　8
10	钢质金属基材防眩板基板厚度	《防眩板》(GB/T 24718—2023)　5.5.8.1
11	钢质金属基材防眩板涂塑层厚度	《磁性基体上非磁性覆盖层 覆盖层厚度测量 磁性法》(GB/T 4956—2003)　6
12	钢质金属基材防眩板双涂塑层镀锌附着量	
13	钢质金属基材防眩板粉末涂料涂层附着性能（高分子涂层附着性能）	《色漆和清漆 划格试验》(GB/T 9286—2021) 《防眩板》(GB/T 24718—2023)　5.5.8.4.2
14	钢质金属基材防眩板耐盐雾性能	《公路交通工程钢构件防腐技术条件》(GB/T 18226—2015)　7.14
15	钢质金属基材防眩板涂层耐湿热性能	《防眩板》(GB/T 24718—2023)　5.5.8.6 《漆膜耐湿热测定法》(GB/T 1740—2007)　8
16	防眩设施安装质量及性能测试	《公路工程质量检验评定标准 第一分册 土建工程》(JTG F80/1—2017)　11.9.2

(三)防眩板产品检验规则

对防眩板产品质量的检验分为型式检验和出厂检验两种形式。

型式检验应在生产线终端或生产单位成品库内抽取足够的样品，按标准规定进行全部项目的检验。型式检验应每两年进行一次。防眩板产品在新设计试制产品时、出厂检验结果与上次型式检验有较大差异时、国家质量监督机构提出型式检验时，以及正式生产过程中如原材料工艺有较大改变，可能影响产品性能时，应进行型式检验。

在生产企业首次批量定型生产时，型式检验中的耐候性能为必检项目，若检验合格，在产品配方不发生变化的情况下，耐候性能 4 年检验一次。若生产配方发生变化，应立即提请质检机构进行耐候性能测试。

型式检验时,如有任一项指标不符合《防眩板》(GB/T 24718—2023)要求时,则需要重新抽取双倍试样,对该项目进行复验。复验结果仍然不合格时,则判该型式检验为不合格;反之判定为合格。

产品需要经生产单位质量部门出厂检验合格并附产品质量合格证方可出厂。用同一批号原材料,同一配方和同一工艺生产的产品可组成一批。取样方法按《公路交通安全设施质量检验抽样方法》(JT/T 495—2014)的规定进行。

出厂检验项目包括外观质量、构造尺寸、抗冲击性能、产品标识和产品包装。

二、防眩设施的施工质量检测

防眩设施施工安装一般在路面施工过程中,在不影响路面工程施工的情况下尽早开工。

桥梁段或混凝土护栏上设置防眩板的施工前,应对所有预埋件的设置位置、强度、腐蚀程度进行检查,不符合要求的应要求相关单位进行整改。在防眩设施产品量检验合格的基础上进行施工。

(一)基本要求

(1)防眩设施整体应与路线线形一致、顺畅、舒适、美观。
(2)防眩设施的几何尺寸及遮光角应符合设计要求。
(3)防眩设施应安装牢固。
(4)应按《公路交通安全设施施工技术规范》(JTG/T 3671—2021)和图纸要求进行施工。

(二)施工工艺

1. 防眩板安装

(1)设置于混凝土护栏上的防眩板或防眩网的安装施工应符合下列规定:

①防眩板或防眩网可通过混凝土护栏顶部的预埋件及连接件安装在混凝土护栏上。未设置预埋件时,可采取后固定的施工工艺安装。

②混凝土护栏强度低于设计强度的80%时,不得安装防眩板或防眩网。

③防眩板或防眩网顶面高度与路面的距离应符合设计要求。

④防眩板或防眩网安装后,不得削弱混凝土护栏的原有功能。

(2)设置于波形梁钢护栏上的防眩板或防眩网的安装施工应符合下列规定:

①防眩板或防眩网可通过连接件安装在波形梁钢护栏上。

②防眩板或防眩网安装在波形梁钢护栏上时,不得削弱波形梁钢护栏的原有功能。

③防眩板或防眩网顶面高度与路面的距离应符合设计要求。

④施工过程中不应损伤波形梁钢护栏的防腐层,否则应在24 h之内予以修补。

(3)独立设置立柱的防眩板或防眩网的安装施工应符合下列规定:

①施工前,应清理场地、协调与其他设施的关系。

②防眩板或防眩网单独设置立柱时,可根据所在位置将立柱埋入土中,设置混凝土基础或固定于桥梁、通道、明涵等构造物上。设置混凝土基础,其强度达到设计强度的80%以上时,才能在立柱上安装防眩板或防眩网。

③立柱施工时,不得破坏地下管线和排水设施。

④防眩板均按设计要求现场确定高程，不得出现纵向参差不齐、高低不平的情况。

2. 防眩板施工工艺

施工放样→基础开挖→埋设立柱（浇筑基础）→防眩板安装。

(三)施工质量检测项目

防眩板检查项目见表 6-6。

表 6-6　防眩板检查项目

项次	检查项目	规定值或允许偏差	检查方法和频率
1	安装高度/mm	±10	钢卷尺：抽检 5%
2	镀(涂)层厚度	符合设计	涂层测厚仪：抽检 5%
3	防眩板宽度/mm	±5	直尺：抽检 5%
4	防眩板设置间距/mm	±10	钢卷尺：抽检 10
5	竖直度/(mm·m^{-1})	±5	垂线、直尺：抽检 10%
6	顺直度/(mm·m^{-1})	±8	拉线、直尺：抽检 10%

任务实施

1. 根据前面内容，学生自己分别列表汇总钢板网、编织网隔离栅网片结构尺寸检测项目。

2. 根据已经介绍的内容查阅相关标准，补充说明电焊网、编织网结构尺寸检测项目的试验方法及计算。

能力测试题

1. 简述眩光和防眩设施。
2. 防眩形式可分为哪几类？
3. 简述遮光角。
4. 防眩板构造设计的主要参数有哪些？
5. 防眩板施工质量检测项目有哪些？

项目七

视线诱导设施质量检测

学习内容

任务一介绍视线诱导设施基础知识，包括视线诱导设施的作用、分类、设置原则、设计参数；任务二介绍视线诱导设施构造、技术要求、产品质量检测、施工质量检测等。

学习目标

专业知识目标
(1) 了解视线诱导设施标作用。
(2) 熟悉视线诱导设施分类、材料及构造要求。
(3) 掌握轮廓标技术要求、质量要求和检验方法。

专业能力目标
(1) 具有探究学习、终身学习、分析问题和解决问题的能力。
(2) 具有基本的材料试验与检测能力，能够独立完成视线诱导原材料质量检测工作。
(3) 具有基本的视线诱导验收与评定能力，能够完成现场质量检测、参与竣工验收等工作。
(4) 具有试验数据分析、处理的能力；能够编制相关试验报告及结论评定。

职业素养目标
具有良好的职业道德和职业素养；具有质量意识、环保意识、安全意识。

任务一 视线诱导设施基础知识

《公路交通安全设施设计规范》(JTG D81—2017)将原来的"轮廓标"一章修改为"视线诱导设施"，涵盖范围适当扩大，以加强隧道等特殊路段的边缘提示。

一、视线诱导设施分类

视线诱导设施按功能可分为轮廓标、合流提示类标志、线形诱导标、隧道轮廓带、示警桩、示警墩、道口标柱等设施。

具备逆反射特性的突起路标起到加强标线作用，保证行车安全，以提高道路服务质量为主要目标。从某种意义上讲，反光交通标线夜间行车时也起到视线诱导作用，也属于视线诱导设施。

各类视线诱导设施以不同侧重点来诱导驾驶员视线，使行车更趋安全、舒适。

二、各类视线诱导设施作用

1. 轮廓标

轮廓标指沿公路两侧边缘设置的、用于指示道路前进方向和边界的、具有逆反射性能的交通安全设施。以指示道路线形轮廓为主要目标，轮廓标是一种指示设施而不是警告设施。

2. 合流提示类标志、线形诱导标

分流合流诱导标以指示交通分流、合流为主要目的，对驾驶员起到视线诱导作用；线形诱导标以指示或警告改变行驶方向为主要目的。合流提示类标志、线形诱导标分别属于警告标志和指路标志，具体要求与现行《公路交通标志和标线设置规范》（JTG D82—2009）规定保持一致。

3. 隧道轮廓带

隧道轮廓带近年来在特长隧道、长隧道应用较多，主要用于指示隧道横断面轮廓。

4. 示警桩、示警墩

对于三级、四级公路，达不到护栏设置标准但存在一定危险因素的路段，如位于《公路交通安全设施设计规范》（JTG D81—2017）规范中图 6.2.4 中Ⅱ区阴影范围的路段，可设置示警桩、示警墩等设施。

5. 道口标柱

道口标柱设置在公路沿线较小交叉路口两侧，用来提醒主线车辆提高警觉，防范小路口车辆突然出现而造成意外的情况发生。

各类视线诱导设施在设置时，要注意相互协调，避免相互影响。公路视线诱导设施属于主动引导设施，对提高夜间的行车安全水平有重要作用，在条件允许时，可以适当地增加设置，以发挥其节能、价廉的优点。

三、视线诱导设施的设置原则

(一)轮廓标设置原则

依据《公路交通安全设施设计规范》（JTG D81—2017）和《道路交通标志和标线 第 3 部分：道路交通标线》（GB 5768.3—2009）的相关要求，轮廓标设置规定如下：

(1)高速公路、一级公路和城市快速干道的主线，以及其互通立交、服务区、停车场的进出匝道或连接道，应连续设置轮廓标。

高速公路、一级公路上车辆运行速度很高，为提高行车的安全性和舒适性，指示公路前方线形非常重要，连续设置轮廓标就是诱导驾驶员视线、标明公路几何线形的有效办法。驾驶员能明了前方公路线形，从而能快速、舒适地行驶，增加行车安全性，有效地避免交通事

故。在高速公路、一级公路互通式立体交叉枢纽范围内及服务设施、停车场等进出口匝道连接线上，特别在小半径曲线上，应在公路两侧连续设置轮廓标。

汽车驾驶员在白天一般以交通标线及护栏作为行车指导，快速顺利地行驶。但到了晚上，上述设施的视线诱导功能显著下降，交通标线只能在汽车前灯照射的有限范围内才能看清，护栏由于设置在公路两侧，夜间的可视距离更小。随着汽车行驶速度的增加，驾驶员迫切需要了解公路前方的路线走向。

(2) 二级公路、三级公路、其他道路和路段视需要可沿主线两侧连续设置轮廓标：在小半径弯道、连续转弯、视距不良、易发生冲出路侧事故和事故多发路段，宜结合其他安全处置措施沿主线两侧连续设置轮廓标。

根据日本运输省对道路运输车辆的安全标准规定，汽车前灯同时打开能确认前方 100 m 的障碍物，如使用近光灯，则应能确认道路前方 40 m 处的障碍物。在行驶速度为 40 km/h 的情况下，其制动距离为 40 m，刚好能满足近光灯照射下确认前方 40 m 处的障碍物。如果速度超过 40 km/h 时，需要的制动距离已超过了近光灯可能看清的范围，这时，恐怕就难以弄清前方道路的状况，也就很难保证行驶的安全。因此，日本的视线诱导标设置标准中明确规定，设计车速在 50 km/h 以上的路段必须设置视线诱导设施。

参考日本经验，结合我国实际情况，我国规定，设计速度≥60 km/h 的路段要设置轮廓标。

车道数及车道宽度或路肩宽度发生变化的路段，是造成交通流不稳定的重要原因，在夜间往往会引起交通安全方面的问题。在该路段设置的轮廓标能使驾驶员了解车道数或车道宽度的变化，这对顺利通过瓶颈路段、防止事故发生将会十分有效。

汽车从直线段过渡到曲线段，尤其向小半径曲线行驶时，驾驶员的视线很难随公路线形急剧变化。在夜间，驾驶员更难以看清公路的线形。如果在急弯陡坡及与急弯连接的路段连续设置轮廓标，可以非常清晰地显示出公路轮廓，使驾驶员了解公路线形的急剧变化，从而能有效地预防交通事故的发生，确保交通安全。

(3) 隧道侧壁应设置双向轮廓标。隧道内设有高出路面的检修道时，在检修道顶部靠近车行道方向的端部或检修道侧壁应增设轮廓标，如图 7-1 所示。

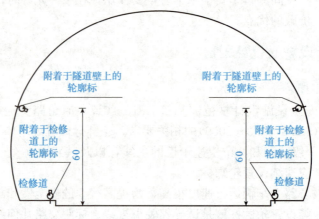

图 7-1 隧道内视线诱导设施设置示例(单位：cm)

隧道检修道上设置轮廓标，可有效显示检修道的位置，防止车辆撞击检修道。

(4)轮廓标应在公路前进方向左、右侧对称设置。

①高速公路、一级公路，按行车方向配置白色反射体的轮廓标应安装于公路右侧，配置黄色反射体的轮廓标应安装于中央分隔带。

②二级及二级以下公路，按行车方向配置的左右两侧的轮廓标均为白色。可避免驾驶员"同向交通"的误解。

③避险车道轮廓标颜色为红色。

④隧道路段、二级及二级以下公路，轮廓标宜设置为双面反光形式。

(5)直线路段轮廓标设置间距不应超过 50 m，曲线路段轮廓标设置间距不应大于表 7-1 的规定。公路路基宽度、车道数量有变化的路段及竖曲线路段，可适当加密轮廓标的间隔。

表 7-1　曲线路段匝道处轮廓标设置间距

曲线半径/m	≤89	90～179	180～274	275～374	375～999	1 000～1 999	≥2 000
设置间距/m	8	12	16	24	32	40	48

轮廓标的设置间隔应根据公路线形而定，高速公路、一级公路的直线段，其设置最大间隔不应超过 50 m。视线诱导标连续等间距设置时，由于受到前灯照射角度的影响，在小半径曲线路段内，轮廓标的连续可视性要比直线路段差，不能保证具有圆滑曲线的诱导效果。一些发达国家有自己的曲线上轮廓标间距计算方法。

我国对轮廓标设置间距的规定，是在充分考虑了发达国家的相关规定，并结合我国运营高速公路、一级公路的实际情况制定的。

例如，日本在曲线上设置轮廓标，其间距按式(7-1)的计算结果确定。

$$S = 1.1(R-15)^{1/2} \tag{7-1}$$

式中　S——轮廓标设置间距(m)；

　　　R——曲线半径(m)。

日本轮廓标设置间距规定见表 7-2。

表 7-2　日本曲线路段匝道处轮廓标设置间距

曲线半径/m	≤50	51～80	81～125	126～180	181～245	246～320	1 951
设置间距/m	5	7.5	10	12.5	15	17.5	50

加拿大的《街道和公路均一交通控制设施手册》中，对轮廓标在曲线上的设置间距按式(7-2)计算，设置间距规定见表 7-3。

$$S = 2 \times (0.3R)^{1/2} \tag{7-2}$$

表 7-3　加拿大曲线路段匝道处轮廓标设置间距

曲线半径/m	43	58	70	97	116	145	194	249	349	582	1 747
设置间距/m	5	7.5	10	12.5	15	17.5	20	22.5	25	30	35

美国的《街道和公路均一交通控制设施手册》中,对轮廓标在曲线上的设置间距按式(7-3)计算,设置间距规定见表 7-4。

$$S=1.7(R-15)^{1/2} \tag{7-3}$$

表 7-4 美国曲线路段匝道处轮廓标设置间距

曲线半径/m	15	70	116	194	249	582	1747
设置间距/m	6	10	15	20	22.5	30	35

在轮廓标布设设计时,应特别注意从直线段过渡到曲线段的路段,或由曲线段过渡到直线段的区段,要处理好轮廓标视线诱导的连续性,使其能平顺圆滑地过渡,如图 7-2 所示。

与平曲线相比,竖曲线对轮廓标设置间距的影响要小得多。德国对轮廓标在竖曲线上的设置间距也有明确的规定,见表 7-5。

图 7-2 轮廓标实例

表 7-5 德国轮廓标在竖曲线上的设置间距

竖曲线半径/m	设置间距/m
800 以下	5～16
800～1 500	16～21
1 500～3 000	21～31
3 000～4 000	47～50
4 000 以上	50

我国没有对此做出具体规定,但允许在设计中根据竖曲线的不同半径,在保持轮廓标诱导连续性的前提下,对设置间距作适当调整。

在曲线段外侧的起止路段设置间隔如图 7-3 所示。图中 S 为曲线路段轮廓标的设置间距。如果两倍或三倍的间距大于 50 m,则取为 50 m。

(6)安装轮廓标时,反射体应面向交通流,其表面法线应与公路中心线成 0～25°的角度。

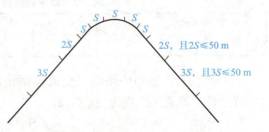

图 7-3 曲线段轮廓设置间隔示例

轮廓标反射器的安装角度,无论在直线段或在曲线段上,应尽可能与驾驶人视线方向垂直。轮廓标反射体表面法线与公路中心线成 25°主要适用于柱式轮廓标。

(7)各种类型的轮廓标设置高度宜保持一致,轮廓标反射体中心线距离路面的高度应为

60～70 cm。有特殊需要时，经论证可以采用其他高度。

轮廓标的标准设置高度为 70 cm，这一要求主要是考虑波形梁钢护栏横梁中心距路面高度为 60 cm 左右而定的。

(二) 合流诱导标的设置

合流诱导标的设置应满足《公路交通安全设施设计规范》(JTG D81—2017)和现行《公路交通标志和标线设置规范》(JTG D82—2009)的有关规定。

(三) 线形诱导标的设置

线形诱导标的设置应满足《公路交通安全设施设计规范》(JTG D81—2017)和现行《公路交通标志和标线设置规范》(JTG D82—2009)的有关规定。

(四) 隧道轮廓带的设置

隧道轮廓带是指在隧道壁或隧道洞门上设置的用于指示隧道横断面边界的交通安全设施。隧道轮廓带(图 7-4)的设置应符合下列规定：

(1) 特长隧道、长隧道可每隔 500 m 设置一处隧道轮廓带。视距不良等特殊路段宜加密。
(2) 无照明的二级及二级以下公路隧道可视需要设置隧道轮廓带。
(3) 紧急停车带、隧道横洞前适当位置宜设置隧道轮廓带。
(4) 隧道轮廓带应避免产生眩光。
(5) 隧道轮廓带的颜色宜采用白色，宽度为 15～20 cm。根据需要可适当加宽，但要避免产生眩光。

(五) 示警桩和示警墩的设置

对于达不到护栏设置标准但存在一定危险因素的路段，如三级、四级公路可设置示警桩、示警墩等设施。示警桩、示警墩的颜色应为黄黑相间。

(六) 道口标柱的设置

未设置相应指路标志或警告标志的公路沿线较小平面交叉两侧应设置道口标柱(图 7-5)，道口标柱的颜色应为红白相间。

道口标柱设置在公路沿线较小交叉路口两侧，用来提醒主线车辆提高警觉，防范小路口车辆突然出现而造成意外的情况发生。

图 7-4　隧道轮廓带

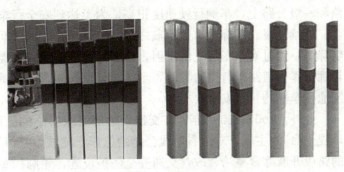

图 7-5　道口标柱

四、轮廓标

轮廓标是视线诱导设施的一种。考虑到轮廓标相对于其他视线诱导设施占很大比重，同时，其他视线诱导设施，如合流提示类标志、线形诱导标、隧道轮廓带、示警桩、示警墩、道口标柱等设施与交通标志有些类似，下面重点介绍轮廓标。

(一)轮廓标的作用

尤其是在夜间行车，仅依靠汽车前照灯照明来弄清道路前方的线形，明确行驶的方向是有一定困难的，因为汽车前照灯的照明范围是有限的，要想达到白天的通视距离，就要依赖轮廓标。

轮廓标可通过对汽车灯光的反射，使驾驶员提早了解前方路况。道路两侧设置的轮廓标作为道路车行道边界的警示标志，也可起到夜间诱导、警告驾驶员的作用，能有效预防事故的发生，确保行车安全。

从功能上说，轮廓标是一种视线诱导设施。一般在静止条件下，用行驶光束(远光灯)照射轮廓标反射体时，驾驶员能在 500 m 处发现，在 300 m 处能清晰地看见；用交会光束(近光灯)照射时，驾驶员可在 200 m 处发现，在 100 m 处能清晰地看见。

车辆在动态行驶条件下，观测角变化很小，而入射角随着道路线形的变化可能在较大范围内变化。因此，轮廓标用逆反射体必须保持均匀、恒定的亮度，不能发生闪耀，也不能在入射角突然变化的情况下突然变暗或变亮。保持足够反射亮度是轮廓标反射器必须具有的光学性能。

轮廓标逆反射体颜色分为白色和黄色，这是因为在使用过程中，应特别注意其视认性和对驾驶员产生的视觉与心理实际效果，不能产生难以辨认、视觉疲劳等问题。

如果轮廓标使用红色、橙色等其他颜色的逆反射体，容易与车辆尾灯混淆。故采用白色和黄色逆反射体，这样使道路轮廓清晰明显、极易辨认，不会与汽车尾灯混淆，从而达到保障道路安全的效果。

轮廓标反射体的颜色分为白色和黄色。按行车方向，配置白色反射体的轮廓标安装于公路的右侧，配置黄色反射体的轮廓标应安装于公路的左侧，不得侵入公路建筑界限以内。

轮廓标虽然在交通安全设施中所占的比重较小，但其作用却不可忽视。尤其是在高速公路和一级公路上，车辆行驶速度很高，为了达到安全行车的目的，公路前方线形指示非常重要，连续设置轮廓标为有效手段之一。尤其是在车辆夜间行驶过程中，可视距离较短，安全度降低，通过对汽车灯光的反射，轮廓标可以使驾驶员提早了解前方路况。道路两侧设置的轮廓标作为道路车行道边界的警示标志，也起到了夜间诱导警告驾驶员的作用，很好地保证了通行车辆的行车安全。

此外，2005—2008 年，在交通运输部组织实施的公路安全保障工程中，以"消除隐患、珍视生命"为主题，对国省干线公路的急弯、陡坡、连续下坡、视距不良和路侧险要等类型的路段开展综合整治，改善交通安全防护设施，轮廓标专项安全工程实施效果非常高。尤其是在沿线危险地段设置的护栏处装上轮廓标取得了非常好的效果：一方面，能清晰显示公路轮廓，可以使驾驶员提早了解公路线形的急剧变化，从视觉上起到诱导行驶的作用；另一方面,从心理上为驾驶员提供了安全感,有效地减少了碰撞护栏等事故的发生,确保了交通安全。

(二)轮廓标的分类、材料及构造要求

1. 产品分类

国家标准《轮廓标》(GB/T 24970—2020)中规定轮廓标产品分类如下:

(1)轮廓标按设置条件可分为埋设于地面上的柱式轮廓标(图 7-6)和附着于构造物的附着式轮廓标(图 7-7)。

图 7-6　柱式轮廓标　　　　　　　图 7-7　附着式轮廓标

①当路边无构造物时,轮廓标为柱体,独立设置于路边土路肩中。
②当路边有护栏、桥梁栏杆、隧道侧墙等构造物时,轮廓标附着于构造物的适当位置。
③柱式轮廓标按其柱体材料的不同特性,又可分为普通柱式轮廓标和弹性柱式轮廓标。

(2)轮廓标按反射体形状不同分为梯形轮廓标、圆形轮廓标和长方形轮廓标。

(3)轮廓标按颜色分为白色轮廓标和黄色轮廓标。

2. 轮廓标的材料及构造

《轮廓标》(GB/T 24970—2020)对柱式轮廓标和附着式轮廓标的产品构造和安装有如下规定:

(1)柱式轮廓标。

①材料。

a. 早期的柱体材料为水泥预制件,成本低。但有两大缺点:当车辆撞击时,对车辆有二次伤害;色泽不明显,反射器同水泥表面不易附着。

b. 后来的柱体用钢板制成,表面镀锌再刷漆。这种情况反射器可以比较方便地连接到立柱表面上,但是仍有成本高、有较大的二次伤害问题和易生锈三大缺点。

c. 目前,柱式轮廓标柱体宜采用合成树脂类材料,包括聚乙烯、玻璃纤维增强塑料、聚碳酸酯树脂、PVC 树脂等。这些材料可用机械模具成型,立柱稳定,壁厚均匀,表面光滑,不易老化,又无二次伤害,且成本较低。

②构造。柱式轮廓标由白色柱体、黑色标记、反射体和混凝土基础组成。一般分为以下两种:

a. 柱体的横断面为空心圆角的等腰三角形(图 7-8),柱身高度为 1 250 mm,三角形的

高为 120 mm、底边长为 100 mm，顶面斜向行车道。柱身为白色，柱体上部应有 250 mm 长的一圈黑色标记，黑色标记的中间应镶嵌有 180 mm×40 mm 的矩形逆反射材料(反射器或反光膜)。逆反射材料、黑色标记与轮廓标柱体应连接牢固不易脱落。

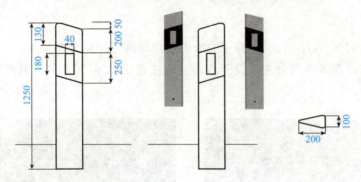

图 7-8　柱体的横断面为等腰三角形

b. 弹性柱式轮廓标如图 7-9 所示。柱体的横断面为圆弧形，柱身高度为 1 100 mm；圆弧的弦长为 110 mm，高为 16 mm。柱身为白色，柱体上部应有 250 mm 长的一条黑色标记，黑色标记的中间应牢固粘贴 180 mm×40 mm 的反光膜。

在柱式轮廓标安装中，其逆反射材料的表面(或弹性柱式轮廓标断面的弦)应与道路行车方向垂直。

(2)附着式轮廓标。附着式轮廓标安装在挡墙、桥墩、桥台、隧道侧壁、停车场和道路分隔带等处，如图 7-10～图 7-12 所示。

图 7-9　弹性柱式轮廓标

图 7-10　隧道中附着式轮廓标

图 7-11　附着式轮廓标

图 7-12　附着式轮廓标(防撞墙、路面)

①材料。反射器有圆形、梯形、长方形等，选用光反射性能、耐候性、耐腐蚀性能优良的材料，一般采用合成树脂、有机玻璃等材料制造。

支架和连接件可采用铝合金板、钢板、合成树脂类材料、蓄能自发光材料制作。材料性能应符合现行相关的国家标准要求，并应满足以下要求：

a. 采用铝合金时，其厚度不应小于 2.0 mm；

b. 采用钢板时，其厚度不应小于 1.5 mm；

c. 采用合成树脂类材料时，其厚度不应小于 3.0 mm；

d. 采用蓄能自发光材料时，其厚度不应小于 2.0 mm。

②构造。附着式轮廓标由反射体、支架和连接件组成。反射体应为微棱镜型或玻璃珠型反射器、反光膜等逆反射材料，在反射体基础上可增加蓄能自发光材料。

a. 反射体形状为圆角的梯形时，梯形上底为 50 mm，下底为 120 mm，高为 70 mm。尺寸及误差如图 7-13 所示。

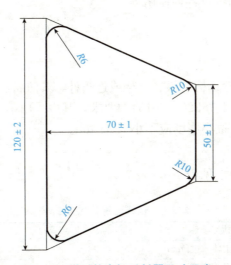

图 7-13　梯形轮廓标反射器尺寸示意

b. 反射体形状为圆形时，直径为 100 mm。

c. 反射体形状为长方形时，长边为 180 mm，短边为 40 mm。

根据建筑物的种类及设置部位采取不同形式的支架与建筑物连接。在安装中，也应使逆反射材料表面与道路行车方向保持垂直。

一般情况下，轮廓标附着于波形梁钢护栏中间的槽内，其形状为梯形，附着于混凝土护栏上的轮廓标，其形状为圆形或方形。

任务二　轮廓标的质量检测

轮廓标的质量检测包括产品质量检测和施工质量检测两部分。

一、轮廓标的产品质量检测

轮廓标的产品质量与护栏、隔离设施、防眩设施一样,其检测项目也包括4个方面,即外观质量、镀层质量、几何形状与尺寸及材料性能。

《轮廓标》(GB/T 24970—2020)中制定了外观质量、外形尺寸、色度性能、光度性能、附着性能、密封性能、耐候性能、耐盐雾腐蚀性能和耐高低温性能等技术要求。

(一)技术要求

1. 外观质量

(1)轮廓标各部分应成型完整,表面平整光滑,表面不平度不应大于2 mm/m。

(2)轮廓标不应存在以下缺陷:

① 裂纹、拼接缝、边缘剥离;

② 明显气泡、皱纹、划痕及各种损伤;

③ 颜色不均匀;

④ 逆反射性能不均匀;

⑤ 反光亮度不均匀。

(3)采用钢构件制作的轮廓标底板、支架或连接件,其防腐层质量应符合《公路交通工程钢构件防腐技术条件》(GB/T 18226—2015)的要求,其中采用单一热浸镀锌处理时,镀锌层平均厚度应不小于50 μm,最小厚度应不小于39 μm。

2. 外形尺寸

轮廓标检测具体技术要求见表7-6~表7-9。

表7-6 柱式轮廓标尺寸要求

序号	检测项目	技术要求
1	逆反射体长度/mm	180±0.9
2	逆反射体宽度/mm	40±0.4
3	柱体高度/mm	1250±6
4	柱体宽/mm	100±2
5	黑色标记长度/mm	250±3
6	柱体壁厚/mm	≥3

表7-7 梯形轮廓标尺寸要求

序号	检测项目	技术要求
1	梯形上底宽/mm	50±0.5
2	梯形下底宽度/mm	120±0.7
3	梯形高度/mm	70±0.6
4	支架底板厚度/mm	镀锌钢板≥1.5 铝合金≥2.0 合成树脂≥3.0

表 7-8　长方形轮廓标尺寸要求

序号	检测项目	技术要求
1	长方形长边/mm	180±0.9
2	长方形短边/mm	40±0.4
3	支架底板镀锌层厚/μm	≥50
4	支架底板厚度/mm	镀锌钢板≥1.5 铝合金≥2.0 合成树脂≥3.0

表 7-9　圆形形轮廓标尺寸要求

序号	检测项目	技术要求
1	圆形直径/mm	100±0.6
2	支架底板镀锌层厚度/μm	≥50
3	支架底板厚度/mm	镀锌钢板≥1.5 铝合金≥2.0 合成树脂≥3.0

3. 材料力学性能

(1)制作轮廓标底板和支架的材料，其力学性能应符合以下要求：

①采用铝合金板材时，使用《一般工业用铝及铝合金板、带材 第1部分：一般要求》(GB/T 3880.1—2023)中规定的牌号；

②采用钢板时，使用《热连轧低碳钢板及钢带》(GB/T 25053—2010)规定的牌号；

③采用合成树脂类板材时，其力学性能符合相关标准要求，并不低于对铝合金板材要求。

(2)制作黑色标记的材料，应对轮廓标有良好的黏结性能，并应符合以下要求：

①采用涂料喷涂而成时，满足《色漆和清漆 划格试验》(GB/T 9286—2021)的规定；

②采用塑料薄膜粘贴而成时，拼接处重叠部分不小于 10 mm，用手不得把切开的黑膜整块剥下。

4. 色度性能

(1)轮廓标普通材料色有白色、黑色两种，应符合《图形符号 安全色和安全标志 第4部分：安全标志材料的色度属性和光度属性》(GB/T 2893.4—2013)的要求。

(2)轮廓标逆反射材料色有白色和黄色两种，应符合《道路交通反光膜》(GB/T 18833—2012)的要求。其昼间色色品坐标和亮度因数应符合表 7-10 和图 7-14 规定的范围；其夜间色色品坐标和亮度因数应符合表 7-11 和图 7-15 规定的范围。

5. 光度性能

(1)发光强度系数 R。用作轮廓标的微棱镜型反射器的发光强度系数值不应低于表 7-12

的规定,用作轮廓标的玻璃珠型反射器的发光强度系数值不应低于表 7-13 的规定。

表 7-10 轮廓标色品坐标(普通材料色和逆反射材料昼间色)

角点坐标		色品坐标								亮度因数
		x	y	x	y	x	y	x	y	
柱体	白	0.350	0.360	0.300	0.310	0.290	0.320	0.340	0.370	≥0.75
	黑	0.385	0.355	0.300	0.270	0.260	0.310	0.345	0.395	≤0.03
反射体	白	0.350	0.360	0.305	0.315	0.295	0.325	0.340	0.370	≥0.27
	黄	0.545	0.454	0.494	0.426	0.444	0.476	0.481	0.518	0.15～0.45

注:光源为标准照明体 D_{65},观测条件为 45/0

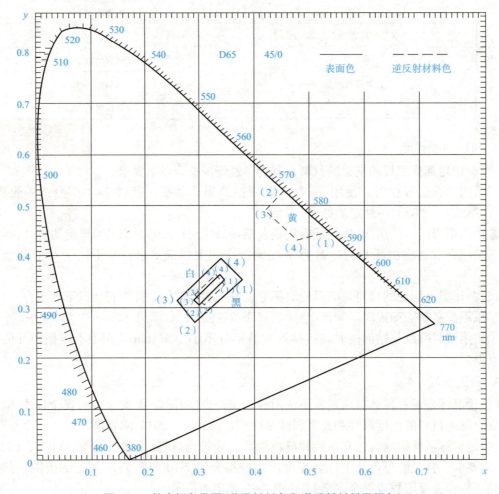

图 7-14 轮廓标色品图(普通材料色和逆反射材料昼间色)

表 7-11　轮廓标色品坐标(逆反射材料夜间色)

角点坐标	色品坐标											
	x	y	x	y	x	y	x	y	x	y	x	y
白	0.310	0.348	0.453	0.440	0.500	0.440	0.500	0.380	0.440	0.380	0.310	0.283
黄	0.545	0.424	0.559	0.439	0.609	0.390	0.597	0.390				
注：A 光源，照明观测条件：入射角 0°，观测角 0.2°，视场角 0.1~1°												

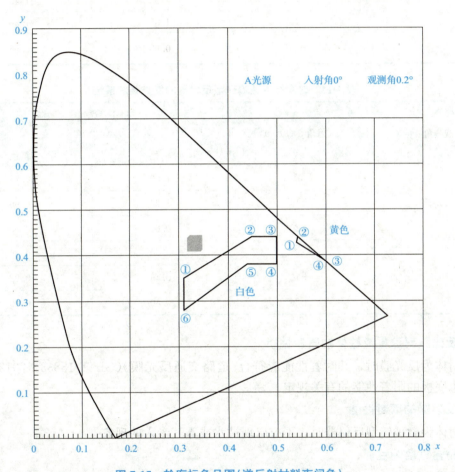

图 7-15　轮廓标色品图(逆反射材料夜间色)

(2)逆反射系数 R'。用作轮廓标逆反射材料的反光膜宜采用Ⅳ类或Ⅴ类反光膜。其逆反射系数值不应低于《道路交通反光膜》(GB/T 18833—2012)中的相关规定。

6. 蓄能自发光材料亮度性能

用照度 1 000 lx 的标准激发光源激发 10 min，停止激发以后 10 min 的余辉亮度应大于 1 800 mcd/m²，1 h 的余辉亮度应大于 300 mcd/m²，3 h 的余辉亮度应大于 60 mcd/m²。

表 7-12 轮廓标用微棱镜型反射器的发光强度系数

观测角 α	入射角 β_2($\beta_1=0$)	最小发光强度系数 /(cd·lx^{-1})	
		白色	黄色
0.2°	0°	4.56	2.90
	±10°	3.75	2.35
	±20°	1.95	1.21
0.5°	0°	2.25	1.45
	±10°	1.85	1.20
	±20°	0.93	0.56

表 7-13 轮廓标用玻璃珠型反射器的发光强度系数

观测角 α	入射角 β_2($\beta_1=0$)	最小发光强度系数 /(cd·lx^{-1})	
		白色	黄色
0.2°	0°	1.50	0.75
	±10°	1.20	0.60
	±20°	0.60	0.30
0.5°	0°	0.50	0.25
	±10°	0.45	0.22
	±20°	0.40	0.20

7. 反光膜对底板或柱体的附着性能

反射体为反光膜时，其附着性能应符合《道路交通反光膜》(GB/T 18833—2012)中反光膜对标志底板的附着性能的有关规定。

8. 反射器的密封性能

反射体为微棱镜型反射器时，不应出现被水或雾气渗入的现象。

9. 耐盐雾腐蚀性能

耐盐雾腐蚀试验后，各部件不应有变色、起泡、锈斑或被侵蚀的痕迹。反射器不应出现被水或雾气渗入的痕迹；反光膜不应出现渗漏或边缘被剥离的现象；蓄能自发光材料不应出现粉化、斑点、气泡、裂纹或外观不均匀等痕迹。

10. 耐高低温性能

耐高低温试验后，各部件不应出现裂缝、剥落、碎裂、起泡、翘曲或变形等破损的痕迹。

11. 耐候性能

连续自然暴露或人工加速老化试验后：

(1)轮廓标应无明显的裂缝、刻痕、气泡、锈蚀、侵蚀、剥离、褪色、粉化或变形等破损的痕迹。

(2)轮廓标各种颜色的色品坐标和亮度因数应保持在表 7-10 或表 7-11 规定的范围之内。

(3)反射器不应出现被水渗入的痕迹；反光膜不应出现边缘被剥开的现象；蓄能自发光材料不应出现粉化、斑点、气泡、裂纹或外观不均匀等痕迹。

(4)反射器的发光强度系数值不应低于表 7-14 或表 7-13 相应规定值的 50%；反光膜的逆反射系数值不应低于相应规定值的 80%；蓄能自发光材料亮度性能应保持在试验前的 75% 以上；蓄能自发光材料不应出现粉化、斑点、气泡、裂纹或外观不均匀等痕迹。

(二)试验方法

1. 试验准备

(1)试样的制备。试样制备如下：

①随机抽取轮廓标整体产品，或截取柱式轮廓标带有完整黑色标记和反光材料、长度不小于 350 mm 的一段柱体，作为产品试样；

②随机抽取反射器，作为反射器试样；

③随机抽取反光膜，一般截取 1.22 m×0.25 m，按《道路交通反光膜》(GB/T 18833—2012)规定的方法，制成反光膜试样；

④随机抽取蓄能自发光材料，一般截取 0.5 m×0.5 m 作为蓄能自发光材料试样。

(2)测试环境。试样在温度为 23 ℃±2 ℃、相对湿度为(50±10)%的环境中，放置 24 h 后，方可进行各种测试工作。一般的测试工作宜在温度为 23 ℃±2 ℃、相对湿度为(50±10)%的环境中进行。

2. 结构尺寸

结构组成可用目测外形尺寸、板厚等，应采用精度和量程满足要求的直尺、板厚千分尺等工具测量。

3. 外观质量

(1)在白天室内照度大于 70 lx 的条件下，目测产品外观或用四倍放大镜仔细查看。

(2)把刀口尺的刃口紧靠轮廓标柱体表面，测量柱体表面与刃口之间的最大间隙，即表面不平度公差。

4. 材料力学性能

(1)底板和支架材料力学性能按《金属材料 拉伸试验 第 1 部分：室温试验方法》(GB/T 228.1—2021)中金属材料拉伸性能试验的规定执行。

(2)黑色标记材料力学性能按《色漆和清漆 划格 试验》(GB/T 9286—2021)中划格试验的规定执行。

5. 色度性能

色度性能见《轮廓标》(GB/T 24970—2020)试验方法 6.5。

6. 光度性能

光度性能见《轮廓标》(GB/T 24970—2020)试验方法6.6。

7. 反光膜对底板或柱体的附着性能

反光膜对底板或柱体的附着性能按《道路反光膜》(GB/T 18833—2012)中反光膜附着性能试验的规定进行。

8. 反射器的密封性能

反射器的密封性能见《轮廓标》(GB/T 24970—2020)试验方法6.9。

9. 耐盐雾腐蚀性能

耐盐雾腐蚀性能见《轮廓标》(GB/T 24970—2020)试验方法6.10。

10. 耐高低温性能

耐高低温性能见《轮廓标》(GB/T 24970—2020)试验方法6.11。

11. 耐候性能

耐候性能见《轮廓标》(GB/T 24970—2020)试验方法6.12。

(三)检验规则

1. 检验项目

检测项目见表7-14。

表7-14 轮廓标检测项目

序号	检测项目	标准、规范
1	外观质量及几何尺寸	《轮廓标》(GB/T 24970—2020) 7.2 7.3
2	色度性能	《物体色的测量方法》(GB/T 3979—2008) 5
		《轮廓标》(GB/T 24970—2020) 7.4.2
3	光度性能	《轮廓标》(GB/T 24970—2020) 7.5.1 7.5.2 7.5.3 7.5.4
4	耐候性能	《塑料 实验室光源暴露试验方法 第2部分:氙弧灯》(GB/T 16422.2—2022) 7
		《塑料 太阳辐射暴露试验方法 第2部分:直接自然气候老化和暴露在窗玻璃后气候老化》(GB/T 3681.2—2021)
5	耐盐雾性能	《轮廓标》(GB/T 24970—2020) 7.7
6	高低温试验	《轮廓标》(GB/T 24970—2020) 7.8
7	密封性能试验	《轮廓标》(GB/T 24970—2020) 7.9
8	黑色标记剥离试验	《轮廓标》(GB/T 24970—2020) 7.11
9	轮廓标安装质量及性能测试	《公路工程质量检验评定标准 第一分册 土建工程》(JTG F80/1—2017) 11.8.2

2. 组批、抽样、判定

(1)组批。同一批号原材料、同一配方和同一工艺生产的同一规格的轮廓标可组为一批,一般不大于1 000个。

(2)抽样。按照《公路交通安全设施质量检验抽样方法》(JT/T 495—2014)进行抽样。

(3)判定规则。

①型式检验如任何一项指标不符合要求时,则需重新抽取双倍试样,对该项指标进行复验。复验结果仍然不合格时,则判该型式检验为不合格。

②出厂检验项目如任何一项指标不符合本标准要求时,则需重新抽取双倍试样,对该项指标进行复检;如复验样品仍有不合格者,则判定该批为不合格批。

二、轮廓标的施工质量

1. 一般要求

(1)轮廓标不应有明显划伤、裂纹、损边、掉角等缺陷,表面应平整光滑,无明显凹痕或变形。

(2)轮廓标安装牢固,线形顺畅。

(3)柱式轮廓标的垂直度不超过±8 mm/m。

2. 柱式轮廓标施工质量要求

(1)柱式轮廓标应按图纸的规定量距定位。

(2)柱式轮廓标安装时,柱体应垂直于水平面,三角形柱体的顶角平分线应垂直于公路中心线,柱体与混凝土基础之间可用螺栓连接。

3. 附着式轮廓标施工质量要求

(1)附着于梁柱式护栏上的轮廓标可按立柱间距定位,附着于混凝土护栏的轮廓标应量距定位。

(2)附着式轮廓标应按照放样确定的位置进行安装。反射器的安装角度应符合图纸的规定。安装高度应尽量统一,并应连接牢固。

4. 检查项目

轮廓标检查项目见表7-15。

表7-15 轮廓标检查项目

项次	检查项目	规定值或允许偏差	检查方法和频率
1	安装角度/(°)	0~+5	花杆、十字架、卷尺、万能角尺
2	反射器中心高度/mm	±20	直尺
3	柱式轮廓标竖直度/(mm·m^{-1})	≤10	垂线法

任务实施

1. 本项目中未详细说明色度性能、光度性能、反光膜对底板或柱体的附着性能、反射器的密封性能、耐盐雾腐蚀性能、耐高低温性能、耐候性能 7 项技术要求的试验检测方法，要求学生自己查阅《轮廓标》(GB/T 24970—2020)试验方法中上述 7 项指标检测方法。

2. 根据已经查阅的上述 7 项技术指标的试验方法计算并给出判定。

能力测试题

1. 什么是轮廓标？设置原则有哪些？
2. 轮廓标产品检测项目有哪些？
3. 轮廓标的构造要求有哪些？
4. 轮廓标的施工质量检测项目有哪些？

项目八

其他交通安全设施

学习内容

本项目涉及的内容均属于《公路交通安全设施设计规范》(JTG D81—2017)内容。该规范对避险车道、防风栅、防雪栅、积雪标杆、限高架减速丘、凸面镜等交通安全设施只作简要说明,暂无技术要求和检测项目。

学习目标

专业知识目标

了解设置避险车道、防风栅、防雪栅、积雪标杆、限高架减速丘、凸面镜等交通安全设施的必要性。

专业能力目标

具有探究学习、终身学习、分析问题和解决问题的能力。

职业素养目标

具有良好的职业道德和职业素养;具有质量意识、安全意识、创新思维。

一、避险车道

(一)避险车道定义

避险车道(图8-1)是指为避免汽车在长、陡下坡行驶过程中由于长时间制动造成制动毂温度过高,导致刹车失灵而造成的交通安全事故而设置的车道,如图8-2所示。

(二)避险车道的发展历史

避险车道的设置最早起源于美国,1956年在美国加利福尼亚诞生了第一条用于救助失控车辆的避险车道。美国避险车道数量发展很快。1990年的统计表明,在美国27个州中总计设置了170条避险车道。在避险车道设置方面,美国联邦公路局(FHWA)开发的坡道严重度分级系统(Grade Severity Rating System,GSRS)是到目前为止连续长大下坡路段是否需要设置紧急避险车道运用最为广泛的分析工具。GSRS使用预先确定的制动毂温度限值(260 ℃)来建立坡道的最大安全下坡速度。最大安全速度被定义为以此速度在坡底紧急制动,制动毂温度不会超过预先确定的温度限值。该系统模型作为连续下坡货运车辆制动毂温升预测的主要技术方法被纳入"国际道路协会"(World Road Association)。

图 8-1 避险车道

图 8-2 避险车道作用

除美国外,许多国家对避险车道的设置也开展过广泛的研究,如澳大利亚昆士兰州的《公路规划和设计指南》、南非的《几何设计手册》等都根据该国家的实际情况,对于如何设置避险车道都作出了相应的规定。

与国外相比,国内在紧急避险车道设置和研究方面起步较晚。1998 年,北京八达岭高速公路设置了国内第一条避险车道,减轻了交通事故造成的伤害和损失。近年来,避险车道数量大幅度增长,但相应的规范或指南还没有出台,各地在避险车道设置方面还没有统一的遵循标准。《公路工程技术标准》(JTG B01—2014)中规定,在"连续长、陡下坡路段,要结合交通安全评价论证设置避险车道",《公路路线设计规范》(JTG D20—2017)中也没有规定避险车道具体的设置原则。现阶段,对于已运营道路,避险车道设置主要考虑的是失控车辆的事故率;对于新建公路,避险车道的设置主要依靠设计人员的主观判断。

《公路交通安全设施设计细则》(JTG/T D81—2017)在总结国内外避险车道设置的研究成果及经验基础上提出了避险车道的设置方法。对于已运营公路的连续下坡路段,要根据历史事故记录,在货车制动失效事故频发的路段考虑设置避险车道。对于新建公路,要结合车辆组成、坡度、坡长、平曲线等交通和道路特征,在货车因长时间连续制动而制动失效风险高的路段要考虑设置避险车道。

一般情况下,交通组成中大、中型载货汽车自然交通量占 50% 以上属于占比较高。鉴于交通事故属小概率事件,建议大、中型载重车自然交通量占 30% 以上甚至更低就要考虑设置必要的避险车道。

在确定避险车道设置位置时,可应用货车在连续下坡过程的制动毂温升模型预测货车制动失灵的位置,或对"国际道路协会"(World Road Association)推荐的模型修订校准后预测货车可能发生制动失效的位置。近年,我国一些科研院所和高等院校根据我国货车的实际情况建立了制动毂温升模型。这都为避险车道设置位置提供了理论依据。

(三)避险车道设置的一般规定

(1)避险车道应设置交通标志、标线、轮廓标等交通安全设施(图 8-3)。

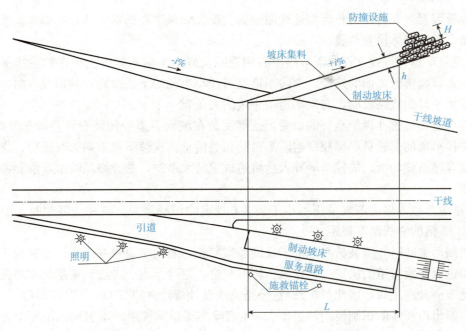

图 8-3 避险车道结构

针对避险车道设置的交通标志、标线、轮廓标等设施有助于驾驶员对避险车道的有效识别并引导失控车辆驶入。

(2)高速公路避险车道宜设置照明、监控等管理设施,其他等级公路根据需要可设置照明、监控等管理设施。各等级公路的避险车道应在适当位置设置救援电话告示标志。

为了加强避险车道在夜间的视认性,提高养护及救援效率,宜在避险车道处设置照明、车辆检测器及外场监控等设施,将其作为高速公路机电系统设计的部分内容。

(3)避险车道应设置完备的排水系统。避险车道排水系统能有效地避免制动床结冰和污染,是保障制动床制动性能的重要措施。避险车道制动床铺装(图 8-4)材料混入其他材料后会降低其制动性能,特别是不易清理的细小颗粒异物会掺杂在制动材料中填补其空隙,影响制动材料间的滚动置换,降低滚动阻力。避险车道排水系统可以将污染物随排水过程清除一部分,减少制动床的污染程度。另外,避险车道排水系统要避免其内部积水,北方冬季避险车道内部积水结冰会使其板结,驶入的失控车辆会沿着表面直接冲到端部造成严重的事故。因此,从安全与养护的角度,排水设施是避险车道的重要组成部分。

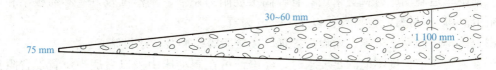

图 8-4 制动床集料铺设深度由浅入深逐渐过渡示意图

(四)避险车道设置原则

(1)在连续下坡路段,应根据车辆组成、坡度、坡长、平曲线等公路线形和交通特征及交通事故等因素,在货车因长时间连续制动而制动失效风险高的路段结合路侧环境确定是否设置避险车道及具体设置位置。

(2)避险车道宜设置在连续下坡路段右侧视距良好、车辆不能安全转弯的主线平曲线之前或路侧人口稠密区之前的路段。避险车道宜沿较小半径的平曲线路段的切线方向,如设置在直线或大半径曲线路段时,避险车道与主线的夹角宜小于5°。

避险车道要设置在视距良好的位置,使驾驶员在驶入引道前便能看到避险车道的全貌,有利于失控车辆的驾驶员尽早获取避险车道的相关信息。连续下坡末端如有民房、集市、学校、医院等建筑或场所,失控车辆冲入后将造成重特大事故,这类高风险地点前要考虑设置避险车道。

(3)避险车道入口之前宜采用不小于表8-1规定的识别视距。条件受限制时,识别视距应大于1.25倍的主线停车视距。

车辆制动失效时,驾驶员心理处于极度恐慌状态,避险车道较好的视认性有利于驾驶员及时做出进入避险车道的决定,并操纵车辆顺利进入避险车道。考虑到避险车道与公路出口匝道均是车辆驶离主线,因此参考现行《公路路线设计规范》(JTG D20—2017)规定的主线分流之前判断出口所需的识别视距制定出表8-1避险车道识别视距,该识别视距界定为车辆距制动床入口的距离。

表 8-1 避险车道入口的识别视距

制动床入口设计速度/(km·h^{-1})	120	100	80	60
识别视距/m	350~460	290~380	230~300	170~240

(4)避险车道的设置位置及形式宜结合地形、线形条件确定,设置位置处宜避开桥梁,并应避开隧道。

从避免失控车辆驶入避险车道后产生二次伤害的角度考虑,避险车道宜避免设置在桥梁路段;由于隧道洞口的明暗视觉效应增加了驾驶人的心理、生理负荷,不利于驾驶人顺利驶入避险车道,因此,在隧道出口处不要设置避险车道。

(5)为便于失控车辆驶入避险车道,并考虑到经济性因素,避险车道制动床的宽度最好为4~6 m;高速公路宜设置救援车道,救援车道因起重机械固定的需要,其宽度最好为5.5 m。救援车道与制动床间应设置具有反光性能的隔离设施。

(6)避险车道制动床的长度应根据车辆驶入速度、避险车道纵坡及坡床材料综合确定。

(7)避险车道制动床材料宜采用具有较高滚动阻力系数、陷落度较好、不易板结和被雨水冲刷的卵(砾)石材料,材料粒径以2~4 cm为宜。

(8)避险车道制动床末端应增设防撞桶、废轮胎等缓冲装置或设施。

(9)在避险车道长度不能满足要求时,经论证可在制动床中段以后适当位置设置阻拦索或消能设施。阻拦索或消能设施安全性应经过实车试验验证。阻拦索或消能设施宜进行防盗处理。

在满足长度要求的避险车道末端设置消能设施是为失控车辆提供更高的安全保障。避险车道设计要尽量满足其长度要求,不宜将制动消能设施和阻拦索作为弥补避险车道长度不足的手段。确因地形所限制无法给避险车道提供足够长度时，才可在避险车道末端设置减速消能设施或在中后段设置阻拦索弥补其长度的不足。所采取的上述措施要通过论证后方可应用。

避险车道制动床的长度应根据失控车辆的驶入速度、纵坡及坡床材料综合确定，计算公式见式(8-1)，参考值见表 8-2。

$$L = \frac{v^2}{254 \times (R+G)} \tag{8-1}$$

式中　L——避险车道制动床长度(m)；

　　　v——车辆驶入避险车道制动床时的速度(km/h)；

　　　R——滚动阻力系数，见表 8-3；

　　　G——坡度(百分数)除以 100。

表 8-2　不同等级公路避险车道制动床设计入口速度建议值

公路等级	入口速度/(km·h^{-1})	公路等级	入口速度/(km·h^{-1})
高速公路、一级公路	100~120	三、四级公路	60~80
二级公路	80~100		

表 8-3　不同材料的滚动阻力系数建议值

表面材料	R 值	表面材料	R 值
硅酸盐水泥混凝土	0.01	松散的碎石	0.05
沥青混凝土	0.012	松散的砂砾	0.1
密实的砂砾	0.015	砂	0.15
松散的砂质泥土	0.037	豆砾石	0.25

二、防风栅

这里所说的防风栅与路基工程在风沙路段设置的路基风沙防护设施有本质区别。路基工程的防风设施是用于保护路基免受风沙侵蚀的一种构造物。这里所指的防风栅是一种交通安全设施，其作用是降低路面上风的速度，从而降低横向侧风对车行道内车辆行驶稳定性影响，提高强风条件下行车的安全性。但是，研究和实践均表明，防风栅并不能彻底消除强侧风对交通安全的影响，需要综合考虑限速、提示、提高路面抗滑能力等多种措施系统以降低强侧风的影响，而不能完全依赖设置防风栅。

风洞试验显示，小透风率防风栅的挡风效率高达 75%~90%(即风速降低到无防风栅时的 10%~25%)，但是当防风栅设置在桥梁上时会对整个桥梁构造体系带来非常大的气动阻力，并且可能引起桥梁气动稳定性下降，因此，桥梁上设置防风栅时需要对桥梁的气动稳定性进行验证分析，分析可采用仿真分析和风洞试验的方法。

防风栅并不是必需设置的安全设施，通过限速等措施也能改善强风路段的安全水平，而且国内应用防风栅的公路项目并不多，因此，《公路交通安全设施设计规范》(JTG D81—2017)的用词为"可"，即并不强制要求设置防风栅，而是作为一种可选的安全设施供设计人员选择。

根据"国家道路安全行动计划"开展的有关研究，强侧风对交通安全的影响主要表现在导致车辆侧滑和侧翻，而平曲线内侧风作用下的行驶极限侧滑对应的临界风速最低，要作为强侧风条件下的极限状态。针对侧滑临界状态下 4 种不同车型进行行车安全临界风速分析，获得侧滑行车安全风速见表 8-4。

表 8-4 侧滑行车安全风速　　　　　　　　　　　　　　　　　　　　　　m/s

车型/路面		车速/(km·h⁻¹)				
		100	80	60	40	20
小型车	干	36.5	38	39	39	39
	湿	30.5	32.5	34	34	34
微型车、轻型客车	干	19.5	21.3	22.5	23	23
	湿	15.5	17.5	19	20	20
中型客车	干	25	27	28	28.3	28.5
	湿	19.5	22	23.5	24.3	24.3

注：①表中的风速指的是路面以上 5 m 以内的最大风速。
②表中的车型划分是以车辆气动外形划分的，可见微型和轻型客车(包含商务车)由于气动阻力系数较大且自重较小在强风下的安全性最低，是设置防风栅时应重点考虑的车型。
③表中给出的安全风速是瞬间最大风速，其含义是，在瞬间风速达到表中的数值时，平曲线上行驶的车辆将在离心力和风力共同作用下发生侧滑

考虑到如果设置条件全部按瞬时风速控制则可设置防风栅路段过多，而且在常年强风区，风速分布比较均匀，驾驶员会自行控制行车速度，因此，按瞬时风速设置防风栅经济效益比不高。风力表现了平均风速的大小，普通路段是借鉴风力概念，用风力作为设置条件控制指标更加经济合理。但是在一些风速分布不均匀的特殊路段，如隧道口或垭口，驾驶员无法事先预知将面临强风，他们由弱风区突然进入强风区，往往缺乏准备，车辆速度较快，比较容易出现交通事故，因此在这些特殊路段，要求采用瞬时最大风速作为设置条件控制指标。气象观测中，瞬时风速一般指 3 s 平均风速。我国高速铁路客运专线以最大瞬时风速两年一遇设计值确定高速列车安全运行风险度或车速限值。铁路部门开展的研究认为，最大瞬时风速两年一遇提供了一个具有安全性又有风险度等级的直观评判指标。据此，设计人员在选取瞬时风速时，可采用路面以上 5 m、两年一遇 3 s 平均风速为参考。

根据日本和我国台湾的相关研究成果，当风向夹角与公路轴线夹角小于 30°时，防风栅的效果就不再明显，因此，只有当夹角大于 30°时才可以考虑防风栅。

公路防风栅设计应符合下列规定：
(1)受强侧风影响路段，防风栅与交通标志、交通标线等设施统筹考虑。
(2)桥梁上设置防风栅时，应对桥梁气动稳定性和桥梁受力进行验证。
(3)公路上路侧横风与公路轴线交角大于 30°，且应符合下列条件之一时，可在路侧上风侧设置防风栅：
①设计速度≥80 km/h 的公路上常年存在大于七级风力的路段；
②设计速度小于 80km/h 的公路上常年存在大于八级风力的路段；

③隧道洞口、垭口、大桥等路段，瞬时风速大于表 8-5 的规定值时。

表 8-5　行车安全风速

公路设计速度/(km·h⁻¹)	100	80	60	40	20
风速/(m·s⁻¹)	15	17	19	20	20

三、防雪栅

公路防雪栅(图 8-5)设计应符合下列规定：

(1)防雪栅设计应有效降低风吹雪对车行道上车辆的不利影响，同时兼顾对公路路基防护。

(2)防雪栅应设置在公路迎风一侧。在地形开阔、积雪量过大、风力很大的路段，可设置多排防雪栅。

防雪栅更侧重于保护车行道上行驶的车辆，即减少路面上的积雪，在实现这一目的的前提下兼顾对路基的保护。根据美国相关研究

图 8-5　防雪栅

成果，设置防雪栅后，风吹雪形成低能见度环境导致的交通事故减少了 70%，可见防雪栅在风吹雪严重地区是一种有效的交通安全设施。

(3)在风吹雪量较大且持续时间长、风向变化不大的路段，可设置固定式防雪栅。在风向多变、风力大、雪量多的路段，可采用移动式防雪栅。

国内外防雪栅一般设置在风吹雪比较严重的公路沿线，但是目前关于防雪栅的设置条件国内外都缺少成熟量化成果，更多的是根据现场观测和经验。

防雪栅依据其移动性可分为固定式和移动式两种基本形式。固定式防雪栅无法移动；移动式防雪栅可根据积雪和风向、风力情况随时移动。

四、积雪标杆

公路积雪标杆(图 8-6)的功能是在积雪覆盖路面情况下，为驾驶人标识出公路几何线形。因此，积雪标杆设置位置不宜距离车行道过远，在允许的情况下最好设置在路肩上。

积雪标杆的颜色各国没有统一规定，以红色、橙色、红白相间居多。积雪标杆的颜色不但要与积雪的白色形成反差，而且要与公路环境背景形成反差。设计人员可以根据积雪标杆设置路段的环境情况选择容易辨识的颜色。

公路积雪标杆设计应符合下列规定：

(1)公路积雪标杆宜设置在公路路肩上，设置位置不得侵入公路建筑限界以内。

(2)积雪标杆的设置间距可参考轮廓标的设置间距。

(3)降雪量较大、持续时间长且积雪覆盖车行道的公路路段，可设置积雪标杆。

(a)   (b)   (c)

图 8-6   积雪标杆

五、限高架

限高架分为警示限高架和防撞限高架两类。警示限高架利用悬挂的水平横杆等对车辆不造成损坏的柔性构造警示车辆高度超出了限高标志允许的高度，超高车辆仍然可以通过；防撞限高架则要具备足够的强度，避免车辆撞击公路构造物。

为了更好地杜绝车辆对桥梁、隧道构造的损伤，也为了避免超高车辆行驶至桥前才发现车辆无法通行，最好在进入该路段的平面交叉入口设置限高要求相同的警示限高架，并设置限高标志。

公路限高架设计应遵循下列原则：

(1)公路上跨桥梁或隧道内净空高度小于 4.5 m 时可设置防撞限高架，上跨桥梁或隧道内净空高度小于 2.5 m 时宜设置防撞限高架(图 8-7)。在进入上述路段的路线交叉入口处适当位置，宜同时设置限高要求相同的警示限高架(图 8-8)。

图 8-7   限高架   图 8-8   国外使用的警示限高架实例

设置桥梁、隧道限高架是为了保护桥梁和隧道构造不被超高车辆撞击。《中华人民共和国道路交通安全法实施条例》第五十四条规定，机动车载物不得超过机动车行驶证上核定的载质量，装载长度、宽度不得超出车厢，并应当遵守下列规定：

①重型、中型载货汽车，半挂车载物，高度从地面起不得超过 4 m，载运集装箱的车辆不得超过 4.2 m；

②其他载货的机动车载物，高度从地面起不得超过 2.5 m。

合法的通行车辆净高不会超过 4.2 m。考虑到一定的净空余量，净空大于 4.5 m 的桥梁和隧道被撞击的可能性比较小,在这种情况下可以不设置限高架。当桥梁净空在 2.5～4.5 m 时,重载货车有撞击桥梁的可能性,此时最好设置限高架,但是当桥下道路没有重载车辆通行时,桥梁受撞击的可能性较小,此时可以考虑不设置限高架。因此,《公路交通安全设施设计规范》(JTG D81—2017)中对于此种情况的要求为"可"。在设计中,设计人员要根据桥下通行车辆的类型确定。当桥下净空小于 2.5 m 时,普通载货机动车均可能撞击桥梁构造,此时要结合桥梁所跨公路的车流是否有载货机动车通行考虑是否设置限高架,因此规范中的用语为"宜"。

(2)根据交通运营管理的规定,需要限制通行车辆的高度时,可设置防撞或警示限高架。设置限高架的同时,为了保证车辆的安全,要告知驾驶人限高的具体要求,因此设置限高架的同时需要设置限高标志。

(3)限高架应与限高标志配合使用。限高架下缘距离路面高度不得小于限高标志限定的高度值。根据需要,可配置车辆超高监测预警系统。

为了保证限高架与限高标志的一致性,限高架距离路面高度不能小于限高标志的限高数值。

(4)限高架可根据需要设计为高度可调节的构造。

(5)警示限高架与上跨桥梁或隧道的距离应满足驾驶员反应距离与制动距离需求,防撞限高架与上跨桥梁或隧道的距离应满足车辆碰撞后运行速度的制动距离需求。

六、减速丘

减速丘(图 8-9)可用于三级、四级公路进入城镇、村庄的路段,或者进入干线的支路上。

减速丘设置于三级、四级公路进入城镇、村庄的路段,或者进入干线的支路上,以降低行驶车辆的速度,提高行人密集区公路的交通安全。减速丘凸出路面,在黄昏、夜间或雾天等视线不佳的天气条件下,驾驶员容易因不能及时发现路面的变化,高速通过减速丘而引发事故。因此,设置减速丘的同时要设置配套的交通标志、标线,包括建议速度或限速标志,以警示驾驶人减速慢行通过减速丘。

图 8-9 减速丘

小型减速丘可采用预制型的和现浇型的。预制型减速丘宽度宜为 300～500 mm,中心高度宜为 30～50 mm;现浇型减速丘可采用不低于 C20 的混凝土现场浇制,宽度宜为 500～600 mm,中心高度宜为 50～60 mm。

减速丘的设置应全断面铺设,并设置相应的减速丘标志、标线、建议速度或限制速度标志。

七、凸面镜

凸面镜(图 8-10)可用于公路会车视距不足的小半径弯道外侧。凸面镜宜与视线诱导设施配合使用。

图 8-10　凸面镜

能力测试题

1. 其他交通安全设施包括哪些?
2. 设置避险车道的原则有哪些?
3. 公路限高架设计应遵循的原则有哪些?

参考文献

[1] 交通部安全与质量监督管理司,交通部职业资格中心.公路水运工程试验检测职业资格考试用书:交通工程(2020年版)[M].北京:人民交通出版社股份有限公司,2020.

[2] 中华人民共和国交通运输部.JTG/T D81—2017 公路交通安全设施设计细则[S].北京:人民交通出版社,2017.

[3] 中华人民共和国交通运输部.JTG D81—2017 公路交通安全设施设计规范[S].北京:人民交通出版社,2017.

[4] 中华人民共和国交通运输部.JTG 3671—2021 公路交通安全设施施工技术规范[S].北京:人民交通出版社,2021.

[5] 张庆宇,王守胜.交通工程检测技术[M].北京:人民交通出版社,2010.

[6] 王建军,韩荣良.交通工程设施试验检测技术[M].北京:人民交通出版社,2004.

[7] 孟祥海,李洪萍.交通工程设施设计[M].哈尔滨:哈尔滨工业大学出版社,2008.

[8] 马荣国,杨立波.交通工程设计理论与方法[M].北京:人民交通出版社,2009.

[9] 董淑喜,于天胜,翟文琦.交通工程及沿线设施[M].北京:人民交通出版社股份有限公司,2016.